JN096907

Advanced
Readings in
International Law

サブテクスト国際法

教科書の一歩先へ

森 肇志・岩月直樹＝編

日本評論社

はしがき
——本書の目的と謝辞

　国際社会では、国際法に関わる新たな問題が日々生じている。それらは、国際法(学)に新たな論点を付け加え、新たな議論を引き起こすものである。そうした論点や議論は、国際法(学)が、まさに現在、目の前で生じている国際社会の動きや変化にどう関連しているかを映すものでもある。その意味で、それらは本来的に「面白い」ものであろう。そうした問題を考えることで、今まで見えていなかったものが見えてくることもあるだろう。学生のみなさんに、国際法に対する興味を持ってもらうきっかけ、あるいは深めてもらうきっかけとなるものだと思われる。

　しかし、国際法の講義を行う際、そうした新しい論点や議論を扱いたいと考えても、それらをきちんと説明する時間が確保できないことも多い。教科書でも、そうした論点や議論には、簡単に触れられるに留まる場合が多い。時間や紙幅の関係から、基礎的な議論や歴史的な展開が重視されがちである。また適切な参考文献が見当たらない場合も少なくない。このことは、致し方ないとはいえ、本当に残念なことだと思う。

　こうした問題意識から、本書を企画した。学部生を念頭に、分かりやすい参考文献として提供し、授業や学生の自主的な勉強に資することを目的としている。いわば、教科書(テクスト)に対する副読本(サブテクスト)である(英語で言えば Advanced Readings)。

　具体的には、学部生向けの一般的な教科書を念頭に置き、教科書の各分野に関連する新たな論点・議論であり、今後ますます重要性を増すと考えられるにもかかわらず、教科書では十分に説明されていないものを取り上げ、なぜそうした問題が論じられるようになってきたのか、どのように議論がなされ、どういった制度上の展開があるのかといった点を、背景にある国際社会の変化と関連づけながら生き生きと論じてもら

った。

　執筆者のみなさんにも、上記の目的をお伝えし、それに沿ってご執筆いただいた。加えて、「教科書から、一歩先へ」という序章を設け、各章が、教科書のどの部分と関係し、どのような意味で新たな問題であり発展的なのかを説明し、さらには、そうした議論の背後にどのような根本的な問題があるのかにも触れた。

　こうした工夫によって、読むだけでも面白くてためになると考えているが、演習や自主ゼミなどのグループ学習にも役立つものとなっていると期待している。発展的な問題を考える際には、しばしば基礎的な概念に立ち返って考えることが必要なのであり、そうした点の理解を確認しあいながら、一歩ずつ発展的な論点・議論を理解するように努めてもらいたい。さらには、そうした論点や議論の背後にある根本的な問題についても話し合ってほしい。

＊

　本書の企画は2017年の秋にさかのぼる。日本評論社の編集者と編者との雑談の中で交わされた、こうした副読本があるといいですねという何気ないつぶやきがその発端である。その後、2018年10月号の『法学セミナー』の特集（「国際法の最新論点」）という形で、本書にも収録された7本の論文が掲載された。幸いにも読者の好評を得ることができ、10本の論文を加え、教科書各章をカバーするものとして書籍化されることとなった。

　執筆者の先生方には、内容面でも締め切りの点でも、全面的にご協力いただいた。日本評論社の上村真勝氏、大東美妃氏には、本書の企画から最後の編集作業まで、大変お世話になりました。心から感謝申し上げます。

2020年1月

森肇志　岩月直樹

目次

序 章
教科書から、一歩先へ

東京大学教授

森　肇志

||||||||||||||||||||||||||||||||||||||||||||||||||||||||||||||||||||||||||||||||||||||||

　「はしがき」で示した通り、本書では、学部生向けの一般的な教科書を念頭に置き、教科書の各分野に関連する新たな論点・議論であり、今後ますます重要性を増すと考えられるにもかかわらず、教科書では十分に説明されていないものを取り上げた。教科書が基礎的なものだとすれば、それに対する発展的な論点ということになる。そして、そうした問題がなぜ論じられるようになってきたのか、どのように議論がなされ、どういった制度上の展開があるのかといった点を、背景にある国際社会の変化と関連づけながら生き生きと論じてもらった。

　ここでは、各章の内容について、一般的な教科書の内容とどのように関係するのか、どのような点で発展的と言えるのか、といった観点から、簡単に紹介することとしたい。本書は、「教科書の一歩先へ」と誘うものだが、「教科書」と「一歩先」とが、どのようにつながっているのかを示そうとするものである。

　とはいえ、多くの問題は、教科書の一つの章にのみ関連するわけではない。ある章に関わると思われた問題が、深掘りしていくと別の章にも関わることが分かってくることも少なくない。そのことを意識することで、国際法の各分野のつながりにも目を向けてほしい。

　さらには、各章で扱われる新しい論点や議論を検討していくと、実は根本的な問題を考える必要があることや、今まで分かったつもりでいた基礎的な事項も実はよく分かっていなかったということに気づくこともあるかもしれない。それこそが「わかる」ということの入り口なのであ

り、それらにじっくりと向き合ってほしい。

　これら17の論点に関する各分野の専門家による解説を、どこからでも、興味のあるものから目を通してみてほしい。すべてを読んだ後に、さまざまな様相でダイナミックに展開する国際社会と国際法の姿が浮かんでくれば、企画者としては本望である。

＊

第1章　国際法と立憲主義

　国際法を学ぶ際、最初に強調されることは、国内（法）社会が集権的であるのに対し、国際（法）社会が分権的だということではないだろうか。たしかに国際社会には、立法・司法・執行のいずれの局面においても、国内社会にみられるような機関は存在しない。

　しかしその一方で、現代国際法を論ずる上では、国際社会の組織化や共通利益の実現がキーワードとなっている。実際にも、第一次世界大戦以降、多くの国際組織が作られ、共通利益を実現するための多数国間条約体制も数多く形成されている。

　一方では分権性が強調され、他方では組織化や共通利益に脚光が集まる。こうした二つの方向性の間の関係について、どのように考えればいいのだろうか？　国際法や国際社会は、今後いかなる方向への発展を目指すべきなのだろうか？　そうした問題意識から論じられるようになってきたのが、国際法の立憲化論である。

　本章では、伝統的国際法と現代国際法との性質の相違から説き起こされ、国際法の立憲化論に見られる要素が整理され、それに対する懐疑論も紹介される。その上で、この問題についてどのように考えるべきかについての一つの見通しが示される。

　本章の視野は広く、本書で扱うほとんどすべての論点を見出すことができ（ぜひ探してみてほしい）、大きな枠組みの中でのそれらの位置づけ

が示される。「国際法における立憲主義は、無批判で用いるにはあまりに危険な概念」であることを十分に承知した上で、現在の国際法全体を見渡すような、一つの大きな見取り図が与えられる。その意味で、本書のさまざまな論点を読んだ上で、もう一度本章を読み直してほしい。最初に読んだ時よりも、きっと実感をもって理解することができるだろう。

第2章　サイバー空間における主権

　国際法は、しばしば、「主として主権国家相互の関係を規律する法」と定義される。「主権国家」という言葉や、国家が主権を有するということは、授業の最初に習うことかもしれない。国家が主権を有するとは、自国領域内にあるすべての人・物を統治・支配し（対内主権）、対外的にはなにものにも従属しないこと（対外主権）を意味する。このことから、主権平等原則や不干渉原則が導かれ、条約の締結や紛争処理の各側面において国家の同意が重視されること（同意原則）にもつながる。先に触れた国際社会の分権性も、各国が主権を有することの帰結とも言える。このように、主権概念が国際法を理解する上で重要だということは知っているだろう。

　しかしその一方で、主権概念はその後の授業ではあまり触れられないと感じている人も多いかもしれない。主権平等原則や不干渉原則はそれとして説明されるし、同意原則も同様だろう。自国領域内にあるすべての人・物の統治・支配についても、具体的には国家管轄権の行使（属地主義）の問題として整理される。その点で、主権概念は遠景に退き、普段は意識する必要がないという印象すらあるかもしれない。

　いやいやそんなことはない、というのが第2章である。サイバー攻撃という最先端の問題についてどう考えればよいか。サイバー攻撃と言われるものにもさまざまなものがあり、一部は武力行使禁止原則との関係で論じられるべきものもある。これに対して本章で扱うサイバー空間に

おける諜報活動や犯罪捜査については、いわば直に、主権侵害となるのかならないのかという形で問題となり、議論されている。それ以外に国際法上の妥当性を判断する基準が存在しないということでもある。そこでは、主権概念をどう理解するかという点が大きな問題となる。さらにその背景には、それぞれの見解を主張する国家の置かれた立場も反映されているかもしれない。

　本章は、最先端の問題を考えるためには、それを位置づける既存の枠組みがないからこそ、主権概念というもっとも根本的な問題に立ち返って考える必要があるということを示すものである。別の見方をすれば、そこからはじめて、これからそれを位置づける枠組が形成されていく過程にある、ということでもある。それはどのような枠組になるだろう？　いつのことになるだろう？　それまでにどのような議論がなされるのだろう？　そんなことまで考えさせてくれる第2章である。

第3章　法の欠缺補充

　国際法の主要な法源としては、条約と慣習国際法を挙げるのが一般的であろう（法源論）。そうだとして、国際社会における法的問題を考える上で、これらに依拠すれば十分なのだろうか？　「ある事案の処理において適用すべき法が欠けている事態（法の欠缺）」は生じないのだろうか？　生じるとしたら、どうすればいいだろうか？

　法源＝法の存在形式を論ずる上で、法の欠缺が論じられることはまれだろう。しかし、第2章で扱われたサイバー攻撃をはじめとして、少なくとも一見したところ「適用すべき法が欠けている事態」は少なくない。それは一方では立法的な解決（適用すべき法の形成）が図られるべき問題である。ではそうした事態が付託された裁判所はどうすべきだろうか？　適用すべき法がないとして、裁判できない（裁判不能）とすべきだろうか？　逆に裁判官が立法（司法立法）すべきだろうか？　そのいずれでもないとしたら、裁判所はどうすべきであり、実際にどのよう

4

に対処してきただろうか？

　本章では、1920年の常設国際司法裁判所設立の際の議論にまで立ち返り、国際法の欠缺補充の手段として論じられてきたものとして、国家主権に基づく残余原理、法の一般原則、類推、衡平と人道の考慮などが検討される。これらは「国際法の法源」とどのような関係にあるのだろうか？　さらには、こうした補充手段に依拠することは、国際裁判所の役割（→第15章参照）や、その背後にある国際社会の変化とどのような関係にあるのだろうか？　そうした大きな問題を意識しながら読み進めてほしい。

第4章　条約の「発展的解釈」

　いわゆる「条約法」からは、条約の「発展的解釈」という問題を取り上げる。

　条約の解釈については、どの教科書にも書いてあるし、授業でも習うだろう。条約解釈に関しては、文言主義、意思主義、目的論主義などが主張されたが、ウィーン条約法条約31条および32条に整理され、それが慣習国際法化しているとされる。しかし近年、これらに示される解釈規則を越える（のではないか）と思われる裁判等の実践が見られ、「発展的解釈」の問題として論じられるようになっている。

　「発展的解釈」が論じられる、一つの、直接的な背景は、条約が一旦締結されると長期にわたって当事国間関係を規律することにある。その間に、条約を締結した国家や、その背後にある人々の意識が大きく変化することもあるだろう。その際、あくまで締結時点を基準として解釈すべきであろうか？　その後の変化を無視して解釈することが、常に妥当だと言えるだろうか？　妥当でないとすれば、すなわちその後の変化を考慮して解釈するとすれば、それは条約法条約に示される解釈規則とどのような関係になるだろうか？　条約文言や締結時点の国家の意思（国家の同意）を越えるものになるのではないか？　目的論からすれば認め

られるだろうか？

　本章では、こうした問題意識から「条約の発展的解釈」を論じる。その際には、「発展的解釈」が問題となるいくつかの場合を取り上げ、それぞれの場合ごとに、その解釈の特徴を整理し、問題の焦点を明らかにしていく。そのことによって、まず、様々な問題が「発展的解釈」の名の下で論じられていることを明らかにする。その上で、それらに通底する根本的な問題として、条約の、合意としての側面と法規範としての側面との関係をどのように考えるか、またそれと関連して、条約解釈の目的をどのように考えるかという問題があることを指摘する。「条約の発展的解釈」という問題を考えるということは、「条約とは何か」を考えることにほかならないのであり、ぜひその点も考えてみてほしい。

第5章　国の元首や政府の長らの特権免除

　外交官の特権免除についてはどの教科書でも説明されているだろう。外交官は古くから外国（接受国）に駐在し、だからこそ慣習国際法上特権免除が認められ、それを踏まえて条約（ウィーン外交関係条約）も作られている。

　これに対し、国の元首や政府の長、外務大臣らは、近年になって急激に外国訪問の機会が増えている。これもグローバル化の一つの側面であろう。では国の元首や政府の長らは、外国においてどのような特権免除を有するだろうか？　とくに問題となってきたのは、それらの、拷問、戦争犯罪、ジェノサイドといった国際法上重要な罪とされる行為を命じ、遂行させたことに関する外国の刑事裁判権からの免除である。この点については外交官と同じように考えればいいのだろうか？

　さらには、国の元首や政府の長らについて、国際刑事裁判所（ICC →第11章参照）との関係でも、国際法上の特権免除が問題となってきている。ICCから訴追された国の元首や政府の長らが自国を訪問している場合、ICCへの協力義務にしたがって、その身柄を拘束してICCに引き

6

渡すべきだろうか？　それらが国の刑事裁判権からの免除を享受すると
すれば、そのことが優先されるべきだろうか？　「ICC への協力義務と
特権免除に関する国際法上の義務との交錯をめぐる問題」である。

　直観的には、国際法上重要な罪に関する刑事裁判権からの免除など認
められるべきではないと思うかもしれない。本章では、この新しい問題
について、いくつかの新しい論点が提起されていることが指摘され、外
交官の特権免除論とも対比しながら、どのような点に留意すべきかが丁
寧に説明される。それらの点について考えてみてほしい。

第 6 章　国際組織の私人に対する責任とアカウンタビリティ

　国際法は、しばしば「主として主権国家相互の関係を規律する法」と
定義されるが、「主として」とされているように、国際法の主体は主権
国家だけではない。国際組織（国際機構と言われることもある）や個人も
国際法主体とされることがある。

　国際組織も国際法主体とされれば、国際法上の権利能力を有すること
となるし、違法行為責任も負いうることとなる。そうした中で、第二次
世界大戦後、比較的最近まで、その権利能力が注目されてきた。「国際
公益を担う国際組織を法的にいかに基礎付け、実効的に機能させるかと
いう問題意識があった」のである。「黙示的権限論」は、そうした問題
意識の下でなされた代表的な議論である。

　しかし近年では、そうした問題意識は目立たなくなり、むしろ、「国
際組織の活動範囲が劇的に拡大したことに伴い、議論の焦点は国際組織
を法によって縛ることに移っている」。とは言え、その違法行為責任が
正面から論じられることはそれほど多くはない。それは教科書において
そうだというだけでなく、現実にもそうである。国際組織については、
違法行為責任ではなく、アカウンタビリティが論じられることが多いの
である。

　それはなぜだろうか？　そしてアカウンタビリティとはなにを意味す

るのだろうか？　その背景には、国際法の世界において国際組織というものをどう位置づけるのかという根本的な問題が存在する。そのことを意識しながら読み進めてほしい。

第7章　第三国による対抗措置

　国家が国際違法行為を行うと、その国家には国家責任が生じ、当該責任国には、賠償（原状回復、金銭賠償、サティスファクション）を行う義務が発生する。他方で被害国は、そうした国際違法行為に対して対抗措置をとることが許される。従来、こうして対抗措置をとることのできる国は、自らの権利を侵害されたと主張しうる国のみであると考えられてきた（被害国による対抗措置）。

　これに対して現在、自らは固有の権利侵害を被っていない第三国が、通常であれば違法な措置に訴えることも認められるのか、という問題が注目されるようになってきている。「第三国による対抗措置」と呼ばれる問題である。たとえばある国で一部の住民に対してジェノサイドが行われている場合、自らの固有の権利を侵害されたと主張できる国は存在しない。他方で当該行為はジェノサイドを禁ずる国際規範（それは対世的義務に当たる）に反するであろう。こうした場合に、自らの固有の権利を侵害されたとは言えない国が、通常であれば違法な措置（対抗措置）に訴えることが、実際に増えてきているのである。

　こうした「第三国による対抗措置」は、どのように位置づけられるべきであろうか？　一方では、対世的義務の違反に対する国家責任を集団的に実施するための措置・手続として積極的に位置づけるべきとする立場がある。他方では、分権的な国際社会において「第三国による対抗措置」にそうした積極的な位置づけを与えることは、それが個別国家の判断に依存することから、その濫用の危険性を増幅することになるとして、より慎重な態度、すなわちそれに関する実行は政治的問題として扱うのが適当だとする立場もある。こうした対立の背景にあるのは、対抗

措置と国際秩序のあり方をめぐる立場の違いである。前者は対抗措置を通じた国際秩序の維持を強調し、後者は対抗措置が国際秩序に対して与えうる危険性を意識することを促す。

　こうした問題性は、「第三国による対抗措置」において「増幅」されるものではあるが、実は「被害国による対抗措置」にとっても無縁ではない。そのことは、国際法において対抗措置をどのように位置づけるべきかという問題（それは国家責任法との関連で論じられるべきなのだろうか、たとえば紛争処理との関係で論じられるべきなのだろうか、またどのような機能を果たすものなのだろうか）をあらためて考えることにもつながるだろう。

第8章　領域に関する原始権原

　国家の領域権原としては、割譲、併合、征服、先占、時効、添付などが挙げられ、それぞれについて説明されるのが一般的であろう。しかしこれらは、国家（近代主権国家）の存在を前提とし、そうした国家による新たな領域の取得方式に関わるものとして論じられてきたものである。

　一般に国際法は、近代主権国家間の法として誕生したと理解されるが、そうした近代主権国家誕生以前の「領域支配」は、近代主権国家による「領域支配」と同じものと考えていいのだろうか？　近代主権国家誕生以前の「領域支配」は、現代の領域紛争においてどのように評価されるのだろうか？　イギリスやフランスによる中世の「領域支配」はどうだろうか？　欧州諸国によって植民地化される以前のアジア地域にあった現地「国家」の「領域支配」はどうだろうか？

　国際司法裁判所（ICJ）は、すでにこうした難問に直面してきており、そのこととの関連で、「原始権原（original title）」という概念が、近年「新たに」議論されるようになってきている。脱植民地化を果たした現在において、部族国家・王国などの現地「国家」が、植民地として近代

主権国家体制に組み込まれる以前に及ぼしていた「領域支配」を無視することは、現実的な選択肢たりえない。その意味で「原始権原概念の導入は、国際社会の変化に領域法を合わせようとする一つの試み」にほかならない。こうした問題は、日本を含む北東アジア諸国にとっても重要な問題である。そうしたことも意識しながら、ICJがどのような試みをしているのか、そこにはどのような難しさがあるのかを読み取ってほしい。

第9章　公海漁業規制

　海洋法において、公海の自由が大原則であることは習うだろう。公海はすべての国に開放され、いずれの国も、公海において、航行の自由、上空飛行の自由、漁獲の自由などが認められる（公海自由の原則）。そして公海において船舶は、原則として旗国の排他的管轄権（旗国管轄権）に服する。

　しかし今日では、公海漁業は一定の制約のもとに行われるべき活動であるとの認識が高まり、実際にも規制が及ぼされるようになっている。本章はこの問題を取り上げ、1982年に採択された国連海洋法条約の枠組み、その限界、それへの対応、さらなる限界、それへの対応、新たな対応……という、条約規範の限界と新たな規範定立との間の連続的な相互作用を描き出す。

　こうした条約規範の限界は、「条約は第三者を益しも害しもしない」という原則、公海自由の原則、旗国管轄権、といった国際法の基本原則に由来するものだが、それらを踏まえながらも、条約規範の「穴」を小さくするためのさまざまな工夫が凝らされてきているということでもある。海洋法に関する問題というだけでなく、具体的な国際的なルール・メイキングの展開としても読んでもらいたい。

第10章　宇宙の商業利用

　2019年 5 月に民間単独で開発された日本のロケットが初めて宇宙空間に達するなど、宇宙をめぐる話題はつきない。国際法の中では宇宙法の問題である。しかし残念ながら、多くの教科書において宇宙法に関する記述は詳しいとは言い難い。いわゆる宇宙 4 条約を中心に、宇宙空間の法的地位、宇宙活動に関する平和利用原則や、宇宙物体に対する管轄権および責任などが説明されるのが一般的であろう。

　こうした宇宙 4 条約が作成された1960-70年代の宇宙開発は、国家の威信をかけて行われる国家プロジェクトであり、民間企業が単独でロケットを打ち出すこと自体想定されていなかった。ところが現在では、当時とは比べものにならないくらい宇宙の商業利用が進んでおり、その結果新たな問題が数多く発生している。にもかかわらず、新たな条約の締結は困難であり、実際にも進んでいない。

　ではこうした新たな問題に、国際社会はどのようにして対応しようとしているのだろうか？　本章では、とくに現行国際宇宙法の不明瞭な部分を解釈によって明確にすることや、新たな法形成によって対応が図られている問題として、宇宙資源の採掘・売買ビジネスと、スペースデブリの除去といった新たな軌道上ビジネスを取り上げ、現行法上どこまで規律が及んでおり、今後どのような課題があるかを浮き彫りにする。本章は、宇宙法の新たな課題を説明するものだが、同時にそうした新たな問題に対してどのように対応しているのかというケーススタディとしても読んでほしい。

第11章　国際刑事裁判所の展開

　2002年に活動を開始した国際刑事裁判所（ICC）は、国際社会において様々な角度から注目されているが、国際法体系に対するインパクトも大きい。ICC は、かつては国際法の主体性が認められていなかった個人について、その責任を問う常設の裁判所であり、したがって国際法にお

ける個人の位置づけという観点から重要である。また、武力紛争法の履行確保手段という観点からも扱われる。さらには、一部の教科書では、国際刑事法という章が設けられ、その中で中心的な検討課題とされるようになってきている。

　他方で、活動開始から20年近くが経過し、いくつかの事件について実際に判決も出される中で、様々な課題が指摘されるようになり、その「存続の危機」さえ危惧されるようになっている。代表的なものが、本章でも取り上げられる、アフリカ諸国からの反発やICC規程からの脱退の動きである。

　本章では、こうした状況を踏まえ、ICCに対して諸国はどのように反発しているのか、その背景にある制度的な限界などを明らかにした上で、今後の国際社会においてICCをどのように位置づけていくべきかを考察する。ICCの設立が国際社会の進歩だとしても、それに対する反発があるのも国際社会の現実である。国際社会における法の支配や正義の実現について、深く考えるきっかけにしてほしい。

第12章　人権条約の域外適用

　人権が国際的に保障されるべきであるという観念が確立したのは第二次世界大戦後のことであり、その後数多くの国際人権条約が締結され、しばしば人権機関（条約機関）が設置され、その履行確保にあたっている。国際人権法の授業では、そうした人権条約の構造や各人権条約の特徴などが主たる対象となろう。

　こうした人権条約においては、原則として人権保障の対象は自国民には限られず、国の「管轄下にある」すべての個人がその対象とされている。では、「管轄下にある」とは、どの範囲を指すのだろうか？　自国領域がそれに含まれることは疑いがない。国家は領域内において、原則として全面的に管轄権を有する（属地主義）。では、「管轄下にある」とは領域内に限られるのだろうか？

　自国の領域の外であって「管轄下にある」かどうかが問題になる場合としては、たとえば外国の領土（の一部）を占領下に置いた場合や、在外公館などの国家機関が人に対して管轄権を行使する場合などが挙げられる。

　人権条約機関によれば、こうした場合も含め、領域外であっても実効的な支配下にある領域にいる人、そうした領域に対する支配が行われていなくとも、国家機関による権限行使をもって国が「管轄下」におく人に対しては、国家が人権条約上の義務を負うとされ、その違反については責任が問われてきている。これは、先に触れた条約機関による履行確保の一環であり、「条約の発展的解釈」（→第4章）に通ずる問題でもある。これに対して反発する国もある。どのような場合に、自国の領域の外であって「管轄下にある」かどうかが問題になるのか、そして人権条約機関がどのように判断してきたかを読み取ってほしい。

第13章　パリ協定における義務づけと　　　　履行確保の手続の特徴

　国際環境法はさらに新しい分野だが、とりわけ地球環境問題とそれへの対処やそのための多数国間条約体制に関心を持っている人も多いだろう。

　そうした条約体制においては、まず枠組条約が作成され、その後当該条約に拠って設置された締約国会合において議定書や協定が作られることがある。規範形成が重層的であり、また発展的だと言える（条約の成長と言われることもある）。また、そうした条約体制においては、地球環境問題への対処という特質から、履行確保手続にも特徴がある。義務の違反に対する責任追及や賠償よりも、条約義務の履行確保が目的とされる。多くの教科書でも、オゾン層保護条約とモントリオール議定書、気候変動枠組条約と京都議定書などを素材として、こうした説明がされているのではないだろうか？

これに対して、2015年に採択されたパリ協定（2016年発効）は、気候変動枠組条約の下で作られた条約だが、締約国の義務という点でも、履行確保手続という点でも、上述のような従来のあり方とは異なるものが採用されている。具体的にはどういった点であろうか？　なぜそうした仕組みが採用されたのだろうか？

　本章では、そうした点を明らかにしながら、「今日の国際社会が気候変動にいかに立ち向かおうとしているのか、またいかなる基本的課題を抱えているのか、法的観点から理解を深めるための手掛かり」が提供される。ぜひそうした手掛かりを活かして、こうした点に関する理解を深めてほしい。

第14章　外国投資を保護する公正衡平待遇義務

　国際経済法は古くて新しい分野だが、1990年代以降、その中心は、貿易に関する法、すなわち世界貿易機関（WTO）であった。それに対して2000年代以降、投資に関する法への関心も高まってきており、教科書でも扱われるようになってきている。その背景には、現実の経済関係として、外国投資を通じたグローバル・バリュー・チェーンの展開があり、それを支えるものとしての投資協定等の増加、さらには投資協定等で認められる投資仲裁（投資家が国家を訴える仲裁）の爆発的な増加が挙げられる。

　そうした投資協定等においては、外国投資家（企業等）の投資の保護や促進のために投資受入国（協定締約国）が守るべきさまざまな義務が定められている。そうした義務の中で、本章で取り上げるのが公正衡平待遇義務である。投資仲裁においてもっとも争われることが多いとも言われ、多くの仲裁判断が示されている。

　外国投資家の投資の保護や促進のために投資協定等を締結するのだから、それらの利益が守られることは当然とも考えられる。他方で投資受入国からすれば、公共政策目的を実現するためにさまざまな規制を導入

する必要もある。国の正当な規制権限の行使であり、これも一定程度尊重されなければならない。この両者をどうバランスさせるかという問題が、公正衡平待遇義務の解釈において争われているのである。本章では、具体的な問題に関する投資仲裁判断の検討を通じてこの問題を考察し、日本へのインプリケーションも示される。それは「決して対岸の火事でない」のであり、身近な問題として考えてほしい。

第15章　国際裁判の機能

　国際紛争の解決手続の一つに国際裁判がある。国際裁判は、交渉その他の非裁判的解決手続と対比されるが、それが国際社会においてどのような機能を果たしているかについて習うことは多くないかもしれない。

　国際裁判には紛争解決と法秩序維持という二つの機能があるとされるのが一般的である。そう聞くとなんとなく分かった気になるが、それぞれについて、あるいは両者の関係について、具体的なイメージを持つことができるだろうか？

　本章では、紛争解決と法秩序維持という観点から、いくつかの論点に触れながら、国際司法裁判所（ICJ）の機能変化が描き出される。訴訟要件については、法秩序維持という観点から原告適格の拡張が生じているが、同時にそれは無制約に容認・放置されているわけではないとされる。仮保全措置についても、紛争悪化防止措置の位置づけを中心に、紛争解決と法秩序維持との狭間にあるICJの現在が映し出される。救済方法についても取り上げられ、いずれの観点についても、ICJの機能がICJ自身によって拡張的に捉えられていることが示唆されると指摘される。

　さらには、法秩序維持という観点の先には、国際社会のガバナンスの担い手として国際裁判所の役割を把握する立場の出現が指摘される。こうした理解は現実のものとなるであろうか？　国際社会における裁判の位置づけを考えるきっかけとしてほしい。

第16章　国際テロリズムに対する武力行使

　国際法による武力行使の規制について、どのような印象を持っている
だろうか？　国際連合憲章2条4項によって武力行使禁止原則が確立さ
れた一方で、武力行使は絶えることがない。21世紀に入って増えている
ようにさえ思われる。本章では、21世紀に入って大きく注目されるよう
になった国際テロリズムに対する武力行使を取り上げる。

　武力行使禁止原則の例外の一つとして自衛権が認められている（国連
憲章51条）。国連憲章が発効した当時、51条に規定される「武力攻撃」
としては国家によるものが想定されていた。国連憲章の起草者たちの眼
前にあったのは第二次世界大戦であり、それは国家間戦争にほかならな
かったのである。

　しかし今日では、テロ集団が国境を越えて大規模な攻撃を行なうよう
になっている。2001年の米国同時多発テロはその象徴的な事件である。
それ以降、非国家主体による国際テロリズムに対して自衛権を行使する
ことが国際法上許されるか否か、ということが大きな問題となってき
た。

　本章では、この問題について従来の法的枠組みと議論の現状を整理す
る。肯定説と否定説とについて様々な論拠が提示され、検討される。そ
の背景にあるのは、新たな「現実に対して既存の国際法が実効的に対処
しうるのかという本質的な問題」であり、その問題を考えることは、武
力行使禁止原則とその例外を国際社会の中でどう位置づけるかという問
題に行きつくこととなる。そうした根本問題を考える入り口にしてほし
い。

第17章　国連安保理による制裁と人権保障

　国連安全保障理事会は、平和に対する脅威、平和の破壊、侵略行為が
発生した場合に、憲章7章に従って強制措置をとることができる。国連
創設当時は、そうした事態としては国家間の紛争や武力行使が念頭に置

かれており、強制措置も国家に対して行われることが一般的に想定されていた。

　これに対し、とりわけ冷戦終焉後、平和に対する脅威概念が拡大するとともに、強制措置の対象として個人が着目される傾向がみられる。ターゲット制裁と呼ばれるものである。その背景には、1990年代にイラクという国家に対して行われた包括的制裁が無垢の市民に悪影響を与えたという反省や、非国家主体による国際テロリズムなどが重大な脅威となるようになってきたことなどが挙げられる。

　しかし、こうした個人を対象とする強制措置が取られる場合、特定の個人が不当にその対象となる事態も考えられる。実際にも、その不当性を主張する個人が、国際人権法を根拠に人権関連機関に提訴する例がみられるようになってきた。そこでは、国連の強制措置を実施する国家の義務と、人権条約等に基づく国家の義務との抵触が問題となる。平和と人権という、国際社会にとって根本的に重要な価値同士の対立と言ってもよい。

　本章では、そうした抵触が問題となった主な事例とそれに対する安保理の対応が検討される。その上で今後の展望として、手続的改革の進展に加え、「グローバル規模の法秩序全体に関する理論の発展」の必要が指摘される。本章の最後に指摘されるように、こうした理論の一つが第1章で扱われる立憲主義である。第1章を読み直すとともに、「グローバル規模の法秩序」について考えるきっかけとしてほしい。

第1章

国際法と立憲主義
——グローバルな憲法秩序を語ることは可能か

北海道大学教授

伊藤一頼

‖‖

❶ はじめに

　法学を学習した人であれば、憲法の講義などで「立憲主義」という言葉に1度は触れたことがあるだろう。基本的人権の保障や法の支配など、立憲主義の中心をなすとされる要素が直ちに頭に浮かぶ人もいるかもしれない。しかし、国際法の講義や教科書で立憲主義の概念が扱われることはほとんどなく、多くの人は国際法と立憲主義がどのように結び付くのかうまくイメージできないのではないだろうか。

　ところが、海外に目を移すと、現代の国際法が経験しつつある大きな構造変化を捉えるための視点として、立憲主義の概念を基軸に据える見方が一定の広がりを見せている[1]。こうした議論は、一般に国際立憲主義あるいはグローバル立憲主義などと呼ばれ、2012年にはGlobal Constitutionalismという名の学術雑誌まで創刊されたほどである。これは必ずしも国際関係だけを対象とする議論ではなく、むしろ国内社会と国際社会の相互作用により世界全体において立憲主義の理念を実現しようとする発想を有しており、それゆえ国内法の研究や実務を本職とする人々も数多くこの議論に参画している。

1）代表的な文献として、Klabbers, J. et al., The Constitutionalization of International Law（Oxford University Press, 2009）; Erika de Wet, "The International Constitutional Order," International and Comparative Law Quarterly, vol.55, no.1（2006）, pp.51-76. また、国際法上の立憲主義をめぐる欧州とアジアの対話の試みとして、Suami, T., et al.（eds.）, Global Constitutionalism from European and East Asian Perspectives（Cambridge University Press, 2018）.

　それでは、こうした立憲主義の概念まで持ち出されるようになった国際法の構造変化とは、いったいどのような現象を指しているのだろうか。統一的な立法機関や憲法典も存在せず、国家の意思を中心に規範が形成される国際法の世界において、立憲主義を語りうるような基盤が見出せるのだろうか。また、仮にそうした基盤が生成しつつあるとして、それに立憲主義というラベルを貼って議論することの「実益」はどこにあるのか。立憲主義の枠組みで捉えることによって、条約の解釈が変わったり、国内法体系における国際法の地位が高まったりするのだろうか。以下では、このような疑問に答えつつ、国家を超える立憲主義という発想が持つ意義や問題点について考えてみたい。

❷ 国際法の公秩序化と立憲主義の理念

[1] 国際法の性質はどう変わったか

　まず、立憲主義の議論を喚起するきっかけとなった国際法の構造変化について概観しよう。20世紀初頭までの伝統的な国際法では、条約はもっぱら二国間条約として締結された。二国間条約であれば、条約の目的や規律内容は両当事国が随意に設定ないし変更することができるのであり、その意味で国際法とは個々の国家の意思に従属する存在であったと言える。もちろん、締結された条約はその当事国を拘束するが、そもそもどのようなルールをどの国との間で成立させるかについては各国の判断に委ねられており、国家にとって条約は「国益実現の手段」として扱うべき対象であった。

　しかし、20世紀後半になると、世界の大多数の国が加入するような多数国間条約が幅広い分野で締結されるようになった。多数国間条約も国家の同意により形成されるものではあるが、その根底には、国際社会が全体として追求すべき公共的価値が存在するという認識がある。特に第二次世界大戦が引き起こした惨禍は、諸国に武力行使の抑制や人権の保障が人類にとって普遍的な意義を持つと感じさせるに十分であり、国連

憲章や国際人権規約といった多数国間条約が後に成立する契機となった。また、公害や温暖化による地球環境の深刻な悪化は、多岐にわたる環境保護条約の形成を促し、自由貿易の拡大による経済発展の要請は、世界貿易機関（WTO）協定の誕生をもたらした。このような多数国間条約では、条約の内容はもはや個々の国家の短期的・主観的な利害によって随意に決められるものではなく、むしろ自律的な規範理念として国家意思の上位に立つような格好になる。

　こうした国際公共価値の実現を促進するための装置として、多数国間条約の下で国際組織が設立されることも多い。国際組織では、条約目的の推進にとって必要な決定が一部の国の反対により阻害されることのないよう、コンセンサスではなく多数決の方式によって規則制定などを進める場合もある[2]。また、国連では全ての加盟国が安全保障理事会（安保理）の決定に従うこととされており（国連憲章25条）、少数の国が全体を代表してある種の立法的権能を行使しうる仕組みがとられている。一方、条約目的を実現するうえでより客観的・中立的・専門的な知見が必要とされる場合には、条約当事国から独立した、個人の資格で選任される専門家の組織に実質的な判断を委ねることすらある。例えば地球温暖化防止の分野では、「気候変動に関する政府間パネル（IPCC）」が発表する科学的見解を基礎として、気候変動枠組条約における規制目標が設定されてきた。

　さらに、多くの国際組織では、締約国による条約義務の不遵守、及びそれをめぐって生じる締約国間の紛争に対処するために、組織的な履行確保・紛争処理の制度を設けている。とりわけ、WTO協定や国連海洋法条約、各種の人権条約などは、ある締約国の義務違反について、その

2）例えば、国際民間航空機関（ICAO）における「標準及び勧告される方式（SARPs）」の採択、国際捕鯨委員会（IWC）における付表の修正、地域的漁業管理機関（RFMOs）における漁獲割当て量の決定、などを挙げることができる。これらの機関では、決定に異議を申し立てた国に対しては当該決定を適用しないとするオプト・アウト（離脱）の制度を設け、伝統的な同意原則との調整を図っているが、異議申立てにより決定の採択自体を阻止できるわけではないという点が重要である。

国自身の同意を得ることなく一方的に当該案件を付託できるような司法的な審査手続を発達させている。これにより、国際法上の紛争に対して第三者機関が司法的な裁定を下す機会は著しく増加しており、そうした「司法化」の進展こそが現代国際法を特徴づける要素の一つである。提訴の脅威が存在することにより、締約国が条約違反の行動を選択する余地は大きく制約され、「法の支配」が格段に強化されたと言える。

　加えて、これらの履行確保制度や紛争解決機関が各々の条約規定に施した法的な解釈は、一種の先例法理として高い権威を持つようになる。人権諸条約やWTO協定、国際労働機関（ILO）憲章などにおいてこうした法解釈の蓄積が顕著である。条約作成時には抽象的な原則の形で規定された条文も、実際には第三者機関が条約目的の実現に資するよう、法解釈を通じて実質的な意味内容を補充してきたのであり、その過程では国家が当初想定しなかった法理が導き出されることもしばしばあった[3]。このように条約の解釈が締約国の手を離れて自律的に進展するという現象は、条約規律に対する国家意思の影響力を封じ込める要素として特に注目すべきものである。

　要するに、現代国際法は多数国間条約という形式を介して、特定の時点における国家の利害により左右されるべきではない普遍的な価値を提示し、その実現を促進するために、国家が条約の規律内容に対して自由な操作を及ぼす余地を奪っていく傾向を持つ。こうした国際法の質的な変容を描写し、あるいはさらに後押しするために用いられるようになったのが立憲主義の概念である。

3）例えばWTOの紛争解決手続は、アンチダンピング協定2条4項の「公正（fair）」な価格比較という抽象的な文言を手掛かりに、アンチダンピング調査におけるゼロイング手法（対象産品の輸出価格のうち、正常価額を上回るものがある場合に、そのダンピングマージンを（マイナスではなく）ゼロとして計算すること）が同条に違反するという結論を導き出した。European Communities — Anti-Dumping Duties on Imports of Cotton-type Bed Linen from India, Appellate Body Report, 1 March 2001, WT/DS141/AB/R, para.55.

[2] 国際立憲主義の構成要素

　近時の国際法が立憲主義の発現を語りうる段階に近づいている、すなわち「立憲化（constitutionalization）」しつつあると唱える議論は数多くあるが、そこで念頭に置かれる分野や法制度は多岐にわたっており、ここでその内容を個別的に検討することはできない[4]。したがって以下では、これらの議論に概ね共通して含まれている立憲主義の構成要素ないしメルクマールを、公約数的に取り出してみることとしたい。

　第1に、国際法が契約的秩序から公法的秩序へと大きく転換したことが挙げられる。前述のように、伝統的な国際法では、法の内容は国家相互の自由な合意に委ねられており、もし一方の側が約束を守らなければ、もう一方の側も同様に守らないという契約的論理で対処することができた。これに対し、現代の国際法を特徴づける多数国間条約体制では、国際社会が一つの共同体として追求すべき価値が明確化され、それと相容れない行動や合意は積極的に是正の対象にするという公法的論理が発達している。ここに、国際社会における憲法秩序の生成が見出されるのである。こうした国際公共価値のうち、例えば人権の保障などは、もともと国内憲法と内容上の共通性が高い事項であるが、人権の中でもマイノリティの権利や先住民族の権利のように専ら国際法がその発展を先導している分野もある。また、国内憲法では扱われないことも多い国際平和・環境保全・文化保護・通貨安定といった事項も、国際社会が中心となって発展させた憲法的価値であると捉えうる。

　第2に、国際法が法秩序としての体系性を強めた点が重視される。伝

4）各分野の議論動向をまとめたものとして以下の文献を参照。丸山政己「国連安全保障理事会における立憲主義の可能性と課題——国際テロリズムに関する実行を素材として」国際法外交雑誌111巻1号（2012年）20-46頁、寺谷広司「断片化問題の応答としての個人基底的立憲主義——国際人権法と国際人道法の関係を中心に」世界法年報28号（2009年）42-76頁、伊藤一頼「国際経済法における規範構造の特質とその動態——立憲化概念による把握の試み」国際法外交雑誌111巻1号（2012年）47-73頁、小林友彦「世界貿易機関（WTO）と国際法の『立憲化』——紛争処理手続への加盟国コントロールの問題を中心に」世界法年報33号（2014年）123-148頁、福永有夏「世界銀行の開発政策と『立憲化』」世界法年報30号（2011年）81-108頁。

統的な国際法では、そもそも法の規律が存在しない（あるいは存在しても不十分ないし不明確な）分野も多く、そこでは国家は「主権の残余原理」に基づき何らの縛りもなしに行動することができた。また、仮にある程度明確な実体法上の規範（第一次規則）が存在したとしても、その違反に対処するための第二次規則が未発達であったため[5]、結局のところ国家の行動を統御する力は乏しかった。これに対して現代の国際法は、ほとんどの主要な分野において多数国間条約体制を構築し、そこで詳細な実体的規律を整備するとともに、不遵守を監視・是正するためのメカニズムも発達させている。このような「法の完全性」への接近により、国家の行動原理をパワー志向からルール志向へと転換させつつある点に、立憲性の発露が見出されるのである。

　第 3 に、国際公共価値の中でもとりわけ個人の自由及び権利の保障が重視されることが多い。国内の立憲主義の下で発達した基本的な人権規範は、自由主義思想に立脚し、私的自律の領域を確保しようとするものであり、個人の行動に対する国家の干渉を排除する点に主眼がある。こうした自由権保障に加え、現代では、国家による生存配慮や、教育機会・保健衛生・環境保全の確保なども次第に人権の射程に含められるようになった。国際法も、人権条約をはじめ様々な分野の多数国間条約を通じて、こうした個人の権利の保障を強化する役割を果たしているのであり、国家がこれらの権利を侵害しないようあらかじめその手を縛っておくこと（pre-commitment）に立憲的意義が存する。このような観点からは、各種の条約が個人通報制度[6]などにより私人に対して直接的なアクセスを認めていることは当然高く評価される。また、私人が国内裁判

5）20世紀後半には国連国際法委員会が一般国際法における第二次規則を定式化・法典化しようとする
　試みを続けたが、2001年に「国家責任条文草案」が国連総会で採択されるまで長い年月を要した。

6）自由権規約をはじめとする各種の人権条約では、条約本体に加えて選択議定書を批准した国の国民
　に対し、自国政府の人権侵害行為を条約上の履行監視機関に直接通報する権利を認めている。また、
　国際労働機関（ILO）が1951年に設置した「結社の自由委員会」も、ILO 加盟国における結社の自由
　の侵害に関する問題につき、労働者団体から直接通報を受理して審査と是正勧告を行う権限を持ち、
　これまでに3000件を超える案件を処理してきている。

所において国際法を直接に援用して政府行為の違法性を問うこと（いわゆる直接適用可能性）も積極的に是認すべきことになる。

第4に、独立した司法部門による法秩序の維持・発展に立憲主義の基盤を求める立場がある。前述のように、いくつかの多数国間条約体制では、義務の不遵守をめぐる紛争に対処するためのメカニズムを設け、司法審査の形式を介して違法性認定や制裁の発動を組織的に管理している。加えて、かかる司法的作用を通じて、法解釈学の専門的見地から条約規定の意味内容が精緻化され、必ずしも個々の締約国の意図に捉われることなく自律的に規範が発展している。ここでは、条約目的である国際公共価値の実現に最も寄与するような解釈が選択されること（目的論的解釈）も少なくない。

以上のように、国際法における立憲主義の議論は、国際社会が個別国家による分権的な意思決定や価値判断を克服し、共通の価値を志向する一つの共同体として、公序設定的な性格を持つ法体系を構築することに格別の意義を見出す言説であると言える。とりわけ、そうした国際公共価値の実現を支える要素として重視されるのは「法の支配」の理念である。誤解してはならないが、ここで言う「法の支配」とは、単に国家がみずから作った規則に従うことを意味するのではない。むしろ、様々な多数国間条約体制において司法化が進展し、法秩序の維持及び発展を締約国政府以外の第三者機関が担っているという点に、立憲主義的な「法の支配」の本質が求められるのである。

また、国家権力の自由裁量を法により制御するという意味での立憲性の概念は、国内法秩序で発達した近代立憲主義の理念と重なり合う。つまり、国際立憲主義の議論は、国際法の目的を国内憲法のそれと同列に捉え、両者は相互補完的に機能する関係にあると考えるのである。そこでの共通の価値基盤は、国家との関係における私人の自由及び権利の保護であり、国境の内外から権力統制を働かせることで、市民社会の利益を世界全体で保護しようとする考え方が根底にあると言える。その意味

で、国際社会における立憲化の進展は、国際法と国内法の境界を薄れさせ、世界大の一体的な憲法秩序を形成していくプロセスとしても描き出されるのである。

❸ 国際社会の特質と立憲主義の再構成

[1] 国際立憲主義への懐疑

　以上に述べたような国際立憲主義の議論に対しては、様々な観点からの批判もなされている[7]。立憲主義の理念が批判の対象となることは、国内法の文脈ではほとんど考えられないが、なぜ国際法では疑念が向けられるのだろうか。いくつかの批判のパターンを以下に挙げてみよう。

　第1に、国際法の規範体系がいまだ立憲主義を語りうるほど成熟していないという見方がある。これは立憲主義の理念自体に対する批判というよりも、国際法の発達度に関する評価が高すぎることへの疑問である。確かに、上述した立憲性の諸特徴が国際法の全ての分野で現れているわけではなく、そうした状況で立憲主義の議論だけが先行すれば、人々が国際法に対して過度に理想的なイメージを抱くことにもなりかねない。ただ、他方で、現代国際法が多くの面で伝統的論理からの転換を見せていることも事実であり、そうした変容がいかなる段階に達すれば立憲主義の名に値するのかという問題に明確な正答は存在しないだろう。

　第2に、国際公共価値と言われるものの多くは欧米先進諸国が発達させた価値観であり、立憲主義の言説はそれらの価値観を他の国々に押し付けるためのイデオロギーとして利用されうる、といった懸念もある。例えば、国際刑事裁判所（ICC）に起訴され人道上の「正義」による裁きを受けるのは、ほとんどがアフリカの指導者らで占められており、他地域との間で均衡性を欠くのではないかという反発も起こっている

7）こうした批判論の動向について、最上敏樹「国際立憲主義批判と批判的国際立憲主義」世界法年報33号（2014年）1-32頁参照。

（ICC からの脱退を表明した国もある）。WTO 協定には、中国のような非市場経済国からの輸入に対して、通常よりも不利な取扱いをなしうる規定が含まれている。様々な多数国間条約が主権国家に対する「法の支配」の強化を目指しているとは言っても、その「法」が真に公正な内容を定めたものであるかどうかは必ずしも自明ではない。

　第3に、上記第2の点とも関連するが、価値に関する多元主義理論に基づく批判がある。ここで言う多元主義とは、単なる価値相対主義とは異なり、社会に存在する様々な種類の価値が、相互に矛盾・対立する要素を内に含んでおり、ある価値を実現しようとすれば、必然的に他の何らかの価値の実現が阻害されるという考え方である。言い換えれば、あらゆる種類の価値を同時に実現しうるような理想的な制度や政策は存在しないのであり、だからこそ政治過程を通じて意見や利害を調整することが必要になる。この点、国家は包括的な政治団体であるため、こうした総合的な価値調整も問題なく遂行しうる。ところが、各種の分野で発達した多数国間条約体制は、ある特定の事項に関する規律を諸国から委ねられた機能的な団体であるため、みずからが目的とする価値の実現を最大限に追求することが行動原理となりやすい。そうした状況で国際規律の強化を進めれば、確かにその特定の価値は促進されうるものの、同時に他の競合する価値の実現を妨げる可能性も高まる。

　例えば、国連安保理がテロ対策として推進する個人資産凍結等の措置は、確かに平和・安全の維持には貢献しうるが、他方で対象者個人の人権保護（適正手続の保障）が蔑ろにされやすいという問題を含んでいる。WTO 協定が定める知的財産権保護のルールは、発明の保護・促進に寄与する一方で、発展途上国の人々が安価な医薬品等を入手する機会を奪い、公衆衛生に悪影響を与えていると批判される。ICC 等の国際刑事裁判制度は、正義の貫徹を可能にするかもしれないが、紛争地域における民族間の和解や平和の回復をかえって難しくする場合もある[8]。このように、いずれの公共価値にもそれと対抗関係にある他の価値が存在しう

るとすれば、多数国間条約の下である特定の価値を促進することは、社会的には正の効果だけでなく負の効果をも同時にもたらす結果となる。

　こうした多元主義理論の視点は、単純に各々の分野で条約規律の強化を図ることが望ましいと考えるような立憲主義の論者にとっては、重大な反省を迫るものになるだろう。もっとも、これを理由に、国際法における立憲主義という視座を完全に拒否してしまうとすれば、それも立憲主義の概念が有する意義を狭く捉えすぎた態度だと言わねばならない。むしろ、多元主義理論によって示された国際条約体制の問題点は、次に述べるような立憲主義の新たなアプローチをとることで解消される可能性がある。

[2]　立憲主義の捉え方の転換

　立憲主義が人間の自由を希求する理念であることは疑いえないだろう。その自由とは、近代立憲主義においては、主権を確立した国家との関係上、もっぱら国家権力の制限（消極的自由）として観念され、それが立憲主義や自由の唯一の意味であるかのように扱われることになった。しかし、歴史を通して見れば、自由にはもう一つの重要な側面があるとされてきた。それは、自己に影響を与える公的決定の形成過程に自分自身が参与すること、すなわち自己決定・自己統治の機会を享有すること（積極的自由）である。

　ところで、ある多数国間条約の下での決定が、他の外部の価値に悪影響を与えてしまう状況で、それでもなお当該決定を正統化しようとすれば、討議理論の考え方に依拠することになろう。これによれば、意思決定のプロセスにおいて、当該決定を行う側とそれにより悪影響を受ける側とがそれぞれの主張の論拠（reason）を提示し、決定者側の方がより説得力の高い論拠を示したときは（その意味で反対者側にとっても合理性

8）ウィリアム・シャバス、鈴木直訳『勝者の裁きか、正義の追求か──国際刑事裁判の使命』（岩波書店、2015年）第3章（特に91-93頁）参照。

を認められるような決定であれば)、それは正統なものとみなしうる。したがって、ある多数国間条約の下での意思決定において、それにより影響を受ける外部の価値の利害関係者が参加と説得の機会を与えられ、そこで示された論拠の優劣によって決定がなされるのであれば、たとえそれが結果的に外部の価値に対して悪影響を与える決定になったとしても、社会的な正統性は認められうるのである。

　このように、多数国間条約における国際規律の強化、及びそれを肯定的に評価する国際立憲主義の議論に対して、多元主義理論の見地から示された問題点は、意思決定プロセスへの幅広い参加と公平な討議機会を確保することにより解消可能なのであり、しかもそうした解決方法自体が、自己決定の自由（積極的自由）という立憲的理念から導かれたものなのである。特定の価値に関する条約体制を高度化させ、国家の恣意的行動に対する制限を強めることは、消極的自由の観点からは意義があるが、それは同時に、社会に様々な価値がある中で当該価値を特権化することにもつながり、かえって国際法の正統性を低下させる恐れすらある。国際社会において、いかなる価値をどのような優先順位で追求すべきなのかは、個々の状況ごとに分野横断的な討議を経ることでしか認識できない以上、国際法における立憲主義の概念は、むしろそうした討議プロセスへの人々の広範かつ対等な参加を促進する自己決定の原理として捉えた方が、条約体制の正統性を高めることに寄与するだろう[9]。

　こうした考え方を反映するものとして注目されるのが、近年提唱されているグローバル行政法の理論である[10]。これは、国際組織や民間団体といった国家以外の主体が世界規模の規制作用を行使している状況を

---

9) こうした討議プロセスを確保するうえで、具体的にどのような手続を設ける必要があるのか、そこでの「利害関係者」の範囲をどのように画定するのかといった問題につき、立憲主義の理念は必ずしも一義的な解答を与えるわけではなく、この点は各々の分野の事情を考慮してその都度最適な制度設計を模索していく必要がある。立憲主義とは、こうした意思決定プロセスの妥当性・正統性をめぐる問題を人々に認識させ、それに関する議論や取組みが自己決定としての自由を保障する方向でなされるよう基礎的な誘導を行うための概念であると言える。

「グローバル行政空間」と捉えたうえで、そこでの決定に十分なアカウンタビリティが確保されるためには、国内行政上の諸原理（透明性、一貫性、意見聴取、理由提示、異議申立、適正手続、比例原則など）を類推的に導入する必要がある、と説くものである。ここでいうアカウンタビリティとは、個々の意思決定の単位（例えば様々な基準値の設定など）において、当該決定から影響を被る人々に適切な意見表明の機会を与えることで正統性を担保しようとする概念である。閉じられた組織の中だけで決定を行うのでなく、外部の利害関係者と情報や意見をやり取りし、多様な立場を踏まえたうえで結論を導くよう方向づけることが、グローバル行政法理論の主たる関心事であると言える。

　これに関連する条約実践も次第に現れてきている。国連安保理による資産凍結措置等が対象者に十分な防御権を認めておらず適正手続に反するとの指摘を受け、2009年の安保理決議1904はオンブズパーソン事務局を設立して、制裁リストからの削除要請を受理・検討する権限を与えた。また、世界銀行をはじめ各種の開発援助機関で導入されている査察パネル（inspection panel）の制度は、融資プロジェクトにより被害を受けたと主張する地域住民の申立を受理し、当該機関の内部規則に照らして審査を行う仕組みである。またWTOの紛争解決手続では、民間団体や研究者から提出される意見書（アミカス・ブリーフ）の受理や、口頭審理の一般公開といった取組みが見られる。

　このような、実体的価値の要素を含まない「討議機会の保障」は、一見、立憲主義の理念からはほど遠いように感じられるが、個々の価値に対応した条約体制が並存する国際社会においては、こうした外部との対話の回路を確保する取組みこそが、人々に自己決定の自由という意味で

---

10) See, e. g., Kingsbury, B., et al., "The Emergence of Global Administrative Law," Law and Contemporary Problems, vol.68, no.3-4 (2005), pp.15-61; Anthony, G., et al. (eds.), Values in Global Administrative Law (Hart Publishing, 2011). 邦語による紹介及び分析として、興津征雄「グローバル行政法とアカウンタビリティ——国家なき行政法ははたして、またいかにして可能か」浅野有紀ほか編『グローバル化と公法・私法関係の再編』（弘文堂、2015年）47-84頁参照。

の立憲性を保障するうえで不可欠なのである。

❹ おわりに

　以上の説明から分かるように、国際法における立憲主義の概念は、必ずしも現実の諸問題に対して直ちに適用可能な法規則を示してくれるわけではない。その意味では、実益のない議論に見えるかもしれない。しかし、立憲主義は法制度の正統性の基盤を示す概念であり、それゆえ、国際法が今後いかなる方向への発展を目指すべきかについても強い示唆を含んでいる。もし一般的な国際立憲主義の議論に従うならば、多数国間条約体制による国家主権の制約を一段と進め、条約目的の実現を最大限に図ることが当然の目標とされ、それに反する事象は否定的な評価を受ける。これに対し、国際社会の多元的構造を踏まえ、自己統治としての自由に重点を置いた立憲主義理解をとるならば、単に条約規律を強めるだけではなく、意思決定プロセスにおいて外部の異質な価値に対しても対等かつ真剣な考慮を払い、自省的な権威行使に努めることが理想とされよう。このように、立憲主義の捉え方には大きな振幅もあるものの、いずれの立場をとるにせよ、国際法の発展や条約の制度設計のあり方につき、人間の自由の保障という根源的な観点から指針が導き出されるという点に、立憲主義を論じる意義があると言える。国際法における立憲主義は、無批判で用いるにはあまりに危険な概念であるが、全く関心を払わないことの損失もまた大きいだろう。

第2章
サイバー空間における主権
──その論争が意味するもの

防衛大学校准教授
黒﨑将広

❶ はじめに──サイバー空間において主権侵害は成立するか

　今、サイバー空間の利用をめぐって、国際法における主権とは何かが改めて問われている。

　2014年11月24日、米国の映像メディア企業ソニー・ピクチャーズ・エンターテイメント（以下、「SPE」という）の情報システムに外部から何者かが侵入し、各種情報を流出させるなどの事案が発生した。さらに2017年5月頃には、マイクロソフト・ウィンドウズを標的とした「WannaCry」と呼ばれる身代金要求ランサムウェアに150か国のコンピュータ端末数十万台が感染し、医療、金融などの重要インフラ分野を中心に数十億ドルにも及ぶ未曽有の被害が世界規模で発生した[1]。これらはいずれも「Lazarus」と呼ばれる同一のハッカー集団の手によるものとされており（同集団はバングラデシュ中央銀行へのサイバー攻撃の実行者と目されてもいる）、例えば米国は、その構成員個人を特定して刑事訴追や保有資産の凍結といった国内措置をとっている。

　国際法との関係で重要なのは、以上のハッカー集団が北朝鮮の対外工

1）同年には、ウクライナを標的にロシアが実行したとされる身代金要求ランサムウェア「NotPetya」によるサイバー攻撃事案も起きている。しかし、両国との間にはクリミア半島とウクライナ東部をめぐる武力紛争の存在も問題となるため、WannaCry事案とは異なり、平時の国際法と武力紛争時の国際法のいずれを適用法規とすべきかが本事案の法的評価を一層複雑にしている。*See, e.g.,* Michael Schmitt and Jeffrey Biller, "The NotPetya Cyber Operation as a Case Study of International Law," *EJIL: Talk!,* July 11, 2017.

作機関であったか、あるいは以上の行為が少なくとも北朝鮮当局の命令によって行われた疑いが強いということである。もしそうであるなら、この北朝鮮に帰属する越境サイバー攻撃は何かしらの国際違法行為となるのだろうか[2]。

　国が組織ぐるみで他国に侵入するサイバー行動をその他国の同意なく行うわけであるから、それは国際法上の武力行使禁止原則あるいは内政不干渉原則に反するのではないか、と思う人がいるかもしれない。しかし、この悪意ある行動によって、たとえばSPEという民間企業に何かしらの被害が生じたとしても、それが米国自体を標的とした——国連憲章2条4項が規定する「国の領土保全または政治的独立」に対する——武力の行使であったと見ることは難しい。内政不干渉原則についても、それにより米国の意思に影響を及ぼす何らかの強制が同国の国内管轄事項（*domaine réservé*）について働いたと見ることはやはり容易ではない。このことは、標的を特定しない無差別サイバー攻撃であったとされるWannaCryの事案についても当てはまる[3]。むしろこの場合は、影響を受けたコンピュータ・ネットワークが位置する領域国の主権侵害を構成するか否かの方が国際法上の主な争点になっている。

　サイバー行動に適用可能な国際法を整理したタリン・マニュアル2.0は、規則4（主権の侵害）で「国家は、他国の主権を侵害するサイバー行動を行ってはならない」と規定している[4]。このため、同マニュアル

2）他方、これらが北朝鮮に帰属する行為でなかったとしても、当該行為との関係で北朝鮮による相当の注意義務の違反は問題とされうる。ただし、当該義務がサイバー空間において適用可能であるかについて諸国家や専門家の見解は一致していないことには注意が必要である。*See, e.g.*, Report of the Group of Governmental Experts on Developments in the Field of Information and Telecommunications in the Context of International Security, U.N. Doc. A/70/174（July 22, 2015）; Eric Talbot Jensen and Sean Watts, "A Cyber Duty of Due Diligence: Gentle Civilizer or Crude Destabilizer?," *Texas Law Review*, Vol. 95（2017）, pp. 1555-1577.

3）ロシアの仕業とされるサイバー攻撃を通じた米国の2016年大統領選挙や2018年中間選挙への外国による干渉疑惑でさえ、違法行為となるための強制要件を満たすことは難しいだろう。この点については、河野桂子「『タリン・マニュアル2』の有効性考察の試み——サイバー空間における国家主権の観点から」防衛研究所紀要第21巻第1号（2018年）55-62頁も参照。

を支持する国際法の専門家は、SPE や WannaCry の事案についても、少なくともデータ破壊を上回る何かしらの物理的損害を引き起こす場合に限り、以上のサイバー攻撃は損害を被ったネットワークインフラが位置する他国の主権侵害になると評価していた[5]。国際法を学ぶ者からすれば一見当然のようにも見えるこの解釈の妥当性は、しかしながらその後、英国法務総裁により示された次の公式見解によって大きく揺るがされることとなる。

> 他国のコンピュータ・ネットワークにその国の同意なく介入することに関連して、ある者は「領域主権の侵害」というサイバーの具体的な規則が存在するという論陣を張ろうとしてきた。主権とはもちろん、国際的なルールに基づくシステムの基本である。しかし、禁止される干渉の規則を超えてまで、サイバー活動に関する具体的な規則または別の禁止を、主権という一般原則から推定することが現在できるということには納得できない。ゆえに現代国際法の問題としては、そのような規則など存在しないというのが英国政府の立場である[6]。

これは、ある国がサイバー空間を通じて他国のコンピュータ・ネットワークに遠隔侵入しても、禁止される武力や干渉に当たらない限り、それ自体は国際法上許容されうることを示唆するものである。むろん、このことは各国が当該行為を自国の国内法で犯罪化することを妨げるものでないが、この英国の見解がサイバー時代の情報戦に新たな法的転換を促すものとして国際社会で驚きをもって受け止められたことは想像に難

4）Michael N. Schmitt ed., *Tallinn Manual 2.0 on the International Law Applicable to Cyber Operations* (Cambridge University Press, 2nd ed., 2017), pp. 17-27 [hereinafter *Tallinn Manual 2.0*]. 中谷和弘＝河野桂子＝黒﨑将広『サイバー攻撃の国際法──タリン・マニュアル2.0の解説』（信山社、2018年）7-8頁。

5）*See, e.g.,* Michael Schmitt, "International Law and Cyber Attacks: Sony v. North Korea," *Just Security*, December 17, 2014；Michael Schmitt and Sean Fahey, "WannaCry and the International Law of Cyberspace," *Just Security*, December 22, 2017.

6）Attorney General's Office and the Rt Hon Jeremy Wright, Cyber and International Law in the 21st Century, Gov. UK, May 23, 2018.

くない。

　とはいえ、こうしたサイバー空間に関する国際法解釈は何も新奇なものというわけではない。実際、タリン・マニュアル2.0公刊直後より、すでに少なくとも米国の一部の政府関係者や専門家たちの間では、主にウィキリークスやエドワード・スノーデンの事件で露わとなった同国による対外情報の収集・監視活動との関係で、サイバー空間において主権侵害が成立する可能性に疑義が呈されていた[7]。

❷ サイバー空間における主権原則の解釈枠組み

[1] 主権侵害否定説

(i) 国際法上の原則と規則

　サイバー空間における主権侵害を否定する国際法学説によれば、国際法における主権には「原則（principle）」としての側面と「規則（rule）」としての側面がある。国際法上の原則は確かに個別国際法規則の基礎となるものであるが（武力行使禁止原則や不干渉原則も主権原則より導かれた国際法規則としての性質を持つ）、それが法的拘束力を有するには独立した規則として具体化される必要があり、その形は陸海空などの各空間の特性に応じて様々である。たとえば領空では領土と同様に、主権原則は「各国がその領域上の空間において完全且つ排他的な主権を有する」（国際民間航空条約1条）という規則として現れるのに対し、領海では外国船舶の無害通航権によって沿岸国の主権は制限される（国連海洋法条約17条以下）。

　ところがサイバー空間については、その「独自の行動環境」[8]に合わせて主権原則を国際法規則にまで具体化した条約が存在しない。しかも

7）*See* Michael N. Schmitt and Liis Vihul, "Respect for Sovereignty in Cyberspace," *Texas Law Review*, Vol. 95（2017）, pp. 1641-1642.

8）Gary P. Corn, "Cyber National Security: Navigating Gray Zone Challenges in and through Cyberspace," Winston S. Williams and Christopher M. Ford eds., *Complex Battlespaces: The Law of Armed Conflict and the Dynamics of Modern Warfare*（Oxford University Press, 2019）, p. 365.

「サイバー空間における国家の行動を規制する慣習国際法の独立した規則として主権原則が作用するという主張を支持する国家実行と法的信念のいずれについても証拠は不十分である」[9]。したがって同空間において主権原則は、サイバー・インフラの位置する外国への「あらゆるサイバー行動を遂行する際の考慮要因となるべき」国家の「指針」として機能するにとどまり、「それ自体は国際法上ある結果を命ずる拘束力を持つ規則ではない」[10]。そうである以上、その侵害も成立しえないというわけである。

(ii) 対外主権と主権残余原理

　同説はさらに、主権の持つ対外主権としての側面にも着目しつつ、サイバー空間において規則としての性質を持たない主権原則は、侵害の対象となる禁止規範ではなく、むしろ許容規範として機能すると見る。主権には対内主権と対外主権という二つの側面があるが、このうち対外主権とは、国際社会における国家間の平等と他国からの独立に対する権利を指す。かつて常設国際司法裁判所がロチュス号事件で示したように、この権利に対する制約を国際法で推定することはできず[11]、この前提ゆえに国家は、自国の行動が条約または慣習国際法によって禁止されない限り、国際的平面で自由に行動することができる（主権残余原理）。これをサイバーの文脈に当てはめると、武力行使禁止原則と不干渉原則以外に国家間の越境行動を禁止する国際法規則が存在するとはいいがたい以上、当該サイバー行動もまた、この主権原則の持つ対外主権の性質ゆえに許容されるということとなる[12]。これを裏づけるものとして「今やサイバーの分野においてでさえ、少なくとも諜報活動に関する限り、主権が越境行動を禁じていると諸国家は考えていないというかなりの国家実

---

9) Gary P. Corn and Robert Taylor, "Sovereignty in the Age of Cyber," *AJIL Unbound*, Vol. 111 (2017), p. 208.

10) *Ibid*.

11) The S.S. Lotus（France v. Turkey）, 1927 P.C.I.J.（ser. A）No. 10, September 7, p. 18.

12) Corn and Taylor, *supra* note 9, p. 209.

行と法的信念の証拠がある」[13] 。

(iii) 対内主権と領域主権

　最後に同説は、主権侵害がしばしば「領域主権」の侵害として主張されることに対し、対内主権の側面から批判している。同説によれば、対内主権とは国内管轄事項について自国領域を支配する権限を指し、国家領域を保護法益とした「領域主権」もまた、この「対内主権の概念に内在する」ものとされる。しかしながら国際法の世界において対内主権とは、武力行使禁止原則の中で「より精確な概念」となった「領土保全」や「国境の不可侵」の権利という形で保護されるため、「領域主権」との関係で侵害行為を主張しようとするなら、この「領土保全」や「国境の不可侵」を侵害する武力行使禁止原則違反としてこれを構成しなければならない。つまり「領域主権の侵害」という主張は、武力行使禁止原則違反の問題と「混同」しているのである[14] 。

[2] 主権侵害肯定説

(i)「最も重大な、超えてはならない一線」としての主権原則

　これに対してサイバー空間において独立した主権侵害を認めるタリン・マニュアルを中心とする学説によれば、主権原則は一般国際法上の拘束力ある一次規則としての地位を有していると反論する[15] 。この基本原則は、禁止される武力や干渉に至らない国家による他国への様々な侵入行為から標的となる領域国を保護し、その行為の違法性の根拠（とりわけ二次規則に基づいて被害国に認められる対抗措置の根拠）を広く提供することで、国際法秩序のいわば最後の砦となる「最も重大な、超えては

---

13) Gary P. Corn, "Tallinn Manual 2.0—Advancing the Conversation," *Just Security*, February 15, 2017. ただし、これは国際的平面での話であって、後述する対内主権に基づき自国の国内法で越境サイバー行動を禁止または犯罪化することまでをも妨げるものではない。Corn and Taylor, *supra* note 9, p. 209.

14) *Ibid.*, p. 210.

15) *See generally* Schmitt and Vihul, *supra* note 7, pp. 1639-1671 ; Michael N. Schmitt and Liis Vihul, "Sovereignty in Cyberspace: *Lex Lata Vel Non*?," *AJIL Unbound*, Vol. 111 (2017), pp. 213-218.

ならない一線」[16] としての役割を担ってきた。実際、陸海空といった空間の特性に関係なく、独立した国際違法行為としてどの領域においても主権侵害が成立しうることは、多くの国、国際裁判所、国際組織、そして学説がこれまで認めてきたことである[17]。主権侵害否定説は、こうした事実を「見て見ぬふりしている」[18] にすぎない。

(ii) 主権原則の保護法益としての領域の保全および不可侵、ならびに「本質的な政府機能」

　さらに主権侵害否定説が問題とする「領域主権」概念との関連で、肯定説は、これまでの主権侵害に関する国家実行や判例が主権の保護法益を領土保全に求める傾向があったことを認めつつも、主権原則の保護法益はそれだけでないことを強調する[19]。パルマス島事件仲裁裁定が示した「他国を排除して国家の諸機能を行使できる権利」[20] という定義に見出せるように、領域主権原則によって保護される法益には、否定説が述べたような領土保全や国境の不可侵だけでなく、それを基に認められる国家の「本質的な政府機能」も含まれる[21]。これらが主権侵害否定説のいう武力行使禁止原則だけによって保護されるものでないことは、武力行使禁止原則とは別の主権平等原則の問題として「国の領土保全及び政治的独立は、不可侵であること」が友好関係原則宣言で明示されていることからも明らかである[22]。

(iii) 主権侵害の発生条件と平時の諜報活動

　かくして、肯定説において主権侵害は、ある国の越境サイバー行動が他国の領土保全または本質的な政府機能を標的とした場合に発生すると

---

16) *Ibid.,* p. 213.

17) Schmitt and Vihul, *supra* note 7, pp. 1642-1668. *See also* Phil Spector, "In Defense of Sovereignty, in the Wake of Tallinn 2.0," *AJIL Unbound,* Vol. 111（2017）, pp. 219-223.

18) Schmitt and Vihul, *supra* note 15, p. 215.

19) *Ibid.,* p. 216.

20) Island of Palmas（Netherlands v. United States）, 2 R.I.A.A 829（Perm. Ct. Arb. 1928）, p. 838.

21) Schmitt and Vihul, *supra* note 15, p. 216. ただし、タリン・マニュアル専門家集団は、これを詳細に定義することが困難であることを認めている。*Tallinn Manual 2.0,* pp. 22-23.

22) Spector, *supra* note 17, p. 220.

いうことになるわけであるが、問題はそれがどのような条件で——つまり、どのような事態になれば——発生するのかである。この点について同説は、常に主権侵害が発生するわけではなく、あくまで諸国家が平時のサイバー諜報活動[23]の文脈でこれをどこまで国際法上の問題として認めるか次第であると見ている。そのうえで彼らは、諜報活動一般について諸国家が自国内でこれを犯罪としつつも他国に対するものについては国際法上広く認めてきたというこれまでの「逆説的な」国家実行に鑑み[24]、少なくとも越境サイバー行動が標的国の領域に対して物理的損害を引き起こすか、またはその国の本質的な政府機能への介入もしくは同機能の剥奪を引き起こした場合に主権侵害が発生すると見ている[25]。

❸ 解釈枠組みの妥当性

[1] 独自の国際法制度と見るか、一般法と見るか

　以上の主権侵害をめぐる否定説と肯定説との間の論争の根底をなす解釈上の違いは、サイバー空間に適用可能な国際法上の主権原則を、サイバー空間の独自の (*sui generis*) 性格に適合させた個別の国際法制度の問題として構成するか、あるいは空間の特性に左右されない一般法の問題として構成するかの違いにあるといえる。

　主権侵害否定説は、「近代国民国家の台頭以来、諸国家は主権理論を様々な方法で適用させ、時に個別事情に合わせて特有の国際法制度を発展させてきた」[26]として、禁止される武力や干渉に至らない平時の諜報

---

23) 平時のサイバー諜報活動とは、「密かな方法でまたは虚偽の口実に基づいてとられる、情報を収集しまたは収集しようとするためにサイバー能力を用いる行為」を広く指す。ただし、これは、武力紛争法上の概念である「諜報活動」とは区別されるものとして、「独立した法的意義を持つものではない」便宜上の用語とされている。*Tallinn Manual 2.0*, p. 168.

24) Schmitt and Vihul, *supra* note 15, p. 218.

25) それ以外の条件で主権侵害が成立するか否かについて、タリン・マニュアル2.0の専門家集団の間では意見が分かれた。なお、こうした条件を満たせば、たとえそれが諜報活動であっても主権侵害として国際違法行為になるというのが彼らの理解である。*Tallinn Manual 2.0*, pp. 20-25；Schmitt and Vihul, *supra* note 15, p. 218.

26) Corn and Taylor, *supra* note 9, p. 209.

活動を許容する独自の主権制度が少なくともサイバー空間には存在すると見ている。ただし、その際に同説によって提示される主権原則の解釈は、少なくとも次の2点において通説的理解とは異なることを指摘しておく必要があるだろう。第1に、国際法上の原則と規則に関する理解である。同説が主張する原則とは、規則に具体化されない限り法的拘束力を有しないものとされる。こうした理解は英米法には適合しうるが[27]、国際法でもそうであるとはいいがたい。一般的に原則とは、国際法上の制度の本質をなすものと理解されるが、原則が規則としての性格も合わせ持つことがあるからである[28]。第2に、領域主権の理解である。同説はこれを対内主権に内在する概念として領土保全（や国境の不可侵）に限定するが、一般的に領域主権とは、領有権および処分権を中心とした自国の対物的な領域支配権（*dominium*）を基礎としつつも、自国領域内の人や財産の支配権（*imperium*）をも包含する権利または権限の束と解されており、その保護法益は領土保全に限定されるものではない[29]。

　他方で、主権侵害肯定説は、将来における主権原則に関するサイバー特別法形成の可能性を認めつつも、現時点においてそのような特別法は存在しないと考えている[30]。その際に提示される一般法としての主権原則の理解は国際法の通説的理解とおおむね整合的であるといえるが、しかし彼らのいう主権侵害の要件には注意が必要だろう。主権侵害否定説が肯定説を「ある法（*lex lata*）」ではなく「あるべき法（*lex ferenda*）」と

27）たとえば英米法において「原則（principle）」とは、次のように定義されている。「いわゆる rule（準則）よりも一段高い中小レベルにある法の一般原則。英米では、裁判所が判決に当たって直接結論を引き出せるような明確な内容の法源が存在しないときに、制定法・判例法などの法源の解釈に当たってまたは新しい問題として法形成するさいに、推論の根拠とされることはあるが、それ自体裁判規範としての法的拘束力をもつとは認められないものをいう」。田中英夫編集代表『英米法辞典』（東京大学出版会、1991年）663頁。

28）例えば、小寺彰『パラダイム国際法──国際法の基本構成』（有斐閣、2004年）29-37頁。

29）例えば、酒井啓亘＝寺谷広司＝西村弓＝濵本正太郎『国際法』（有斐閣、2011年）83-84、185-186頁；柳原正治「領域主権の機能──パルマス島事件」小寺彰＝森川幸一＝西村弓編『国際法判例百選〔第2版〕』（有斐閣、2011年）54-55頁；森田章夫「国家領域──領域侵犯に対して何をなしうるか」奥脇直也＝小寺彰編『国際法キーワード〔第2版〕』（有斐閣、2006年）116-119頁。

30）Schmitt and Vihul, *supra* note 7, pp. 1644-1645, 1671.

しての立法論と批判するように[31]、国家の領土保全に対する物理的損害や本質的な政府機能への介入または同機能の剥奪の発生が関係一般法規則を適切に反映したものであるかどうかは、国家実行に基づく慎重な検証が必要であるように思われる。

[2] 諜報活動を「する側」で見るか、「される側」で見るか

　もっとも、主権侵害に関する近年の国家実行は、すでに一様でない広がりを見せ始めている。それは、サイバー空間という未知の世界の中で平時の諜報活動を「する側」と「される側」のどちらに重点を置くべきかという立場の違いを反映するかのようでもある。

　冒頭で述べたように、英国の立場は主権侵害否定説を支持しているものと見ることができるが、その英米法に特徴的な法原則の考え方に加えて、諜報先進国としてこれまで同国が関係国家実行を主導してきたことに鑑みれば、この見解はさほど驚くほどのものではないかもしれない。米国についても、この問題に関する明確な立場を示していないとはいえ、サイバー行動が伝統的な「平時の諜報・防諜活動」のように国際法上許容される場合があることを示唆している[32]。この関連で同国が、自国に対する中国とロシアの脅威を念頭に、日々の競争の中で「武力紛争のレベルに至らない活動を含め、悪意あるサイバー活動をその起点で妨害し停止させるために先行して防御（defend forward）する」攻めの姿勢を新戦略として強調している点は注目に値する[33]。

　これに対してフランスは、明確に主権侵害肯定説を支持している。しかも同国は、「ある国がフランスのシステムに無許可に侵入し、あるいはデジタルを媒介にしてフランス領域に影響（effets）を引き起こせば、それは少なくとも主権侵害を構成しうる」[34] ことを強調する。これは自

31）Corn, *supra* note 8, p. 419.

32）*See* Office of General Counsel of the Department of Defense, *Department of Defense Law of War Manual*（2015）(revised December 2016), §16.3.2.

33）U.S. Department of Defense, *Department of Defense Cyber Strategy: Summary*（2018）, p. 1.

国システムに何らかの「影響」を及ぼすだけで主権侵害を認めうるものであり、これまで肯定説が主張してきた物理的損害等よりも緩やかな条件を示すことで、自国に対するいかなるサイバー諜報活動も認めないフランスの決意を示すものであるかもしれない。

[3] サイバー空間の脱領域性──域外サイバー犯罪捜査の課題

　他方で、フランスと同様に主権侵害肯定説を支持しつつも、オランダが平時の諜報活動とは別の観点から主権侵害が発生しない可能性を示唆している点も重要である。同国は、主権侵害の「正確な境界がまだ完全には具体化していない」としたうえで、その原因が、伝統的な主権概念と結びついた物理的な属地性がサイバー空間の持つ国境にとらわれない無体性とどこまで調和するかにあると見ている。サイバー空間のいわば「論理層」にあたるクラウドを支えるネットワークの仮想化技術や暗号化技術により同空間の地理的性格はますます希薄なものとなるなか、ある国が国境を越えたクラウド上のデータベースにアクセスしても果たして他国の主権を侵害することになるのか。執行管轄権の域外適用に関連したサイバー犯罪捜査の文脈で、同国はこれを国際社会が取り組むべき喫緊の課題と見ている[35]。

❹ おわりに

　主権侵害否定説の背景には、諸外国に脅威を及ぼす非国家のテロ集団が悪意ある越境サイバー行動を探知し阻止する能力を持たない所在地国、サーバ設置国またはネットワーク経由国といった関係インフラ国の

34）Ministère des Armées Française, *Droit international appliqué aux operations dans le cyberespace* (2019), p. 6.

35）Ministry of Foreign Affairs of the Netherlands, Appendix: International Law in Cyberspace in Letter of 5 July 2019 from the Minister of Foreign Affairs to the President of the House of Representatives on the International Legal Order in Cyberspace, Government of the Netherlands, September 26, 2019, pp. 1-3.

享受する主権によって保護されることとなれば、サイバーテロの温床が
至るところで生まれてしまうという懸念がある。「他の空間とは異なり、
サイバー空間とは攻める側が支配する環境であることがますます明らか
になってきている」[36]。それにもかかわらず主権侵害の国際法規則の適
用を認めれば、当該活動の標的国とその支援国は、サイバー手段を用い
てこれに個別にあるいは集団的に対処する際、「サイバー空間の持つ分
散型という性質」ゆえに、すべての関係インフラ国の同意あるいは国連
安保理の許可が必要となってしまう[37]。

　標的国がこれを無視して違法性阻却事由である対抗措置に訴えようと
するなら、関係インフラ国による先行違法行為が必要となる。この場
合、その国の相当の注意義務違反を援用できるかもしれないが、主権原
則の場合と同様に、当該義務がサイバー空間に適用されるかどうかは未
解決の問題である。また、そもそも関係インフラ国が悪意あるサイバー
行動を了知し阻止する能力を持たない場合、その違反を主張することは
できない。くわえて標的国が先行違法行為に比肩した対抗措置を行うサ
イバー能力を有さない場合、他国がこれに代わって集団的に対抗措置に
訴えるのを認める国際法は存在しない[38]。サイバー空間に拘束力ある主
権原則が適用されることを前提とする場合、こうした種々の制約が生じ
る以上、対抗措置という選択肢は問題の「解決策」にはならないのであ
る[39]。

　もっとも、主権侵害肯定説もまた、こうした対抗措置の限界[40]、さら
には主権原則が標的国による対サイバーテロ活動の障害になりうること

36) Corn, *supra* note 13.
37) Corn and Taylor, *supra* note 9, p. 211.
38) これに対してエストニア大統領は集団的対抗措置の権利を認める声明を発表している。President of the Republic at the opening of CyCon 2019, the Office of the President of the Republic of Estonia, May 29, 2019.
39) *See* Corn, *supra* note 8, pp. 423-427.
40) *See* Michael N. Schmitt, " 'Below the Threshold' Cyber Operations: The Countermeasures Response Option and International Law," *Virginia Journal of International Law*, Vol. 54 (2014), pp. 697-732.

の問題を十分に認識している。だからこそ同説は、当該活動がサイバー空間における主権侵害となる場合を領域国の領土保全に対する物理的損害と本質的な政府機能への介入または機能喪失に慎重に限定し、それ以外の場合を認めるかどうかは国家が判断する問題であるとして、「意図的にそれを諸国家に委ねている」のである。ただしその一方で、主権侵害を禁ずる国際法の欠如を理由に、そして対テロ政策という名の下に、米国や中国といった一部のサイバー大国がサイバー空間の一方的な支配を正当化するのを同説が懸念していることには留意しておくべきだろう[41]。「最も重大な、超えてはならない一線」としての主権原則をサイバー空間においても主張する背景には、ウィキリークスやスノーデンのリークで国際社会の反発を招いた米国の対外諜報活動に対するこうした彼らの問題意識がある。

　主権侵害をめぐる近年の英米仏の国家実行は、絶えず進化するサイバー空間を舞台に、さながら平時の諜報活動を積極的に「する側」と「される側」の駆け引きの様相を呈している。これは、武力行使禁止原則や不干渉原則では捉えられない国家による越境サイバー行動が新たな国際法の発展を促しているという現実を如実に示している。さらにオランダの見解は、サイバー空間における主権侵害論争の枠組みが域外犯罪捜査の文脈でも大きな意味合いを持つことを示している。とりわけネットワークの仮想化と暗号化の技術が進めば進むほど、執行管轄権のサイバー空間への域外適用は、国家領域または属地主義と堅固に結びつく伝統的な主権原則を超えた国際法の問題として今後扱われるべきものになるのかもしれない。

※本研究は科研費（18K01289）の助成を受けたものである。

---

41) Schmitt and Vihul, *supra* note 15, p. 217.

第3章
法の欠缺補充
——裁判官による法の創造とは違うのか

上智大学教授
江藤淳一

‖‖

❶ はじめに

　ある事案の処理において適用すべき法が欠けている事態を法の欠缺と呼ぶ。19世紀の概念法学では、すべての法律問題は制定法とその解釈により解決できるため、法に欠缺はないと考えられた。しかし、19世紀末の自由法論[1]の登場により、立法者はすべてを予見できず、時代は変化するから、制定法には必然的に欠缺が生ずるとの見方が優勢となった。1907年に制定されたスイス民法1条は、法律の条文や慣習法がない場合は「もし裁判官自身が立法者であったら定めたであろう原則に従って裁判すべし」と定めた。

　国際法では、19世紀に自然法思想が次第に後退し、実定法（条約と慣習国際法）の時代を迎えるなかで欠缺問題に注目が集まった。1920年に常設国際司法裁判所（PCIJ）の設立を審議した法律家諮問委員会では、条約や慣習国際法の規則がない場合、裁判所は何により判決を下すかが議論された。ベルギーのデカン委員長は「文明国の法的良心により承認された国際法の規則」を提案したが、米国の委員ルートは、このような主観的な観念に基づき判決を下す裁判所に各国政府が紛争を付託するとは考えられないと強く反対した。

1）法的概念の機械的な組み合わせにより裁定を下すという裁判の見方に対し、自由法論は「裁判官を国家制定法への厳格な拘束から解放すべきことを主張するとともに、裁判の具体的妥当性を確保するために、裁判官がいわゆる『自由な法解釈ないし法発見』によって独自の法創造的任務を果たすべきことを強調した。」田中成明『現代法理学』（有斐閣、2011年）449-450頁。

　これに代わり、最終的に「文明国により認められたる法の一般原則」
の規定が採択された。提案者の 1 人は、これは信義誠実や既判力などの
手続規則のように、すべての国の国内裁判所で認められている原則だと
説明した[2]。この規定の採択は、法の欠缺による裁判不能（*non liquet*)
の回避とともに、裁判官による立法（司法立法）の拒否を意味する。こ
の条文は国際司法裁判所（ICJ）規程38条 1 項(c)（訳文は「文明国が認め
た法の一般原則」）に受け継がれ、現在では国際法の第 3 の法源と一般に
考えられている[3]。

　この委員会では、このほかにも残余原理（residual principle）や衡平
（equity）など、欠缺補充をめぐり注目される議論があった。それらは、
法の一般原則とともに、PCIJ や ICJ の裁判のなかで取り上げられるこ
とになる。最近では、国際刑事裁判や投資紛争仲裁のような新たな分野
の裁判でも、法の一般原則を中心に、法の欠缺補充への取り組みがみら
れる。本稿では、これらの動向も視野に入れ、法の欠缺補充の個々の問
題をとりあげる。

　以下の考察では、この歴史的経緯を踏まえて、国際法の欠缺とは、事
案に対して適用できる条約や慣習国際法の規則が存在しない事態をさす
ものとする。

❷　残余原理

　「禁止されないことはすべて許される」という残余原理は、自然状態
における個人の自由を前提とする自然法学派の学説にその起源を有す
る。これによれば、法律は自然状態に反し個人の自由を制限するもの

2 ）以上の法律家諮問委員会での審議については、江藤淳一『国際法における欠缺補充の法理』（有斐
　閣、2012年）143-55頁を参照。
3 ）学説では、法の一般原則の法源としての確立に懐疑的な立場はある（たとえば、浅田正彦編『国際
　法〔第 4 版〕』（東信堂、2019年）34頁）。他方、PCIJ や ICJ のみならず、仲裁裁判所によりエストッ
　ペルが法の一般原則として適用される事例もみられるようになっている。*Chagos Marine Protected
　Area Arbitration*（Mauritius v. United Kingdom), PCA Case No. 2011-03, Award of 18 March 2015,
　para. 435.

で、それゆえ法律で禁止されないかぎりは自由を認めるべきだとされる。逆に国家の視点で考えると、国家は、法律の根拠がないかぎり個人の自由を制限できないのであり、これは「許されないことはすべて禁止される」という残余原理となる。

　前者の残余原理（消極的残余原理または自由の残余原理）は、国家主権の絶対性を強調する当時の国際法学に親和的であった。国家は、国際法により禁止されないかぎり、その主権に基づき国際関係において自由に行動できるという立場である。このため主権の残余原理と呼ぶこともある。

　この残余原理が国際法のいずれの場面でも妥当するならば、国際法には欠缺が存在しないことになる。しかし、学説ではこの考え方は一般には支持されていない。禁止規則がないかぎり国家の行動の自由が認められるのは、条約の締結、領域内での管轄権行使、国防のための軍備のように、国家に行為の自由を認める個々の規範がある分野に限られると考えられている。そうした場合以外に、一般原理として残余原理が認められているわけではない[4]。

　PCIJ のローチュス号事件は、国家主権に基づく残余原理の考え方を提示したものとして注目された。裁判所は、国家管轄権の域外行使について国家に広い裁量が認められており、「それは一定の場合に禁止規則によって制限されるにすぎない」[5]と述べた。これに対し、国家の行動の自由をあまりに広く認めたものとして多くの批判が寄せられた[6]。

　その後、いくつかの事件で残余原理が争点となったが、ICJ はそれを認めていない。核兵器事件の勧告的意見で、裁判所は、核兵器の威嚇・使用は一般には国際人道法に反するとしながら、「自衛の極限状況において合法か違法かを確定的に結論することはできない」[7]と判示した。

4）この点に関する代表的な見解として、U.Fastenrath, *Lücken im Völkerrecht* (1988), pp. 239-252.

5）*Affaire du Lotus Arret, 1927,* CPIJ Series A, No.10, p. 4.

6）この点に関しては、高島忠義「ローチュス号事件の再検討（一）——「陸の規則」の視点から」法学研究71巻4号（1998年）54-61頁。

この意見について、残余原理によって核兵器の威嚇・使用を認めたに等しいとの見方もあった。しかし、言葉どおり、禁止されているか否かが明確ではないグレーゾーンの存在を認めたものと解すべきだろう。

❸ 法の一般原則

　PCIJ や ICJ は、ときおり各国の私法や手続法に由来する一般原則を適用してきた[8]が、それを「文明国が認めた法の一般原則」と明言することはまれであった。

　この理由の一つとして、それらの原則が19世紀の仲裁裁判の実行などを通じて、国際的にすでにある程度の承認を得ていたという事情があろう。たとえば、ICJ は、コルフ海峡事件で「間接証拠はすべての法体系で認められており、その利用は国際判決によって承認されている」[9]と述べた。こうした原則（信義誠実、エストッペル、既判力など）に関しては、裁判所は、もはや国内法を挙げて一般原則を論ずる必要はないと判断したと考えられる。しかし、このため、法の一般原則の認定に関し裁判所の議論が深まることはなかった。これは、法の一般原則を法源とみることを疑問視する理由となる。

　法の一般原則をめぐる議論は、1990年代に、国際刑事裁判や投資紛争仲裁の活況により新たな局面を迎える。個人にかかわる分野に関しては、国際法の規則はまだ発展途上であり、国内法の一般原則、とくにこれまでとは異なり公法の一般原則に依拠する必要があったからである。国際刑事裁判所(ICC)規程21条１項(c)が、条約と国際法の原則に続いて、「世界の法体系の中の国内法から見いだした法の一般原則」を適用

7）*Legality of the Threat or Use of Nuclear Weapons, Advisory Opinion, ICJ Reports 1996*, para. 105 (E).

8）PCIJ や ICJ を含め、法の一般原則の適用例に関し、ILC の法の一般原則に関する第１報告書を参照。International Law Commission, First report on general principles of law by M. Vázquez-Bermúdez, A/CN. 4 /732（5 April 2019), pp. 35-42.

9）*Corfu Channel case, Judgment, ICJ Reports 1949*, p. 22.

法規と定めたのがこのことを端的に示している。

　実際、旧ユーゴ国際刑事裁判所（ICTY）やルワンダ国際刑事裁判所（ICTR）で、法の一般原則が適用された事件は少なくない。たとえば、強姦の定義、同一行為が二個の罪名に触れる犯罪の取扱い、限定責任能力、既判力などである[10]。このほかに罪刑法定主義、一事不再理、被告人の無罪の推定のように、すでに人権条約の規定にとりいれられ、または、慣習国際法として確立しており、国際法の一般原則といえるようなものもある。

　こうした実践をふまえ、法の一般原則の認定プロセスの検討が行われてきた。ほぼ共通の理解として、この認定は、国内法体系の比較、共通する原則の抽出、国際的領域への移し替えという作業から成るとされる[11]。他方、これらの作業に関し確定的な規準があるとはいえない。たとえば、国内法体系の比較といっても、どの法体系のどの程度の数の国内法の比較が必要かについて一致した実行があるわけではない。多くの場合に裁判所が依拠するのは、大陸法とコモン・ローの体系にとどまる。

　投資家と投資受入国の間の投資紛争の分野でも、国内法の一般原則が重要な役割を果たしている。たとえば、二国間投資条約（BIT）のなかの一般条項、とくに公正衡平待遇義務の解釈適用に際して、信義誠実、正当な期待の保護、デュー・プロセス、権利濫用の禁止、エストッペル、均衡性、透明性、無差別などの原則が援用された[12]。公正衡平待遇義務の規定自体は実質的内容をもたないため、その適用の規準が国内法の一般原則に求められるのである。この場合、裁判所は、国内法の一般

10）ILC, *supra* note 8, p. 39（notes 240 and 241）. 判決の詳細な紹介は、F.O.Raimond, *General Principles of Law in the Decisions of International Criminal Courts and Tribunals*（2008）, pp. 88-149.

11）A. Pellet, "Applicable Law", A. Cassese（eds.）, *The Rome Statute of the International Criminal Court : A Commentary*, Vol.II（2002）, p. 1076.

12）See, S.W.Schill, "General Principles of Law and International Investment Law", T.Gazzini /E.D. Brabandere（eds.）, *International Investment Law*（2012）, pp. 157-180.

原則を国際法の法源として適用しているわけではない。

　しかし、この分野でも国内法の比較検討に関する方法論は確立していない。たとえば、正当な期待の保護に関し、この原則の適用範囲と法的根拠は国により異なるとしながら、最近では大陸法とコモン・ローの両方でこの原則が承認されていると説明し、さらに EU 司法裁判所が国際法の信義誠実のコロラリーとしてこれを承認していることを指摘する例[13] や、この概念が異なる法的伝統のなかに見出されるとして、ドイツ、フランス、英国、ラテンアメリカ諸国（アルゼンチンとベネズエラを含む）の法について説明を加える例[14] があるにとどまる。

　個人にかかわる新たな分野の裁判において、国内法の一般原則に拠り所を求める事情はよくわかる。しかし、法の一般原則の認定の敷居は高く、異なる法体系を比較し共通の原則を引き出すのは容易ではない。それは、国際裁判所の能力を越える作業を求めるものであるとも指摘される。法の一般原則の検討に着手した国際法委員会（ILC）が、今後、この状況をどのように受け止めるか注目される[15]。

　なお、投資紛争のように、新しい分野で裁判所が行っているのは、多くの場合、法の一般原則の適用ではなく、条約義務の解釈を確認するための国内公法の類推であり、したがって、類推に適した国内法を分析の対象に選択すれば良いという指摘がある[16]。これは次に検討する類推に関連する問題である。

❹ 類　推

　ある事態に適用される法規をそれに類似する他の事態に適用すること

13）*Total S. A. v The Argentine Republic*, ICSID Case No. ARB/04/01, Decision on Liability（27 December 2010）, paras. 128, 130.　この128項の注136では、英国やアルゼンチンの法律に言及している。

14）*Gold Reserve Inc. v. Bolivian Republic of Venezuela*, ICSID Case No.ARB（AF）/09/01, Award（22 September 2014）, para. 576.

15）ILC の報告書は前掲注 8 ）参照。

16）D.Peat, *Comparative Reasoning in International Courts and Tribunals*（2019）, pp. 107-10, 131-39.

を類推（analogy）という。かつては類推を解釈の一種とみる考え方もあったが、類推は法規が存在しないことを前提としてそれを補充する作業であり、法規の解釈とは異なる。類似の事案を同様に扱うことは、法の一貫した平等な適用を確保し法の支配を強化すると考えられる。

　類推は、国際法委員会の法典化作業や各国における国際法規の実施など、裁判外でもしばしば行われている。それは、国際法体系の整備と発展にとって欠かせない役割を担ってきた。しかし、それらは欠欠の補充というよりも立法作業という側面をもち、裁判における類推とは性格が異なる。国際裁判において行われる類推について、それがなぜ認められるのか、また、いかなる条件で認められるのかについて十分な検討が行われているわけではない[17]。

　ICJ は、ニカラグア事件で、選択条項に基づく管轄権受諾宣言につき即時終了の権利が認められるかを検討した際、受諾宣言のネットワークの確立に信義誠実の原則が重要な役割を果たすことを根拠に、この問題は「信義誠実の要求から、類推により、条約法に従って取り扱われるべきと思われる」と判示した[18]。しかし、選択条項は独自の制度であり、関連する国家実行の検討が重要だという意見もあった[19]。類推の可否に関する判断は簡単ではないことを示す例となっている。

　ジェノサイド条約適用事件では、ジェノサイドの共犯（ジェノサイド条約 3 条(e)）にあたる行為の被告国への帰属が争点となった。裁判所は、「共犯」は国家責任法にはない概念だが、国家責任法の慣習規則（国家責任条文16条）における違法行為への「支援または援助」の類型に類似し、16条は考慮に値すると指摘した。しかし、「共犯」と「支援または援助」の間に内容の区別をする理由はないと述べただけで、個人の

17）国際法の類推についての一般的な説明として、F.L. Bordin, "Analogy", *Concepts for International Law, Contributions to Disciplinary Thought*（2019）, pp. 25-38.

18）*Case concerning Military and Paramilitary Activities in and against Nicaragua, Jurisdiction and Admission, Judgment, ICJ Reports 1984*, para. 63.

19）Separate Opinion of Judge Sir Robert Jennings, *ibid.*, p. 546.

刑事責任に関する概念の下で国家責任の判断を行うことについて十分な
説明を与えていない[20]。

　最近では、すでにふれたとおり、特定の国内法体系との類推の可否が
論じられている。類似の事案を同様に扱うという類推の趣旨からすれ
ば、これを直ちに否定はできない。実際、ICC において、裁判所規程の
趣旨に合致するとして、特定の国内法体系の政策的考慮を選択し判断を
下したとみられる事例がある[21]。このような事例は、条文の解釈に際し
て、特定の国内法体系での考え方を参照したという意味で、類推という
より解釈の問題かもしれない。しかし、いずれにせよ、事案の類似性に
特別な理由（たとえば、当該条約規定が特定の国の国内法の考え方を採用し
たといった背景）がないかぎり、それが司法裁判で一般に支持されると
は思われない。

　なお、一定の法分野や事項に関し、類推適用が禁止される場合があ
る。罪刑法定主義はその例である（ICC 規程22条）。また、WTO の紛争
解決了解は、紛争解決機関は解釈を越えて対象協定に定める権利義務を
追加または減ずることはできないと定める（3条2項）。より一般的に
いえば、残余原理が妥当する分野では、禁止規則がない場合に、類推に
より禁止の結論を下すことは認められないと考えられる[22]。

❺　衡平と人道の考慮

　19世紀の仲裁裁判条項では、法や正義と並んで「衡平」が適用法規と
されることがあった。しかし、PCIJ 設立を審議した法律家諮問委員会
では、衡平の概念は曖昧すぎると指摘され条文化は見送られた。ただ

---

20) *Case concerning Application of the Convention on the Prevention and Punishment of the Crime of Genocide, Judgment, ICJ Reports 2007*, paras. 418-420.
21) この点に関し、江藤淳一「国際刑事裁判における法の一般原則の意義」上智法学論集57巻4号（2014年）161-62頁。
22) 類推の禁止に関し、S. Vöneky, "Analogy in International Law", *Max Planck Encyclopedias of International Law*, Vol.1（2008）, pp. 377-379.

し、当事者が合意する場合にかぎり、裁判所は「衡平及び善（*ex aequo et bono*）」を適用できることになった（PICJ 規程38条 2 項）。

　PCIJ や ICJ は、衡平の適用にきわめて慎重だったが、北海大陸棚事件判決はそれに一石を投じた。この事件で裁判所は、大陸棚の境界画定は衡平原則（equitable principles）に従って合意により行わねばならないとの原則を示した。判決によれば、これは大陸棚の境界画定に関する法的信念を当初から反映する基本的法観念であり、単に抽象的正義として衡平を適用するのではなく、大陸棚の法制度の発展の基礎に常にあった理念に従った衡平原則の適用を要求する法の規則である。それは、裁判所の判決が「文字通り公正であり、それゆえ、その意味で衡平でなければならない」というより一般的な根拠に基づくとも説明した[23]。裁判所は、このように法の規則として、言い換えれば、客観的な法概念として衡平を適用する立場を強調したが、その規則の法源上の位置づけは明確にしておらず、法的信念を当初から反映する基本的法観念というにとどまっている。これは、せいぜいのところ、未成熟な慣習国際法の規則の認定にすぎず、実質的には法の欠缺補充のために衡平に依拠したとみるべきだろう。

　その後、チュニジア／リビア大陸棚事件で、ICJ は、境界画定に際して結果の衡平を重視する見方を示し、そのために関連事情に応じて画定方法を決定するとの立場をとった[24]。しかし、これに対し、結果の衡平の判断は裁判官の主観に左右されるもので、「衡平及び善」に基づく裁判だとの批判が裁判所の内外から生じた。その後、一連の判決を通じて、大陸棚の範囲は海岸からの距離により決まるという理解から、暫定的に等距離線を引き、衡平原則に基づき関連事情を考慮するという方法が確立する[25]。チュニジア／リビア大陸棚事件は、大陸棚の法制度の本

---

23) *North Sea Continental Shelf, Judgment, ICJ Reports 1969,* paras. 85, 88.
24) *Continental Shelf（Tunisia/Libyan Arab Jamahiriya）, Judgment, ICJ Reports 1982,* paras. 70-71, 108-131.
25) 江藤淳一・前掲注 2 ）238-248頁。

旨から逸脱して衡平を適用した事例といえる。

　こうした展開を受けて、国境紛争事件（ブルキナ・ファソ／マリ）で、ICJ 特別裁判部は、衡平の適用に関する立場を明らかにした。それによれば、衡平は、実定法の解釈のための衡平（実定法のなかの衡平〔equity *infra legem*〕）、実定法の欠欠を埋めるための衡平（実定法の外の衡平〔equity *praeter legem*〕）、実定法の適用を排除して衡平な結果を達成するための衡平（実定法に反する衡平〔equity *contra legem*〕）に分類されるが、裁判部が適用できるのは「実定法のなかの衡平」だけだと説明した。この理解に立って、国境の池に関しその面積を等分する境界線を示した[26]。

　これ以後、ICJ において衡平の適用をめぐって法源論上の論争は起きていない。裁判所は、境界画定のほかに共有資源の利用[27]や損害賠償額の算定[28]に際して衡平や衡平原則に言及している。これらの分野では、衡平の考慮が一般に承認されるようになってきている。

　衡平と類似する機能を果たすものに人道の考慮がある。これは、本来は武力紛争法のなかで発展してきた概念（いわゆるマルテンス条項もその一つ）であるが、ICJ が、コルフ海峡事件で、戦時における機雷敷設水域を通告する領域国の義務が平時にも適用されると判断した際、「人道の基本的考慮（elementary consideration of humanity）」をその根拠の一つとした[29]ことにより注目された。

　ICJ のニカラグア事件では、本件の非国際的武力紛争の側面に適用される慣習国際法は何かが問題となった。裁判所は、この点につき、1949年ジュネーヴ諸条約共通 3 条は「人道の基本的考慮」を反映するもので、人道法の基本的一般原則であると認定し、さらにジュネーヴ諸条約共通 1 条の義務も、同様に「人道法の一般原則」から生ずると判示し、

26）*Différend frontalier, Arrêt, CIJ Recuiel 1986*, paras. 27-28.

27）*Gabčíkovo-Nagymaros Project, Judgment, ICJ Reports 1997*, paras. 78, 85.

28）*Ahmadou Sadio Diallo, Judgment, ICJ Reports 2012*, para. 24.

29）*Corfu Channel case, Judgment, ICJ Reports 1949*, p. 22.

これにより、米国はこの紛争の当事者に対して共通3条の規定に違反して行動することを奨励してはならない義務を負うとの見解を示した[30]。この義務については、慣習国際法上の義務という見方もできるが、むしろ、人道の基本的考慮と人道法の一般原則から導かれた義務とみる方が適切だという指摘もある[31]。

国際海洋法裁判所は、サイガ号（No.2）事件で人道の考慮にふれた。本件で問題となったのは、船舶の拿捕に際しての実力行使であるが、これに関し国連海洋法条約に直接の規定はなかった。裁判所は、この点につき、拿捕のための実力行使はできる限り回避せねばならず、回避できない場合でも、合理的で必要な範囲を越えてはならないとし、「人道の考慮」を海洋法でも適用する必要性を指摘した[32]。これは、国連海洋法条約に直接に規定のない事項につき、慣習国際法の認定によることなく、人道の考慮に照らし、国家実行と関連する他の条約規定（公海漁業条約）から一定の義務を導くものであった。

学説では、このような役割を果たす衡平や人道の考慮について、それを国際法の独自の法源とみるか、法の一般原則にとどまるとみるかで見解がわかれている。両者の特徴は、以上のとおり、広範な国家実行に基づく慣習国際法の認定ができないなかで、不十分な実行を補う役割を果たすところにある。少なくともその一部は義務の源泉として機能しており、法源とはいえないとしても、それ自体が実体的または手続的規則である他の法の一般原則とは異なる独自の原則と考えるべきだろう[33]。

---

30) *Military and Paramilitary Activities in and against Nicaragua, Merits, Judgment, ICJ Reports 1986,* paras. 218, 220.

31) H. Thirlawy "The Law and Procedure of the Internatilonal Court of Justice 1960-89, Part Two", *BYIL*, Vol.61（1991）, pp. 12-13.

32) *The M/V "Saiga" No.2, Judgment, ITLOS Reports 1999,* paras.. 155-156.

33) 人道の基本的考慮に関し、江藤淳一「国際裁判における原則の意義」同編『国際法学の諸相』（信山社、2015年）748-750頁。

❻ おわりに

　裁判所が法の欠缺を認めることはまれである。判決の権威は法を適用することにその源泉があるからである。しかし、法に欠缺が生じることは否定できない。その際の欠缺補充は、裁判官による法の創造にほかならないとの見方もある。しかし、欠缺補充は、一定の条件（十分とはいえないが）に従って行われる。裁判官が自己の信念に基づきあるべき法の創造（司法立法）を行うのとは異なる。

　国際裁判所が許容しがたい法の創造を行ったと判断する場合、国家は次のような行動をとることがある。第1に、裁判所の管轄権を受諾しない、または、受諾を撤回する。ICJ の選択条項受諾宣言の撤回・修正のなかにはこれに該当するものがある。第2に、裁判所の適用法規を制約する。ICTY や ICTR の実行を踏まえ、ICC につき構成要件文書や手続証拠規則（本来裁判所に委ねてもよい事項）の適用を裁判所に義務づけたのはこの例である（ICC 規程9条、21条1（a）、51条）。第3に、これは問題であるが、裁判官の任命を拒む。現在、米国が WTO 上級委員会の委員の任命を拒んでいるのはこの例である。第4に、これは明らかに義務違反だが、判決の履行を拒み、別の枠組みでの紛争解決をはかる。ニカラグア事件判決の履行を米国が拒んだのはこれに該当する。

　こうした国際裁判所と国家の緊張関係の下で、国際裁判所は欠缺補充に慎重に対処してきた。しかし、もちろん法から逸脱した欠缺補充を行うことがないわけではない。それが国際法の発展に一時的に混乱をもたらす可能性も否定できない。しかし、判例の蓄積が進めば、いずれはその是正が期待できるといえるだろう。

第4章
条約の「発展的解釈」

立教大学教授

岩月直樹

||||||||||||||||||||||||||||||||||||||||||||||||||||||||||||||||||

❶ はじめに

　条約は当事国が終了の意思を示すか、自動的に終了する旨を定めた規定がない限り、有効なものとして適用され続ける（ウィーン条約法条約56条）。例えば、日本が1912年にオランダと締結した日蘭通商航海条約は100年を経過した現在でもなお有効であり、その解釈適用をめぐる問題が近年でも、実際に生じるなどしている[1]。

　このように、条約はいったん締結されると長期にわたって当事国を規律することとなるが、それに伴い、条約の解釈適用をめぐる問題について、いつの時点を基準として判断すべきかが問題となることがある。例えば、日蘭通商航海条約は1条で両国の国民は、相手国の領域内での滞在について、「家族と共に」完全な自由を有するとしているが、ここにいう「家族」には、どのような人までが含まれると解釈すべきだろうか。オランダは2000年に同性結婚法を制定し、同性婚についても異性婚の場合とほとんど同じ権利義務を認めていることからすれば、「家族」には同性婚のパートナーと子等が含まれるとも解釈できる。しかし、法律的には同性婚を現在でも認めていない日本が、1912年当時において、そのような意味で「家族」を認識した上で条約を締結していたとはおよそ考えられず、当時のオランダについてもそうであっただろう。当事国

1）参照、オランダ経済・気候政策省企業誘致局 HP〈https://japan.investinholland.com/日本国籍者の「労働許可」「居住許可」について/〉（2019年9月13日最終閲覧）。

がそもそも想定していなかった意味で条約を解釈するのが適当でないとすれば、条約はあくまで締結時点を基準として解釈すべきであるとも考えられる。とはいえ、はたして条約締結後に生じた状況の変化を無視して解釈することが、常に妥当だと言えるのだろうか。

　こうした条約締結後に時間が経過する中で生じた状況の変化を条約解釈において考慮すべきか、またどのように考慮すべきかという問題が、いわゆる条約の「発展的解釈（evolutive/evolutionary/dynamic interpretation）」として、論じられるようになっている。本章では、この「発展的解釈」がどのような場合に問題とされているのか、そしてそれらについての論争が何をめぐって生じているのか、問題の焦点について見ることとしたい。

❷　国際人権保障条約における「発展的解釈」

[1]　国際人権保障条約の解釈に見られる特徴

　「発展的解釈」はもともと、欧州人権裁判所が欧州人権条約（1950年採択）について、締結時ではなく判断時を基準時として解釈すべきとの立場を示したことから、関心を集めるようになったものである。その嚆矢となった Tyrer 事件判決（1978年）では、英国のマン島でおきた未成年者の暴行罪に対して下された樺枝棒（birch）の打ち付けによる処罰が、欧州人権条約 3 条が定める「品位を傷つける取扱い」にあたるものとされた。その際、欧州人権裁判所は、「欧州人権条約は［……］現在の状況に照らして解釈されるべき生きた文書（living instrument）である」のであって、「本件について判断を下す際には、当裁判所は［欧州人権条約を採択した］欧州評議会の構成国が本分野で採用する刑事政策の発展および共通に受け入れた基準に影響されないわけにはいかない」と指摘し、同条約は判決時における社会的・法的状況を考慮して解釈すべきとの立場を示した[2]。こうした立場はその後も家族生活の尊重における無差別（Marckx 事件）、同性愛者の私生活の尊重（Dudgeon 事

件)、性転換者の婚姻の権利（Goodwin 事件）などで踏襲され、同裁判所の原則的立場として確立している[3]。

このように条約に基づく人権保障を社会状況の変化に則して絶えず捉え直していくことで、より良い人権保障の実現をはかるべきとする立場は、欧州人権裁判所に限られず、米州人権裁判所や、自由権規約委員会にも見られる[4]。もっとも、こうした国際人権裁判所や国際人権委員会の立場に対し、当事国は批判的な態度を示している[5]。

[2] 問題の焦点

国際人権保障条約を「生きた文書」として捉え、「発展的解釈」を積極的に肯定する見解の特徴は、なによりも個人また集団の人権を保障するという、条約目的の強調にある。これらの条約は個人また集団に対してその人権をよりよく保障するために侵害行為を控え、また必要な措置を講じることを義務づけている。そうした目的からすれば違反を認定する基準となる人権保障の水準を条約締結時点において固定されたものと考えるのは不合理であって、解釈時点において妥当する水準に照らして判断するべきである、というわけである[6]。

国内憲法の人権保障規定の解釈については、解釈時点における社会状況に照らして判断することがおよそ当然であり、特に「発展的解釈」という問題として取り上げられることはない。それに対し、国際人権保障条約の「発展的解釈」が問題とされるのは何故だろうか。それは、こう

2）戸波江二ほか編『ヨーロッパ人権裁判所の判例 I』（信山社、2019年）134-138頁。

3）これらについて、see *ibid.*, pp. 362-368, 313-317, 305-308.

4）Matthias Herdegen, "Interpretation in International law," *Max-Planck Encyclopedia of International Law* (Online ed., as of March 2013), paras. 44-45.

5）参照、坂元茂樹「条約実施機関の解釈権能」坂元茂樹編『国際立法の最前線——藤田久一先生古稀記念』（有信堂高文社、2009年）151-157頁。

6）*E. g.* Rudolf Bernhardt, "Thought on the Interpretation of Human-Rights Treaties," in Franz Matscher *et al* eds., *Protecting Human Rights: The European Dimension—Studies in Honour of Gérard J. Waida* (1988), pp. 65-71; Malgosia Fitzmaurice, "Dynamic (Evolutive) Interpretation of Treaties: Part I," *Hague Yearbook of International Law*, Vol. 21 (2008), pp. 151-152.

した目的論的解釈手段を基本とする解釈方法が、条約法条約31条が定める「解釈の一般規則」が示す解釈方法とは異なっているのではないのか、そうであればその許容性をどのように説明するのか、ということが問題となるためである。

条約法条約が定める条約解釈規則は、条約が当事国の合意であることを出発点として、そうした合意の権威的表明としての条約規定の文言を「通常の意味」に従って誠実に解釈することをその基本としている（文言主義解釈）。そして、何が「通常の意味」であるかは条約の趣旨目的に照らして（目的論的解釈）、かつ当事国の共通了解を示す証拠を考慮して（意思主義解釈）判断すべきことを求めている[7]。そこでは、あくまで文言主義解釈が基本とされ、目的論的解釈はその枠内において用いうる一つの解釈手段とされている。条約法条約の解釈規則に関するこのような理解からすると、国際人権保障条約について条約の趣旨目的のよりよい実現という観点からもっぱら解釈することは、条約法条約が定めるものとは異なる条約解釈方法を採用するものにほかならない。そして、そのような別個の解釈方法によって導かれる「発展的解釈」は、当事国に対してその合意によって引き受けた程度を越える義務の負担を求めることを意味し、条約の実質的な修正をもたらしかねない、として問題視されるわけである[8]。

欧州人権裁判所や自由権規約人権委員会は、それぞれの条約が定める人権の実現を保障するための履行確保・監督機関として設置されている。そうした機関からすれば、人権保障水準を条約締結時点で固定化されたものと考えるのは、それこそ条約目的のより良い実現を損なうものと考えられよう。他方で、締約国からすれば、国際人権保障条約であっても、あくまで当事国の合意によって成立するものであることからすれ

7）条約法条約が文言主義解釈を軸として、様々な解釈手段を統合するものとして解釈規則を定めた経緯とその意義について、次を参照。西元宏治「条約解釈における『事後の実行』」本郷法政紀要第6号（1997年）207-240頁。

8）坂元茂樹『人権条約の解釈と適用』（信山社、2017年）182-202頁。

ば、自らが引き受けたもの以上のことを義務として求められるようになることに対して抵抗を覚えるのは当然でもある。条約解釈の目的を当事国の合意の明確化にあるとするのか（またそれを前提とした条約法条約が定める条約の解釈方法がすべての条約に妥当する唯一の解釈方法であるのか）、それとも国際人権保障条約の解釈においては客観的法制度としての実効的実施こそが重要であり、そのために別個の解釈方法が必要とされるのかが、ここでは問われていると言える[9]。

❸ 条約規定の「包括性」に基づく「発展的解釈」

[1] 条約規定における「包括的用語」の解釈

　国際人権保障条約に見られる「発展的解釈」に、そうした条約が有する特有の構造や性質を反映した固有性があるとしても[10]、締結時以降の社会状況の変化を考慮しつつ条約を解釈するという意味での「発展的解釈」は、それらの条約以外においても見られる。とりわけ近年では、問題とされる条約の文言が「包括的用語（generic term）」であることを捉え、そのような用語を条約法条約の解釈規則に従って解釈した結果として「発展的解釈」を導く判断が、国際司法裁判所（ICJ）などによって示されるようになっている。

　例えば、コスタリカとニカラグアの1858年条約でニカラグア領とされたサン・ホアン川における自由通航権の射程が争われた事件（コスタリカ対ニカラグア通航権事件）の判決（2009年）において、ICJ は、同条約が認める「通商を目的とする（con objetos de comercio）」航行がそのような包括的用語で定められていることから、締結時以降の事情の変化に即して用語の意味を捉えることを当事国自身が当初から受け入れていたも

9）See Erik Bjorge, *The Evolutionary Interpretation of Treaties*（2014), pp. 1-6, 23-55; 坂元・前掲注
　5）157-163頁。
10）国際人権保障条約については「発展的解釈」が許容されることが所与として認められるのであり、
　その点に固有性を認めることができるとする見解がある。See Julie Ferrero, *L'interprétation évolu-
tive des conventions internationales de protection des droit de l'homme*（2019), pp. 183-184.

のと推定されるとし、締結当時には見られなかった観光遊覧のための人員の輸送も、同条約のいう「通商」に含まれるものとした[11]。

　こうした判断は ICJ 以外にも、WTO 紛争処理手続における判断にも見られる。GATT20条 g 項は、「有限天然資源の保全」についての例外を認めるが、本規定にいう「有限天然資源」が鉱物や化石燃料のような再生不可能な資源に限られるのか、海洋生物のように再生産が可能な生物資源をも含むのかが問題とされたエビ・ウミガメ事件に関する WTO 紛争処理手続において、上級委員会判断（1998年）は後者の解釈を妥当なものとした。その際、1947年に締結された GATT が1994年の WTO 協定によってその一部に取り込まれたこと、そして WTO 協定の前文で、環境保護に努めつつ「持続可能な開発にしたがって世界の資源を最も適当な形で利用すること」をその目的として明示的に挙げていることを指摘し、こうした目的をふまえるならば、GATT20条 g 項にいう「有限天然資源」は包括的用語として当然に発展的なものであって、生物と非生物資源の双方を含むと解するのが適当であるとした[12]。

[2] 問題の焦点

　このように「発展的解釈」を条約規定の文言の「包括性」によって説明する見解は、国際人権条約に見られる「発展的解釈」についても当てはまり、その固有性を否定するものでもある。国際人権保障条約も、個人また集団の人権を保障すべきことを当事国に求めるという点で広範であり、それゆえに権利の内容とその侵害の態様の認定を解釈に大きく委ねる規定ぶりとなっている。当事国がそのような包括的な権利保障を国際人権保障条約によって定めたのであれば、解釈時点を基準として人権保障のあり方を判断する「発展的解釈」に、そもそも当事国は合意していたと考えられる。それが目的論的解釈に大きく依拠するものであると

11）*ICJ Reports 2009*, pp. 242-243, paras. 63-67.
12）WT/DS58/AB/R（1998）, paras. 129-130.

しても、そうした目的論的解釈を当事国自身が広範な規定ぶりによって要請していたのである以上、条約法条約の解釈規則に反するものではなく、むしろ「発展的解釈」はそれに従った結果として導かれるものである、というわけである[13]。

　もっとも、条約規定の文言が「包括的用語」で定められていることが、なぜ「発展的解釈」を導くことになるのか。当事国の法的関係を定めるものであることから、条約規定の文言は多かれ少なかれ抽象的用語を用いて定められている。そのため、包括的用語であるということだけでは「発展的解釈」を根拠づけることはできず、問題とされる包括的用語の意味が条約締結後の状況の展開に即して拡大あるいは変化することを当事国が意図し、あるいは少なくとも容認していたと認めうる事情が存在する必要がある[14]。ICJはコスタリカ対ニカラグア通航権事件判決において「発展的解釈」を導く根拠として、条約規定の文言の包括性に加えて、当該条約規定が当事国間の長期にわたる将来的な関係を規律するものとして設定されていることを特に確認しているが、これはまさにそのためであろう。しかし、この点についてもやはり、なぜ長期にわたる将来的な関係を規律する条約規定を定めることが「発展的解釈」を許容する当事国の意思の証拠となるのか、当然には明らかではない。実際、ICJもこれらを根拠として「発展的解釈」を当事国が意図していたことが証明されたとはしておらず、そのような意図を当事国が有していたと「原則として推定されなければならない」とするに留めている。

　この「解釈上の推定」が認められる根拠は、何か。この点についてICJは何らの説明も明示的には示していない。しかし、包括的用語によ

---

13) Başak Çali, "Specialized Rules of Treaty Interpretation: Human Rights," Duncan B. Hollis ed., *The Oxford Guide to Treaties* (2012), p. 529; Richard Gardiner, *Treaty Interpretation* (2nd ed., 2017), pp. 474-478.

14) Paolo Parchetti, "Interpreting 'Generic Terms': Between Respect for the Parties' Original Intention and the Identification of the Ordinary Meaning," in Nerina Boschiero *et al* eds., *International Courts and the Development of International Law: Essays in Honour of Tullio Treves* (2013), p. 99.

って、当事国の長期にわたる将来的な関係を規律する条約規定であることを特に強調していることをふまえれば、そうした条約規定の性質、つまりそれらが単に当事国間の特定の利害関係を調整するための取極め（ディール）なのではなく、両国間関係を法的に規律する規範として捉えていることに求められよう。もっとも、学説の中にはこうした推定を、なお当事国の主観的あるいは客観的意思の問題[15]として捉える見解も少なくない[16]。国内法のように他律的に国家機関あるいは私人を規律するものとして定められた純粋に客観的な法規範とは異なり、条約は当事国が他国とともに自らをも法的に拘束するものとして定立するという主観性と客観性を共に有する特異な法規範である。そうした特異性を条約解釈においてどのように扱うのかが、ここでは問われていると言える[17]。

❹ 条約の対象事項について生じた状況変化への対応としての「発展的解釈」[18]

[1] 条約締結後における国際法の発展への対応

　条約が締結された後に、国際法の状況に大きな変化が生じた場合、そうした変化を考慮して条約を解釈すべきかが問題とされることがある。その典型的な例が、ナミビア事件勧告的意見（1971年）である。本件では、南アフリカが国際連盟規約に基づくC式委任統治により施政下にお

---

15) 条約に示された当事国の合意は、とりわけ多数国間条約の場合には、個別的な主観的意思として捉えることはできず、法的に擬制された客観的意思として捉えざるを得ない。参照、山形英郎「条約解釈目的と条約解釈手段：条約解釈規則の誕生」大阪市立大学法学雑誌第56巻（2010年）458-459頁。しかし、二国間条約の場合や、事後の実行など、主観的意思が条約解釈において問題となる場合がある。

16) *E.g.* Parchetti, *supra* note 14, pp. 94-95, 103-104; Martin Dawidowicz, "The Effect of the Passage of Time on the Interpretation of Treaties: Some Reflections on Costa Rica v. Nicaragua," *Leiden Journal of International Law*, vol. 24 (2011), pp. 207-208. 国際法委員会も、条約文言の「発展的解釈」に関する当事国の「推定された意思」は、条約当事国の後の合意あるいは慣行によって確認されうるとする。*Report of the International Law Commission, Sixty-eighth session*, UN Doc. A/71/10 (2016), pp. 180-188.

17) See Bjorge, *supra* note 9, pp. 99-109.

いていたナミビア（南西アフリカ）を併合し、アパルトヘイト政策を含むその統治を継続していたことの国際法上の効果について、国連安保理からICJに勧告的意見が求められた。本件の争点の一つは、連盟規約におけるC式委任統治制度の法的性質であったが、この点について裁判所は、C式委任統治は併合と同じものとして起草されたとする南アフリカの主張は一部の交渉国の意図をあまりに強調するものである点で適当ではないとしたうえで、連盟規約22条の条文自体と条約採択後の事情を考慮に入れるべきであるとした。そうした事情として、国連憲章および植民地独立付与宣言が示す自決権の確立を含む非自治地域に関する国際法に見られる発展の重要性を指摘し、「国際文書は解釈時において支配的な法体系全体を枠組みとして解釈適用されなければならず」、そうであるために裁判所としては南アフリカが主張するようにC式委任統治制度を解することはできないとした[19]。

　このように、条約が締結された後における一般国際法の発展などによる法的状況の変化を条約解釈に取り込む形で対応が図られた例は、その後のICJ判決にも見られる（スロバキアとハンガリーとの間で1977年条約に基づくダニューブ川における電力発電に関する共同事業の実施と環境保護に関する国際法の発展との関係が問題とされたガブチコヴォ＝ナジマロシュ事件判決〔1997年〕[20]、ウルグアイ川の利用に関して1975年に締結された条約の履行に関連して一般国際法上の義務としての環境影響評価が問題となったパルプ工場事件判決〔2010年〕[21]、条約に付された留保の解釈に関するもので

<hr />

18) 条約締結後における科学技術の発展への対応として「発展的解釈」が問題になる場合もある。その例として、ベルギー＝オランダ間の「鉄のライン」事件仲裁判決（2005年）がある。*Reports of International Arbitral Awards*, Vol. XXVII, pp. 73-74, paras. 80, 84. また、科学的知見・技術の進展への対応を、条約制度に内在的なものとして判断を下した例として、南極海捕鯨事件に関するICJ判決（2014年）がある。*ICJ Reports 2014*, pp. 267, 269, 292-293, paras. 127, 135, 223-227. もっとも、これは条約実施機関の活動を通じた条約体制の発展に関わるものであり、「発展的解釈」の例と言えるかには、疑問の余地もある。参照、岡田淳「条約の『発展的解釈』論」国際研究第3号（2015年）116-119頁。

19) *ICJ Reports 1971*, pp. 31-32, paras. 52-54.

20) *ICJ Reports 1997*, p. 67, paras. 112-113.

はあるがギリシャが1931年に裁判管轄権を受諾した際に付した「領域的地位」に関する紛争にその後に法制度として成立した大陸棚に関する紛争が含まれるかが争われたエーゲ海大陸棚事件判決〔1978年〕[22]）。

[2] 問題の焦点

　条約法条約31条3項cは、条約解釈に際しては「当事国の間に適用される国際法の関連規則」を考慮するものとしており、条約が対象とする事項に関連する国際法が発展した場合には、それらをふまえて条約を解釈することが当然に求められるようにも思われる。それにもかかわらず、このような場合が「発展的解釈」として問題とされるのは、条約法条約31条3項cのいう「国際法の関連規則」が、いつの時点での国際法規則を意味するのかを明確にしていないためである[23]。

　ナミビア事件で「発展的解釈」を肯定的に示した際、ICJはその前にまず、「締結時における当事国の意思に従って条約を解釈することが、第一義的には必要である」として、条約解釈の基準時はその締結時が基本であることを指摘した[24]。「同時代性原則（principle of contemporaneity）」と呼ばれることもあるこうした考え方は一般に、条約解釈における基本であると考えられている[25]。

　この条約解釈における同時代性原則については、条約の合意性の当然の帰結であるとも考えられる。条約が当事国の合意を示すものであり、そうした合意によって義務として引き受けた限りにおいて当事国は条約に拘束されることからすれば、当事国が何を引き受けたかは条約締結時

---

21) *ICJ Reports 2010*, pp. 82-83, paras. 204-205.

22) *ICJ Reports 1978*, pp. 32-33, paras. 77-78.

23) 同条を起草した国際法委員会は、この点を特定することは適当ではないとの判断から、意図的に特定することを避けた。その経緯については、次を参照。松井芳郎「条約解釈における統合の原理」坂元編・前掲注5）111-116頁。

24) *Supra* note 19, p. 31, para. 53.

25) 実際に同原則が条約解釈において適用された例として、モロッコにおける米国民の権利事件がある。*ICJ Reports 1952*, p. 189. この点に批判的な見解として、see Christian Djeffal, *Static and Evolutive Treaty Interpretation* (2015), pp. 357-358.

を基準に考えるのが適当であろう。これは、時際法の原則の条約解釈への適用でもある[26]。時際法の原則に従えば、条約の締結という行為の法的評価は、当該行為が生じた時点において適用可能な国際法に照らして評価されなければならず、そのために条約の解釈も条約締結時とすることが求められるというわけである[27]。

　しかし他方で、この同じ時際法の原則に基づいて「発展的解釈」が求められるとする見解も見られる。それらは、時際法の原則に関する権威的先例とされるパルマス島事件仲裁判断（1928年）に依拠し、同判断において時際法は、権利の発生する根拠となる行為・事実をそれらが生じた時点の法に照らして判断することを求めるだけでなく（第1の要請）、その後に法の発展が見られる場合には当該権利の存続についてもそうした発展から求められる条件に照らして評価することを求めるものであるとしたことに注目する（第2の要請）[28]。つまり、時際法の原則は単に同時代性原則を正当化するだけでなくその限界をも定めるものであり、解釈が問題とされる条約の対象事項について国際法が発展した場合には、同時代性原則の適用は緩和され、むしろ当該発展に則して解釈することを要請する、というわけである[29]。

　このように見るならば、時際法の原則は必ずしも「発展的解釈」を否定するものではない。ただし、パルマス島事件では、国際法に「重大な変化」（同事件では、発見の領域権原性の揺らぎ）があったことから第2の要請が求められたことに注意する必要がある[30]。どのような法の発展が第2の要請を生じさせ、条約解釈における調整を行うことが求められる

26）Markus Kotzur, "Intertemporal Law," *Max-Planck Encyclopedia of International Law*（Online ed., as of April 2008）, para. 11. この点に批判的な見解として、次を参照。Epaminontas E. Triantafilou, "Contemporaneity and Evolutive Interpretation under the Vienna Convention on the Law of Treaties," *ICSID Review*, Vol. 32（2017）, pp. 146-151.

27）Kotzur, *supra* note 26, para. 5.

28）*Reports of International Arbitral Awards*, Vol. II, p. 845.

29）Bjorge, *supra* note 9, p. 161; Fitzmaurice, *supra* note 6, pp. 102-113.

30）参照、許淑娟『領域権原論』（2012年）126-131頁。

ことになるのか。この点についてどのように考えるかが、国際法の発展への対応として時際法に基づく「発展的解釈」を認めるうえでは、最も重要となる。

　条約の合意としての側面を重視するのであれば、同時代性原則をあくまで維持することが基本であり、ただしかしそうすることが後に発展した法と矛盾し、その発展を否定するようなものである場合に限り、第2の要請が働くものと考えられる。対して、条約が国際法の法源として国際法秩序の一部を構成する法規範としての側面を重視するのであれば、同時代性原則をどこまで厳格に適用すべきかは法秩序としての安定性と具体的事案における法適用の妥当性の調整という観点から判断されるべきものとも考えられる。それを維持することが具体的な事案の処理にとって不合理と考えられる場合には第2の要請が働くというように、柔軟に考えることが適当であるとも言えよう。当事国の合意によって創出される条約を国際法秩序の中でどのように位置づけ、捉えるのが適当であるのかが、ここでは問われていると言える。

❺ おわりに

　条約の「発展的解釈」という問題を一般的に定義するとすれば、冒頭に示したように、条約締結後に時間が経過する中で生じた状況の変化を条約解釈において考慮すべきか、またどのように考慮すべきかという問題ということができる。しかし本章で見てきたように、「発展的解釈」として問題とされるものは、ある場合には条約法条約とは異なる条約解釈方法の許容性であり、また別の場合には包括的用語の解釈のあり方であり、さらに他の場合には条約解釈における時際法と同時代性原則の妥当性の限界であるというように、様々な問題が「発展的解釈」の名の下で論じられていると言える[31]。本章で一貫して鉤括弧を付して「発展的解釈」と呼んできたのも、そのためである。

　しかし、そうした「発展的解釈」として問題とされるものを仔細に見

てみると、それらに通底する根底的な問題があることがわかる。それは、条約が現代の国際法の下で有する、合意としての性質と法規範としての性質との関係をどのように考え、それとの関係において条約解釈の目的をどのように考えるか、という問題である。今日では、条約をもっぱら権利義務の交換という観点から捉えることは妥当ではなくなり、それに伴って同時代性原則の厳格な適用を求める固有の基盤も掘り崩されてきている。国際裁判など第三者機関による条約解釈において「発展的解釈」が問題とされるようになってきていることは、まさに条約をめぐるそうした社会的変化を反映するものであろう。そうした変化がさらに進み、条約が国際法秩序の一部として当事国を客観的に規律する法規範とする認識が徹底されることがあれば、「発展的解釈」はそのような特別な呼び方をして取り上げるべき問題として意識されることも、特になくなるかもしれない。しかし現状ではなお、条約を当事国の意思から切り離して論じることはできない。本稿で概観した「発展的解釈」をめぐる議論は、こうした国際社会の現状を条約解釈において、いかに法的に捉え、構成すべきかをめぐって展開していると見ることができる[32]。

---

31) 本稿とは異なる視点からではあるが、「発展的解釈」という問題の多様性・多面性を指摘するものとして、参照、岡田・前掲注18) 137-139頁; Malgosia Fitzmaurice, "Dynamic (Evolutive) Interpretation of Treaties: Part II," *Hague Yearbook of International Law*, Vol. 22 (2009), pp. 29-30.

32) この点で興味深い論考として、次を参照。Pierre-Marie Dupuy, "Evolutionary Interpretation of Treaties: Between Memory and Prophecy," in Enzo Cannizzaro ed., *The Law of Treaties beyond the Vienna Convention* (2011), pp. 123-137.

第 5 章
国の元首や政府の長らの特権免除
——グローバル化する社会における刑事裁判権のあり方

名古屋大学教授

水島朋則

IIIIIIIIIIIIIIIIIIIIIIIIIIIIIIIIIIIIIIIIIIIIIIIIIIIIIIIIIIIIIIIIIIIIIIIIIIIII

❶ はじめに

　国の機関の地位にある個人のうち、国際法上の特権免除——とりわけ刑事裁判権からの免除——を享有する者として説明されてきたのは、従来は主に外交官や領事官であった[1]。もっとも、そこでの説明は、外交関係条約や領事関係条約の規定内容を紹介する程度であり、外交官らの特権免除の問題はそれほど論争的なものではなかった。

　そのような状況を変えるきっかけとなったのが、一つには、チリの元大統領が英国に滞在している時に、過去の拷問等への関与の疑いでスペインから引渡しが求められ、英国の裁判所での引渡手続から免除されるかどうかが争われたピノチェト事件における1999年の英国貴族院判決であり[2]、もう一つが、ベルギーの裁判官がコンゴ民主共和国の外務大臣に戦争犯罪等の疑いで逮捕状を出したことの国際法上の合法性が争われた逮捕状事件における2002年の国際司法裁判所（ICJ）判決である[3]。このような展開を受けて、現在、国連国際法委員会（ILC）が「外国の刑事裁判権からの国の職員の免除」に関する条文草案を作成している

---

1) 例えば、田畑茂二郎『国際法新講（上）』（東信堂、1990年）293頁以下、山本草二『国際法〔新版〕』（有斐閣、1994年）575頁以下参照。
2) *R. v. Bow Street Magistrate, ex parte Pinochet*（*No. 3*）, *International Law Reports*, Vol.119（2002）, p. 135. A.C. 147. 英国では2009年10月から最高裁判所が最上級審の役割を担っているが、それまでは貴族院がその役割を担っていた。
3) *Mandat d'arrêt du 11 avril 2000*（*République démocratique du Congo c. Belgique*）, *arrêt, C.I.J. Recueil 2002*, p. 3.

が、後で見るように、ある条文草案をめぐって委員の間で意見が大きく
分かれている。

　また、これらがいずれも国の刑事裁判権からの免除に関わるのに対し
て、近年では、国の刑事裁判権を補完するものとして設立された国際刑
事裁判所（ICC）との関係でも、国際法上の特権免除が論点となってき
ている。具体的には、ICCへの協力義務と特権免除に関する国際法上の
義務との交錯をめぐる論点であるが、この論点に関する2019年5月6日
のICC上訴裁判部判決は[4]、後で見るような問題点を残すものとなっ
ている。

　グローバル化する国際社会において、一方では、外国訪問の機会が増
えた国の元首や政府の長らが外国の刑事裁判権から免除されるのかどう
か、あるいはどのような場合に免除されるのかという論点が、他方で
は、ICCの裁判権とこれらの者の特権免除とはどのような関係にあるの
かという論点が、従来の外交官らの特権免除とは異なる形で、新たに提
起されている。本章の目的は、このような国際法の最新論点について考
える際の一つの素材を提供することにある。

❷ 外国の刑事裁判権からの国の元首らの免除

[1] ピノチェト事件[5]

　外交関係条約は、「外交官は、接受国の刑事裁判権からの免除を享有
する」と定めており、一定の場合に例外がある民事裁判権や行政裁判権
からの免除と比較して、刑事裁判権免除が例外のない完全なものである
ことを示している（31条1項）。英国の国内法では、外交関係条約に基
づいて外交使節団の長に与えられる特権免除が、必要な修正を加えた上
で外国の元首にも適用されると規定されている。そのため、チリの元元

---

4 ）*Judgment in the Jordan Referral re Al-Bashir Appeal*, Appeals Chamber, 6 May 2019, ICC-
　02/05-01/09-397-Corr.
5 ）本章の記述は、概ね水島朋則『主権免除の国際法』（名古屋大学出版会、2012年）278-280頁に基づ
　いている。

首であるピノチェトの場合は、「使節団の構成員として任務を遂行する
にあたって行なった行為」については退任後も引き続き与えられる存続
外交特権免除（外交関係条約39条 2 項）の準用が問題となった[6]。

　英国貴族院判決の多数意見は、拷問は「［国の元首］として任務を遂
行するにあたって行なった行為」には当たらないとして免除を否定し
た。多数意見は、地位を理由とする免除（immunity *ratione personae*）と
行為を理由とする免除（immunity *ratione materiae*）との区別に基づ
き[7]、現職の国の元首には前者が適用され外国の刑事裁判権から完全に
免除されるのに対し、退任後は、後者によって、在任中の公務について
のみ免除されるとした。貴族院は、ピノチェト事件に関わる後者の行為
理由免除を、外交官や国の元首に限らず、公務を行うすべての国の職員
に適用されるものと捉える。ところが、定義上、拷問は公務員の関与が
前提となっており（拷問禁止条約 1 条）、ピノチェトに行為理由免除を認
めることは、拷問に関与したすべての者に免除を認める結果となる。一
方で国際法が拷問を犯罪として定めながら、他方でそのすべての被疑者
が刑事裁判権から免除されるというのは不合理であるから、拷問は公務
ではなく行為理由免除が与えられないと解すべきであり、ピノチェトは
引渡手続から免除されない、というわけである。

　この論理には、前提とした行為理由免除の理解の点で問題がある。外
交関係条約39条 2 項が定めるような退任後も存続する特権免除は、本
来、地位理由免除と行為理由免除の両方の性格を合わせもっており、外
交官という特定の地位にあった者がその任務として行った行為であるこ
とを理由として退任後も免除を与えるものだったはずである[8]。そのよ

6）このような外交特権免除の準用が、英国の国内法の問題としてではなく、国際法上も求められるの
　かどうかについては議論の余地がある。
7）日本語文献では、前者を「人的免除」、後者を「事項的免除」と訳されることが多いが、本稿では、
　国連国家免除条約 3 条 2 項の公定訳（「国の元首に対し、その者が国の元首であるとの理由により
　……与えられる……免除（immunities accorded ... to heads of State *ratione personae*）」）も参考にし
　て、「地位を理由とする免除（地位理由免除）」ないしは「行為を理由とする免除（行為理由免除）」
　という訳を用いる。

うに対象者を限定していた行為理由免除が、ピノチェト事件を通じて、公務を行うすべての者へと対象が広げられたのである。貴族院は、そのような拡大された行為理由免除を前提として[9]、それに伴う（言わば自らが作り出した）不合理な結果を回避するために、国の元元首の存続特権免除を否定したとも言えよう。

[2] 逮捕状事件[10]

現職の外務大臣の特権免除が争点となった逮捕状事件において、ベルギーは、外務大臣が一般には特権免除を享有することを認めつつも、特権免除は公務として行われた行為についてのみ当てはまり、本事件にはそれが当てはまらないと主張した。ベルギーが一般論として外務大臣の特権免除を否定しなかったという事情もあってか、ICJ は、分析の結果としてではなく出発点として、「国際法上、外交官や領事官と同様に、国の元首・政府の長・外務大臣のような国の高い地位にある者が他国において民事および刑事裁判権からの免除を享有することは明らかに確立している」と述べる。

ICJ は、続けて外交関係条約・領事関係条約・特別使節団条約に言及し、これらの条約から免除の問題のさまざまな側面について有用な指針を導き出すことはできるが、外務大臣の免除を厳密に定める規定は含まれておらず、本事件は慣習国際法に基づいて解決しなければならないとする。おそらくはそのような指針の一つということであろうが、ICJ は、慣習国際法上、外務大臣に免除が与えられるのは、個人的な利益のためにではなく、国のための任務を自由に遂行できるようにするためであるとして、免除の範囲について判断するために外務大臣の任務の性質

8）水島・前掲注5）280頁の注13参照。
9）見方によっては新しい特権免除の創造と言える。外交官らを除く国の職員が、公務であることを理由として外国の刑事裁判権から免除されるという国際法の存在は疑問である。水島・前掲注5）280頁の注15参照。
10）本章の記述は、概ね水島・前掲注5）261-264頁、274-275頁に基づいている。

を検討する。例えば、外務大臣は、任務の遂行にあたり外国訪問を頻繁に求められ、また、国際法上、国の元首や政府の長と同じように、自国を代表する資格が認められていることを ICJ は指摘し、このような任務に照らせば、外務大臣はその在任中、外国において完全な刑事裁判権免除を享有すると述べる。ICJ によれば、外務大臣が逮捕された場合に任務の遂行が妨げられるという点に変わりがないため、公的な資格での行為と私的な行為との区別や、外務大臣就任前の行為と在任中の行為との区別はできず、また、司法手続にかけられる可能性だけでも、任務の遂行上求められる外国訪問を思いとどまらせることになり得る。

　ベルギーが強く主張したのは、現職の外務大臣の特権免除は、本事件におけるような戦争犯罪等の場合には当てはまらないということであった。この点について ICJ は、ピノチェト事件等の国家実行から、戦争犯罪等を犯した疑いをかけられた場合に、現職の外務大臣の刑事裁判権免除に何らかの例外が慣習国際法上存在することを導き出すことはできない等として、ベルギーの主張を斥けた。なお、ICJ は、外務大臣が国際法上の特権免除を享有することがその不処罰を意味しないことを強調し、ある種の国際的な刑事裁判所での訴追の対象にはなり得ることを傍論で指摘している。

　このような ICJ の論理には、いくつかの問題点がある。外交関係条約等から、免除が与えられるのは任務を自由に遂行できるようにするためであるという一般原則を導き出すことができるとしても、任務の遂行に必要な限りで完全な刑事裁判権免除が外務大臣らに認められるということにはならない。そのような考え方は、領事関係条約が定める領事官の刑事裁判権免除は完全なものではないこと（41条）と両立しない。また、一方では任務遂行上の必要性から外務大臣の刑事裁判権免除を導き出しておきながら、他方で、戦争犯罪等の場合における免除の例外を検討する段階では国の元首の免除の事例（ピノチェト事件等）に照らして判断しているのも、論証の方法として問題がある。国の元首の免除は、

必ずしも任務遂行上の必要性のみを根拠として認められてきたわけではないからである。ICJ が「国の元首・政府の長・外務大臣のような（such as）国の高い地位にある者」という表現を用いたことも、外務大臣に与えられるような免除を享有する者の範囲という別の問題を残すことになったと言えよう。外国訪問の必要性等、外務大臣の免除の根拠として ICJ が指摘するものの多くは、とりわけグローバル化が進んだ今日において、他の大臣らにも当てはまるからである。

[3] ILC 条文草案

「外国の刑事裁判権からの国の職員の免除」について、ILC は2019年までに次のような条文草案を暫定的に採択している。本条文草案は、外交官らが国際法の特別規則に基づいて享有する刑事裁判権免除には影響を及ぼさない（1条2項）。国の元首・政府の長・外務大臣は、その在任中は外国の刑事裁判権からの地位理由免除を享有し、地位を理由とする免除は、公的な資格で行った行為か私的な行為かを問わず、就任前・在任中のすべての行為に及ぶ（3条、4条1項、2項）。地位理由免除の終了は行為理由免除の適用に影響を及ぼさない（4条3項）。国の職員は、公的な資格で行った行為について外国の刑事裁判権からの行為理由免除を享有し、行為を理由とする免除は、その者が国の職員でなくなった後も存続する（5条、6条1項、2項）。地位理由免除を享有する個人は、退任後も、在任中に公的な資格で行った行為については免除を享有し続ける（6条3項）。行為理由免除は、ジェノサイド（集団殺害）・人道に対する犯罪・戦争犯罪・アパルトヘイト犯罪・拷問・強制失踪に関しては適用されない（7条1項）。

地位理由免除については、その享有者の範囲が問題となる。ILC は、注釈において、国を代表する性格と任務遂行の必要性を根拠として、国の元首・政府の長・外務大臣に地位理由免除が与えられると述べる。しかし、なぜそのような根拠があれば在任中の完全な刑事裁判権免除を内

容とする地位理由免除がこれら三者（トロイカ）に与えられるのか、また、なぜトロイカに限定され、他の大臣らには与えられないのかについては、十分に説得力のある説明はなされていないように思われる。

　行為理由免除については、ピノチェト事件における英国貴族院の理解が（上で指摘したような問題点があるにもかかわらず）ILC 委員の間でも共有されていたのかもしれないが、公的な資格で行った行為については国の職員にその地位を問わずに外国の刑事裁判権からの免除が与えられるとする根拠は、ILC の注釈においても何ら示されていない。また、ILC 委員の間で意見が分かれ、異例の記録投票によって暫定的に採択されたのが、行為理由免除の適用対象外となる犯罪を列挙した 7 条であるが[11]、この規定については、列挙された犯罪の取捨選択の基準や根拠等の観点から批判も強い[12]。

❸ 国の元首らの免除と ICC の裁判権との関係

[1] ICCの裁判権

　上で見たように、国際法上、どのような国の機関の地位にある個人が、どのような場合に外国の刑事裁判権から免除されるかについては、外交官らの場合を別として、流動的で混乱した状況にある。このような状況は、国の刑事裁判権を補完するものとして設立され、21世紀に入って実際に裁判権を行使し始めた ICC との関係においても当てはまっている。

　ICC が裁判権を行使するためには、原則として、犯罪地国と被疑者の国籍国のいずれかが ICC 規程の締約国であることが条件となっている（ICC 規程12条 2 項）。これは、ICC の裁判権が、基本的には領域原則や国籍原則に基づいて締約国が有している権限の移譲を受けたものである

11) *I.L.C. Report 2017*, pp. 164-165（para. 72）参照。国際法委員会研究会「国連国際法委員会第69会期の審議概要」国際法外交雑誌116巻 4 号（2018年）106頁［菅野雅聡］も参照。
12) 例えば、"Symposium on the Present and Future of Foreign Official Immunity", *American Journal of International Law, Unbound*, Vol. 112（2018）所収の諸論文参照。

という性格を反映している。他方で、国連憲章7章に基づいて行動する安全保障理事会（安保理）がICCに事態を付託した場合には、ICCはこの条件が充たされていなくても裁判権を行使することができる。その場合に行使されるICCの裁判権の基礎は、かつて安保理が設立した旧ユーゴ国際刑事裁判所やルワンダ国際刑事裁判所の裁判権と同様に、国連憲章上の安保理の権限に求められよう。いずれにせよ、「個人の公的資格に伴う免除」は、ICCが当該個人について裁判権を行使することを妨げない（27条2項）。

[2] ICC への協力義務

　ICC規程は、ICCに協力する一般的義務を締約国に課しており（86条）、締約国が協力しなかった場合には、ICCは、協力義務違反を認定するとともに、締約国会議や安保理に問題を付託することができる（87条7項）。他方で、ICCは、「被請求国に対して第三国の人……に係る国家の又は外交上の免除に関する国際法に基づく義務に違反する行動を求めることとなり得る引渡し又は援助についての請求を行うこと」はできない（98条1項）。

　ICC規程の非締約国であるスーダンの事態が、安保理決議1593（2005年）に基づいてICCに付託されたが、ICC予審裁判部は、スーダンのバシル大統領（当時）について、非締約国の元首であることはICCの管轄権に影響を及ぼさないとして、戦争犯罪等の疑いで逮捕状を出した。これに基づいてICCは、バシルの逮捕と引渡しのための協力を締約国に求めた。しかしながら、一部の締約国が、国際法上、外国の元首は逮捕等から免除されるとして、自国を訪れたバシルを逮捕しなかったため、ICCへの協力義務の違反が問題になった。

　この問題に関して、ICC予審裁判部は一貫して協力義務違反を認定してきたが、バシルの特権免除が問題とならない理由については、考え方が分かれていた[13]。一方で、2011年の第1予審裁判部決定は、国の元首

の免除は国際的な裁判所による訴追に対しては援用できないというのが
国際法の原則であり、国際犯罪の実行について国際的な裁判所が国の元
首の逮捕を求める場合に、慣習国際法は免除の例外を設けているとし
た[14]。他方で、2014年以降の一連の第 2 予審裁判部決定は、むしろ安保
理決議に根拠を求め（依拠の仕方にはそれぞれの決定の間で多少の違いは
あるが）、安保理がスーダンに対して ICC への協力を求めていることか
ら、バシルの特権免除が ICC 締約国の協力義務違反を認定する上での
妨げにならないとしてきた[15]。

[3]　上訴裁判部2019年 5 月 6 日判決

　ICC への協力義務の脈絡でバシルの特権免除は問題とならないとする
根拠について、このように予審裁判部の考え方が分かれている中で、や
はり安保理決議を根拠として協力義務違反を認定した2017年の第 2 予審
裁判部決定[16] に対して、ヨルダンが上訴を行った。上訴裁判部は、協力
義務違反の認定については予審裁判部の決定を確認したものの、特権免
除との関係では折衷的な考え方を採っている[17]。

　上訴裁判部は、一方で、慣習国際法上、国際的な裁判所との関係で国
の元首の免除は存在しないとする第 1 予審裁判部に同意すると述べ、
ICC の請求に応じてヨルダンが行う逮捕・引渡しからバシルを免除する
慣習国際法が存在しないため、ヨルダンは ICC への協力義務に違反し

13）石井由梨佳「国際刑事法廷に対する国家の協力義務」国際法外交雑誌117巻 4 号（2019年）67頁、竹
　村仁美「国際刑事裁判所への協力義務をめぐる法と政治」国際問題686号（2019年）44-45頁も参照。

14）例えば、Pre-Trial Chamber I, ICC-02/05-01/09-139, 12 Dec 2011（Malawi）参照。

15）例えば、Pre-Trial Chamber II, ICC-02/05-01/09-195, 9 Apr 2014（Democratic Republic of Congo）
　参照。

16）Pre-Trial Chamber II, ICC-02/05-01/09-309, 11 Dec 2017（Jordan）.

17）*Al-Bashir, supra* note 4. なお、上訴裁判部は、予審裁判部が同様に ICC への協力義務違反を認定し
　つつも、南アフリカについては締約国会議や安保理に問題を付託しなかったにもかかわらず（Pre-
　Trial Chamber II, ICC-02-05-01/09-302, 6 July 2017（South Africa））、ヨルダンについては問題を付
　託した点については、裁量権の濫用であるとして予審裁判部の決定を取り消している。本判決につい
　ては、竹村・前掲注13）46-47頁も参照。

たとする。他方で上訴裁判部は、ICC への協力をスーダンに義務づける安保理決議1593の効果として、ICC への協力義務を負っている締約国の場合と同様に、スーダンは、ICC の請求に応じて締約国が行うバシルの逮捕・引渡しにおいて、国の元首の免除を援用することができないとする。したがって、上訴裁判部は、安保理決議1593の効果としてスーダンは国の元首の免除を援用できないと第2予審裁判部が判断したのは誤りでないとする。

　上訴裁判部が、ICC との関係において国の元首に免除を与える慣習国際法の存在を否定するとともに、そうであるとすれば本来は依拠する必要のない安保理決議を援用した理由は必ずしも明らかではないが、条約に基づく免除が援用された場合[18]への備えという意味をもっているのかもしれない。いずれにせよ、上訴裁判部が第1予審裁判部に同意している限りにおいては、2011年の第1予審裁判部決定と同じ問題点を指摘することができる[19]。上訴裁判部は、一般的ないし不特定の「国際的な裁判所（*an* international court; international courts）」との関係で国の元首の免除は慣習国際法上存在しないとするが、国の元首らに免除が認められない場合として ICJ が逮捕状事件で指摘したのは、多少なりとも特定された「ある種の（certain）国際的な刑事裁判所」だったのであり、裁判所の国際性は免除が否定されるための十分条件ではなかった。ICC 規程の非締約国であるスーダンの事態については、安保理が付託するのでなければ、ICC がたとえ「国際的な裁判所」であるとしても、その裁判権は認められず（ICC 規程12条2項）、したがって非締約国の元首らの免除を否定することは正当化されないはずである。また、上訴裁判部は、国際的な裁判所が、特定の国ないし複数の国のためにではなく「国際社会全体（*the* international community as a whole）」のために行動する点で国

---

18) 本事件においてはアラブ連盟特権免除条約が問題になり得たが、ヨルダンは、同条約に基づいてバシルが免除を享有するかどうかについては上訴の対象に含めていない。

19) 水島朋則「判例紹介：バシル事件（国際刑事裁判所予審裁判部2011年12月12日決定）」国際人権24号（2013年）138頁も参照。

内裁判所と区別されると述べているが、ICC規程についても、少なくとも現時点においては締約国の普遍性は実現されておらず[20]、安保理が国連憲章7章に基づいて付託する場合を別として、条約に基づく一つの国際社会（*an* international community）を形作るにとどまっていることを確認しておく必要があろう。複数の国が条約を結んで「国際的な裁判所」を設立したとしても、条約は第三国を害しも益しもしないという原則に従う限り（条約法条約34条）、第三国が有する国際法上の特権免除をその裁判所が否定することはできないのである。

❹ おわりに

　このように、国の機関の地位にある個人に与えられる（かもしれない）国際法上の特権免除をめぐっては、いくつかの新しい論点が提起されている。これらについて考える上では、次のような点に留意する必要があるように思われる。

　ピノチェト事件において英国貴族院は、本来は外交官という特定の地位にあった者がその任務として行った行為であることを理由として与えられるものであったはずの存続外交特権免除（外交関係条約39条2項）を、英国法ではそれが外交官以外の者（国の元首）にも準用されるという事情もあってか、公務を行ったすべての国の職員に与えられる行為理由免除として捉えた。しかし、外交官の場合は、特権免除を与えることになる国（接受国）が、その任命等について通告を受け（外交関係条約10条1項）、自国領域内でその者が外交官として任務を遂行することに同意しており、また、その者がペルソナ・ノン・グラータ（好ましくない人）であることの通告によって、外交特権免除を享有しないようにできる（同9条）のに対し、外交官や領事官以外の国の職員については同じことはあてはまらない。このように、ILCは、実は根拠が不確かな行為

20）2019年末の時点でICC規程の締約国は123国である。新たに締約国となる国もある一方で、ブルンジやフィリピンのようにICC規程から脱退する国も見られる。

理由免除を当然の前提とした上で、その適用対象外となる犯罪について議論している状況にあると言えよう。

　逮捕状事件については、外務大臣が「ある種の国際的な刑事裁判所」での訴追の対象にはなり得るとしたICJの傍論が、ICC上訴裁判部判決では一般的ないし不特定の国際的な裁判所として理解されている。また、自国領域内での任務遂行への国の同意という観点からは、コンゴ民主共和国の外務大臣はベルギー国内にいる時に逮捕状が出されたわけではなく、逮捕状には、ベルギーを公式に訪問している国の代表の逮捕は認められないと記載されていたことも確認しておく必要があろう。在任中は外国の刑事裁判権から完全に免除されるという意味での地位理由免除を享有する者がいるとして、逮捕状を出すだけでそのような免除の違反になるかどうかについては、とりわけ逮捕状を出す国の領域内にその者がいない場合、議論の余地があるように思われる[21]。逆に、公式訪問でその国の領域内にいる場合には、特別使節団条約あるいはその慣習国際法化の問題[22]として議論すれば足りるはずであり、その限りで、地位理由免除について論ずる必要はないということになろう。

21）水島朋則「逮捕状事件」薬師寺公夫ほか編集代表『判例国際法〔第3版〕』（東信堂、2019年）429-430頁参照。
22）例えば、Andrew Sanger and Sir Michael Wood, "The Immunities of Members of Special Missions", Tom Ruys and Nicolas Angelet (eds.), *The Cambridge Handbook of Immunities and International Law* (Cambridge U.P., 2019), p. 452; Michael Wood *et al.* (eds.), *Immunities of Special Missions* (Brill, 2019) 参照。

第6章
国際組織の私人に対する責任とアカウンタビリティ
──私人に生じた被害のゆくえ

東北医科薬科大学教養教育センター講師

佐俣紀仁

IIIIIIIIIIIIIIIIIIIIIIIIIIIIIIIIIIIIIIIIIIIIIIIIIIIIIIIIIIIIIIIIIIIIIIIIII

❶ はじめに

　2010年、ハイチ共和国でコレラが大流行し、1万人近くが死亡した。問題のコレラ菌は、PKOでハイチの治安回復を任務としていた国連ハイチ安定化ミッション（MINUSTAH）のネパール部隊によりハイチに持ち込まれたとされる。家族を失った遺族らは、国連に対してMINUSTAH地位協定に基づき請求委員会を設置し、遺族らが提起する賠償請求を受理するよう求めたが、拒絶された。その後、アメリカの国内裁判所でも国連を相手取った訴訟を提起したが、国連の国内裁判管轄権からの免除（国連特権免除条約2条2項、国連憲章105条）を理由に退けられた[1]。後に国連事務総長は、被害者とハイチ社会の復興に対する国連の道義的責任（moral responsibility）を認めて謝罪したが、結局法的な責任は認めていない。

　国連のような国際組織は、加盟国からは独立した一つの法主体とみなされ、固有の権利と能力を国際法上、認められる。その反面、任務の遂行において国際法に違反する行為を犯した場合には、それ自身が国際法上の違法行為責任（responsibility、以下、単に「責任」とする）を負う。

　だが、ハイチの被害者が直面しているように、国際組織が私人に被害をもたらした場合、国際組織の責任を追求しようとしても、被害者は十

1）詳しくは Melina Garcin, "The Haitian Cholera Victims' Complaints Against the United Nations," *Zeitschrift für ausländisches öffentliches Recht und Völkerrecht*, Vol. 75（2015）, pp. 671-705.

分な救済（remedy）を得られないことが多い。この現状を克服するため、今日、「国際組織のアカウンタビリティ（accountability）」を問う方法が模索されている[2]。

　それでは、なぜ、国際組織に関して、国際法の一般的な概念である「責任」ではなく、「アカウンタビリティ」を問題にするのか。ここで「アカウンタビリティ」とは何を意味するのか。本稿では、これらの議論を、国際組織の責任にかかる法制度の現状を踏まえて説明する。

❷ 現状の課題
——国際組織の責任追及と私人の救済との間のギャップ

［1］国際組織に対する認識の変化

　第二次世界大戦以後、国連や地域統合機関をはじめとする国際組織の存在感が一層高まった。国際法学でも、国家という一次的な国際法主体によって創られた二次的な国際法主体である国際組織が、いかなる国際法上の地位や権限（条約締結権、国際請求権等）を持ちうるのかが論じられてきた。この背景には、国際公益を担う国際組織を法的にいかに基礎付け、実効的に機能させるかという問題意識があった。

　だが近年、国際組織の活動範囲が劇的に拡大したことに伴い、議論の焦点は国際組織を法によって縛ることに移っている[3]。特に転機とされるのが、国際組織である国際すず理事会（以下 ITC）の破産をめぐる訴訟である。英国に本部を置いた ITC は、すずの市場価格安定のため、加盟国間の輸出量統制や過剰生産分の買い入れを行っていた。だが、すず価格の低落の中、ITC は1985年に破産を余儀なくされ、その結果企

---

2) See, *e. g.*, Carla Ferstman, *International Organizations and the Fight for Accountability: The Remedies and Reparation Gap* (Oxford University Press, 2017); Nigel White, *The Law of International Organizations* (Manchester University Press, 3rd ed., 2017), pp. 250–276.

3) See, Anne Peters, "International Organizations: Effectiveness and Accountability," (March 2, 2016), Max Planck Institute for Comparative Public Law & International Law (MPIL) Research Paper No. 2016–01, at http://dx.doi.org/10.2139/ssrn.2770606.

業等に対して9億ポンドもの負債を残した[4]。この事例を機に、国際組織の構成員ではない第三者（特に私人）への損害の防止や補塡という問題が関心を集めた[5]。この問題は、1990年代以降も、途上国でのインフラ整備支援に伴う環境破壊や人権侵害等、より多様な文脈で盛んに論じられた[6]。今日なお論争的な国連安全保障理事会の機能拡大に伴う課題（対テロ制裁と人権侵害等）[7]も、これら一群の問題に連なる（本書第17章）。

[2] 国連国際法委員会による「国際組織の責任」条文の採択とその課題

　2011年、国連国際法委員会（以下 ILC）は「国際組織の責任」に関する条文（Articles on the Responsibility of International Organizations, 以下「ARIO」という）を採択した[8]。ここでの「責任」とは、国際法上違法である行為の帰結を指し、本条文草案の射程は主に国際組織による国際違法行為である[9]。ARIO は2001年に ILC が採択した「国家責任（state responsibility）」に関する条文（Articles on the Responsibility of States, 以下「ARS」という）をモデルとする[10]。

　しかし、国際組織の活動から被害を受けた私人が、ARIO を根拠に当

4）小寺彰「国際すず理事会事件」総合研究開発機構編『経済のグローバル化と法』（1994年）331-350頁、田中清久「国際組織の加盟国の第三者責任に関する一考察——アラブ工業化機構事件及び国際すず理事会事件を手がかりとして」法学第68巻3号（2004年）145-190頁など参照。
5）Jan Klabbers, *Advanced Introduction to the Law of International Organizations* (Elgar, 2015), pp. 84-86.
6）See, *e.g.*, Bahram Ghazi, *The IMF, The World Bank Group and The Question of Human Rights* (Martinus Nijhoff, 2005).
7）佐藤哲夫『国連安全保障理事会と憲章第7章——集団安全保障制度の創造的展開とその課題』（有斐閣、2015年）参照。
8）See, Report of the International Law Commission, 63rd session, UN Doc. A/RES/66/100 (hereinafter, ILC Report), pp. 54-172.
9）ただし、ARIO は国際組織の活動に関連して生じる国家の責任も規定する。第5部の諸規定等を参照。
10）国家とは異なる国際法主体である国際組織の責任について、国家の責任に適用される諸ルールをモデルにすること自体にも問題がある。植木俊哉「国際立法における国家と国際組織の『パラレリズム』の機能と限界——ILC による条約法と国際責任法の立法化作業を素材に」岩沢ほか編『国際法のダイナミズム』（有斐閣、2019年）217-239頁参照。

該組織の責任を追求しようとした場合、多くの困難に直面する。

ARIO 3 条は「国際組織の全ての国際違法行為は、当該組織の国際責任を伴う」とし、4 条は「国際組織の国際違法行為は、作為又は不作為からなる行為が、(a) 国際法上当該組織に帰属し、かつ (b) 当該組織の国際義務の違反を構成する場合に存在する」と定める。国際違法行為（国際法上の義務違反を構成する行為および当該行為の帰属）から責任が生じるという基本構造は、ARS 1 条および 2 条と同様である。

だが、国際組織の責任を追及する場合、その前提となる国際法上の義務の存否が問題となる。人権侵害を例にすれば、国連や世界銀行等の主要国際組織の多くは人権条約の当事者ではない。国際慣習法についても、その多くは国家の法的確信と実行を通じて形成された規則であるので、国際組織という異種の法主体にどこまで適用できるのかという難問がある[11]。条約および国際慣習法のほかに、ILC は「組織の規則」、つまり「特に、設立文書、当該文書に従って採択された国際組織の決定、決議及び他の法規（acts）ならびに当該組織の確立した慣行」（ARIO 2 条 (b)）から生じる義務の違反も、それらが「国際法上の義務とみなされるべき限度で」国際法上の義務違反を生じるとする[12]。ただし、ILC は、いかなる「組織の規則」が国際法上の義務を生じさせるのかにつき、それが論争的な主題であることに触れるにとどまる[13]。

さらに、国際組織の責任に特徴的な問題として、被害の回復がある。ARIO は、ARS 同様、責任が「被害の完全な回復」の義務を伴うとし、また回復の方法として原状回復、金銭賠償、精神的満足（31条、34〜37条）を規定する。だが、国際組織の財政は、世界銀行のように債券を発行して市場で資金を調達できる例を除けば、通常、任務遂行に必要な限度で提供された加盟国の分担金に依存しており、金銭賠償による「被害

---

11) Klabbers, supra note 5, p. 91. See also, Guglielmo Verdirame, *The UN and Human Rights: Who Guards the Guardians?*（Cambridge University Press, 2011）.

12) See, ILC Report, supra note 8, pp. 99-100, paras., 4-7

13) *Ibid.*

の完全な回復」に対応できない可能性がある[14]。それゆえ ILC では、特に金銭賠償について、国家と対比して国際組織は支払不能に陥るリスクが高いと認識されていた。この点、Pellet 委員は、国際組織による被害の回復のため、当該組織の加盟国には一般国際法上の協力義務（資金の拠出等）が生じることを ARIO に明示すべきと主張した[15]。これに対して、国家と国際組織が別個の法人格を有している以上、国際組織の活動との関係で国家自身に責任が生じていない場合に、一般国際法上、金銭賠償への貢献義務だけが国家にも生じるとするのは論理的に無理があり、また、そのような規則は各国にも受け入れられ難いなどの批判があった[16]。最終的に ILC で支持を集めたのは、国際組織による金銭賠償を含む被害の回復に加盟国がどのように関わるかはそれぞれの「組織の規則」が定めるという理解である。ARIO では、40条1項が、国際組織の賠償義務を実現するため、当該国際組織およびその加盟国に対して「組織の規則」に従って全ての適切な措置をとることを定めた。国際違法行為の存否のみならず、被害の回復、特に金銭賠償の実現可能性にも「組織の規則」が重要な影響を及ぼすことになった。

　また、ARIO 自体の欠陥ではないが、国際組織の活動から被害を受けた私人に利用可能な手続が限られていることも深刻な問題である。国内裁判所について、通常、国際組織は主権国家同様その管轄権から免除される。国際裁判の場合、国際組織を当事者とした紛争に争訟管轄権を有し、かつ私人が出訴可能な裁判所は、地域的裁判所や国際組織職員の身分保障にかかる国際行政裁判所のような例外を除けば普及していない。

14）ILO や国連等の主要な国際組織も金銭賠償による「被害の完全な回復」に懸念を示した。UN Doc. A-CN.4-637 and Add/.1, p. 161-162の30条（現31条）に関する国際組織のコメントを参照。

15）UN Doc. A/CN.4/SR2894, paras. 39-47. See also, Alain Pellet, "International Organizations Are Definitely Not States," in Maurizio Ragazzi (ed.), *Responsibility of International Organizations* (Martinus Nijhoff Publishers, 2013), pp. 49-50。

16）UN Doc. A/CN.4/SR2935, paras. 62-84.

❸ 議論の現状

[1] 加盟国の責任追及——帰属に関する「実効的支配」概念の展開

　金銭賠償や裁判の利用可能性を考慮すれば、被害者は国際組織ではなく加盟国の責任を追及するほかない。この点、ボスニア・ヘルツェゴビナ紛争中のいわゆる「スレブレニツァの虐殺」（1995年）をめぐる PKF（国連の PKO に従事する国連平和維持軍、Peace-keeping forces の略）構成員の行為をめぐる国内裁判では、裁判所が被害者側の期待に応えたとも映る事例がある。

　スレブレニツァがセルビア人勢力によって占拠された際、同地の PKF オランダ軍駐屯地に避難していたボスニア系ムスリム人は、オランダ軍の撤退時に駐屯地から退去させられ、その後セルビア人軍事組織に殺害された。被害者遺族らは、複数の訴訟においてオランダ国内の裁判所でオランダ政府に損害賠償を求めた[17]。

　これらの事例で裁判所が判断基準として用いたのは ARIO 7 条であった。同条は、「国の機関又は他の国際組織の機関若しくは職員で、他の国際組織の利用に供されたものの行為は、当該他の組織がその行為に対して実効的支配（effective control）を行使している場合、国際法上当該他の組織の行為とみなされる」とする[18]。この条文は、PKF の文脈で言えば、問題となる派遣国軍隊の行為に対して「誰が実効的支配を行使していたか」を基準にして、その行為を国際組織または派遣国のいずれかに帰属させるかを振り分ける機能を持つ。Nuhanović を原告とする

---

17) See, *e.g.*, Paolo Palchetti, "Attributing the Conduct of Dutchbat in Srebrenica: The 2014 Judgement of the District Court in the Mothers of Srebrenica Case," *Netherlands International Law Review*, Vol. 62, Issue 2 (2015), pp. 279-294.

18) 詳しくは、岡田陽平「国連平和維持活動に従事する部隊構成員の行為の帰属（一）〜（四・完）——3つの実効的支配基準」法学論叢第174巻6号（2014年）107-123頁、175巻2号（2014年）98-118頁、第175巻4号（2014年）93-112頁、175巻6号（2014年）116-133頁、坂本一也「国連平和維持部隊による違法行為の帰属と派遣国の責任——Nuhanović 事件/Mustafić 事件オランダ最高裁判決を素材に」岐阜大学教育学部研究報告人文科学第63巻2号（2015年）63-93頁参照。

事件でオランダ最高裁は、オランダがPKF部隊の撤退と避難民の退去
に密接に関わっており、その時点で認識していれば被害者の殺害を防止
することができたことを根拠に、PKF部隊の行為に対するオランダの
実効的支配を認めた[19]。この判決で採用された実効的支配基準の特徴
は、防止可能性に注目する点である。PKFにおいて部隊派遣国は、自
国部隊とも常に連絡をとることができ、懲戒や刑事手続にかかる権限
等、違法行為の防止可能性の根拠となる影響力を部隊に対して及ぼし続
ける。ゆえにこの基準は、PKF構成員の行為を部隊派遣国に帰属させ
る可能性を高めることになる。

　防止可能性に注目する実効的支配基準は当初学説で主張された[20]。こ
れが現実の裁判でも受け入れられた理由は「理論的なものというよりも
きわめて実践的なもの」と評される[21]。スレブレニツァにおいて被害を
生じさせたPKFの行為を国連に帰属させる場合、裁判所は国連の特権
免除により管轄権を否定せざるを得ない。国際的な手続については、国
連の責任を追及しうる手段はごく限られており、かつ実効性も問題があ
る[22]。この現状に配慮し、被害者救済の観点から、国連以外の法主体
（具体的にはこの文脈では加盟国たる部隊派遣国）への帰属を容易にするた
めに提示されたのが防止可能性を重視する「実効的支配」基準なのである。

　だが、この基準にも疑問が呈されている。ARIO 7条の実効的支配基
準が、本来想定されていた行為の帰属の確定ではない局面で機能してい

---

19) Netherlands v. Hassan Nuhanović, Supreme Court of the Netherlands, Judgement, 6 September 2013, Case no. 12/03324, para. 3.12.2. See also, Hasan Nuhanović v. Netherlands, Court of Appeal, Civil Law Section, Judgement of 5 July 2011, Case no. 200.020.174 / 01, para. 5.9.

20) この基準はDannenbaumの見解に依拠していると言われる。Tom Dannenbaum, "Translating the Standard of Effective Control into a System of Effective Accountability: How Liability Should be Apportioned for Violations of Human Rights by Member State Troop Contingents Serving as United Nations Peacekeepers," *Harvard International Law Review*, Vol. 51 (2010), pp. 113-192.

21) 岡田・前掲注18)（四・完）」125-126頁。

22) PKOに起因する損害について、現地住民が現実的に利用できる救済措置として、請求審査委員会の利用と、被害者国籍国と国連との間の一括支払協定の締結を通じた賠償金支払がある。それぞれの課題と限界については坂本・前掲注18) 64-65頁など参照。

るとも解せるからである。防止可能性を根拠に帰属を認めることは、結局は、防止する義務を負っていた主体の責任を問うことになりうる。オランダの事例では、オランダ自身がジェノサイドの防止義務（一次規則）を負い、自国が負うその国際法上の義務に違反したが故に責任を負うだけのことではないのか[23]。だとすれば、オランダの責任には同国部隊の行為の帰属は重要ではなくなる。さらに、法政策的観点からは、PKF で損害を発生させた行為を国家に帰属させることは、国家が PKF に部隊を派遣するインセンティブに悪影響を及ぼしうる。部隊派遣国が、自国が責任を負う可能性を考慮して、自国部隊に対する作戦上の指揮命令権を求めるようになれば、PKO 活動の一体性（integrity）も失われかねない[24]。

[2] 責任からの脱却？──アカウンタビリティ

　私人が国際組織の責任を追及しようとしても、多くの場合奏功しない。国際組織の活動に関連して加盟国に責任を負わせることも、国家と国際組織が別個の法主体であるという基本的な前提と緊張を生み、結果的に国際組織の任務遂行を妨げうる。現状において、私人の救済のために国際組織あるいは加盟国の責任を追及することには、限界と弊害があるのである。

　この文脈において、国際法学では「アカウンタビリティ」が注目を集めている。アカウンタビリティの定義については様々な立場がある[25]が、例えば、2004年の国際法協会（ILA）の国際組織のアカウンタビリティに関する報告書は、「アカウンタビリティとは、権威および権限（authority and power）に関係する。権限はアカウンタビリティを伴い、それはすなわち権限の行使について説明する責務（duty to account）で

---

23) 坂本・前掲注18）同上88-89頁。
24) 岡田・前掲注18）（四・完）123-125頁。
25) See, *e.g.*, Mark Bovens, Analyzing and Assessing Accountability: A Conceptual Framework," *European Law Journal*, Vol. 13（2007）, p. 450.

ある[26)]」と説明した。国際組織の活動の違法性を客観的に認定し、責任を追及することは現実的に様々な制約がある。そこで同報告書は、国際組織の正統性と実効性の確保、被害者の救済という観点から、組織に対する抑制と均衡（check and balance）に関わる望ましいルール（国際法の形式的法源以外も含む）や制度（裁判に限らず、事実調査、オンブズマン等も含む）を論じた。今日、この概念は立憲主義やグローバル行政法等に関する議論にも引き継がれている（本書第1章参照）[27)]。特に、国際組織の活動から被害を受けた私人に対するアカウンタビリティとの関係では、私人が国際組織に対して直接説明や活動の是正を求めることができ、それを受けて組織の側が一定の応答や対応（事実認定とその説明、公表等）をする制度が存在しているか否かが重要になる。

　この意味での国際組織のアカウンタビリティを問うことに特化した制度の例としては、世界銀行のインスペクション・パネル（1993年）、国連コソボ暫定行政ミッション（以下、UNMIK という）の人権諮問パネル（2007年）、さらに EU・法の支配ミッションにおける人権審査パネル（2010年）がある[28)]。これらの共通点は、①いずれも国際組織が自ら設置した制度であり、②被害を受けた私人に申立権限を付与し、③国際組織が特定の基準（世界銀行の場合は、その職員用の内部規則、人権審査パネルおよび人権諮問パネルの場合は、各種人権条約を含む、人権関連文書）を遵守していたか否かを評価する。ただし、④拘束力ある決定を下す権限は与えられておらず、その主眼は、ある基準の不遵守を公表し、国際組織による自発的な改善を促すことにある。

　これらの制度は、国際組織や加盟国の責任を認定する機能を基本的には持たない。ただし、こうした制度が私人からの申立を受付け、事実認

---

26) International Law Association, Berlin Conference (2004), *Final Report on Accountability of International Organizations*, p. 5.

27) See, Peters, supra note 3, pp. 7-20.

28) 世界銀行のインスペクション・パネルについて佐俣紀仁「世界銀行のアカウンタビリティとインスペクション・パネルの機能」国際法外交雑誌第113巻4号96-122頁参照。

定を行い、国際組織に特定の応答や改善を求める——つまり、国際組織
のアカウンタビリティを問う——ことで、当該組織から被害者へ賠償や
謝罪がなされることもありうる。このために、アカウンタビリティを問
う制度は、国際法上の責任解除方法と近い帰結をもたらし、被害救済と
いう観点からは、責任という法制度の代替手段（alternative）として機
能することもある[29]。だが、こうしてもたらされる賠償や謝罪は、問題
の行為の違法性や帰属に関する法的評価を必ずしも前提とはしない。国
際組織のアカウンタビリティを高めた結果として被害者にもたらされた
好ましい影響を「救済」と呼ぶ場合、この意味での「救済」は、問題と
なる行為の違法／合法等の評価がなされていない限り、国際法上の責任
追求の結果得られる救済とは法的な性質において大きく異なる。また、
被害者に対していかなる「救済」がもたらされるかは現段階で国際法が
規律する問題ではなく、国際組織の裁量に委ねられているという意味
で、これらの制度は、国際組織による「自己制御（self-control）」の試み
にとどまる[30]。

　ただし、こうした制度の実行において、国際組織の活動に適用される
国際法の範囲が明らかにされることもある。例えば、UNMIK の人権諮
問パネルは、コソボ紛争中に生じた強制失踪の被害者との関係で、UN-
MIK により捜査や加害者の処罰がなされていないことが UNMIK によ
る欧州人権条約 2 条および 3 条の不遵守を構成すると認定し、被害者に
対する謝罪および金銭賠償の提供や加害者への刑事手続の実施等を勧告
している。この判断は、領域管理を行う国際組織が負うべき国際法上の
義務の範囲を、欧州人権条約の判例法を踏まえて明確化するものと評価
されている[31]。世界銀行のインスペクション・パネルの手続でも、世界
銀行の内部規則に照らして、融資プロジェクトの地域住民と世界銀行職
員との再協議等が行われるだけでなく、当該プロジェクトにおいて、加

---

29) Klabbers, supra note 5, pp. 92-97.
30) *Ibid.*, pp. 98-99.

盟国によって特定の人権条約や環境条約等が遵守されたか否かが審査されることがある。

❹ おわりに

　国際組織の活動の拡大に伴い、人権侵害その他の被害を受けたと主張する者に対していかなる救済を与えるべきかが論じられてきた。ARIOに体現された国際組織の責任にかかる法制度は、現状ではこの問題意識に直ちに応えるものではない。

　実体法に関わる根本的な問題は、ARIOのような二次規則の内容よりもむしろ、国際組織に適用される一次規則が発展途上であることにある。今日、国際組織の活動を必ずしも合法か違法かで判断しえない現状があるからこそ、違法を前提とする責任ではなくアカウンタビリティを問わざるを得ない局面が生じる。

　私人に利用可能なフォーラムが限られている点についても、司法機関による審査を国際組織が受け入れる可能性は高くないであろうことを考えると、アカウンタビリティを高めるための制度は現実的な対案となろう。これら制度は被害者にも一定の「救済」を与えうる。だが、これは、司法手続へのアクセスや損害賠償等という従来国際法学が扱ってきた法的な救済とは質的に区別されるべきものである。とはいえ、国際社会の現状では、多くの場合被害者はこのような「救済」に頼るほかない。他方ではこれらの制度を通じた、関係アクター（私人、国家、国際組織事務局等）間の一連の応答の過程で、国際組織に適用される国際法規範の範囲が明確化されることも期待される。この意味で、中長期的な観点からは、アカウンタビリティに関する諸制度は、国際組織の責任にかかる法制度がより実効的に機能するための素地を整えうる。

---

31) See, Manfred Nowak, "Enforced Disappearance in Kosovo: Human Rights Advisory Panel Holds UNMIK Accountable," *European Human Rights Law Review*, Issue 3 (2013), pp. 275-283. See also, Christine M. Chinkin, "United Nations Accountability for Violations of International Human Rights Law," *Recueil des cours*, Tome 395 (2019), pp. 199-320.

第7章
第三国による対抗措置

立教大学教授

岩月直樹

||||||||||||||||||||||||||||||||||||||||||||||||||||||||||||||||||||||||||||||

❶ はじめに

　従来、他国による違法行為を問題として自らも通常であれば違法とされる措置に訴えること[1]ができるのは、そうした措置、すなわち自らの権利を侵害された（と主張しうる）国であると考えられてきた。対抗措置が、分権的な国際社会においてはなお認めざるをえない自力救済であることからすれば、他国によって特定の権利を個別的に侵害された国に対抗措置に訴えることが認められるというのは当然のことであり、逆にそうした固有の権利侵害を被っていない国（第三国）が対抗措置に訴えるということはそもそも想定されてこなかったといえる[2]。

　しかし現在、自らは固有の権利侵害を被っていない第三国が通常であれば違法な措置に訴えることを国際法上正当なものと認めうるのかが、対抗措置をめぐる論争の中でももっとも見解の対立が激しい争点となっている。そこで本章では、なぜこの「第三国による対抗措置」という問題が提起されることになったのか、この問題をめぐってどのような見解が提示されているのか、そしてそれらの諸見解がなにをめぐって争って

---

1) 国際法委員会国家責任2001年最終条文22条及び49条。参照、「米仏航空業務協定事件」国際法判例百選〔第2版〕（有斐閣、2011年）184-185頁；岩月直樹「現代国際法における対抗措置の法的性質」国際法外交雑誌107巻（2005年）23-83頁。
2) もっとも、実定法として受け入れられることはなかったものの、「第三国による対抗措置」が認められるとする見解自体は、古くから見られた。それらを批判的に検討するものとして、次を参照。Michael Akehurst, "Reprisals by Third State," *British Year Book of International Law*, Vol. 44 (1970), pp. 1-18.

いるのかを見ていくことで、現代国際法の先端的問題としての「第三国による対抗措置」に関する議論の現状を紹介することとしたい。

❷ 「第三国による対抗措置」をめぐる議論の背景

[1] 国家実行の展開

「第三国による対抗措置」の許容性が論じられるようになった背景をなす要因の一つは、第二次世界大戦以降、とりわけ1980年前後から目立って見られるようになってきた国家実行である[3]。

例えば米国は、1978年にウガンダのアミン政権によるインド系住民に対する集団虐殺行為（ジェノサイド）を非難し、同政権が重大な人権侵害行為を行っていないと米国政府が認定するまで、同国との通商関係を制限する措置を実施することとした。また、1981年にポーランドで民主化を求める労働組合「連帯」の活動に対して同国政府が戒厳令を発して抑圧し、恣意的拘禁など自由権および政治的権利を大幅に制限するという事態に対し、米国、英国、フランス、オランダ、スイス、またオーストリアなどが基本的人権の重大な侵害として非難するとともに、ポーランドとの間で締結していた各二国間漁業協定また航空輸送協定を直ちに停止する措置をとった。

こうした例の中でも特に注目を集めたのが、コソボ危機における対ユーゴスラビア措置である。旧ユーゴスラビア（ユーゴスラビア社会主義連邦共和国）が民族対立により分離解体した後、ユーゴスラビア連邦共和国（セルビア＝モンテネグロ）内で多数派のセルビア系とは異なるアルバニア系が多くすむコソボにおいてアルバニア系住民が拷問や即決死刑、また大規模な強制移住の対象とされ、国際的に問題視されていた。こうした事態に対し、米国、英国、フランス、ドイツ、イタリアなどの欧州

3）以下に挙げる国家実行の詳細については、次を参照。Martin Dawidowicz, *Third-Party Countermeasures in International Law*（2017）, pp. 119-123, 133-139, 181-193; Elena Katsell Proukaki, *The Problem of Enforcement in International Law*（2010）, pp. 126-132, 145-152, 182-189; Christian J. Tams, *Enforcing Obligations Erga Omnes in International Law*（2005）, pp. 210-211, 213-215, 223-224.

連合（EU）諸国は、ユーゴスラビア連邦政府高官の渡航禁止措置や同国への輸出に対する信用供与の停止といった報復措置（国家の裁量的判断に委ねられた適法な措置）に留まらず、同国の在外資産の凍結措置に訴えることを決定し、加えてユーゴスラビア連邦との間での民間航空運輸を停止することとした。こうした措置は、ユーゴスラビア連邦との関連協定や慣習国際法に基づく国家財産の尊重・保障に反するものであったといえるが、カナダおよび日本をはじめとして多くの国が賛同し、同様の措置を執るなどした。イスラム諸国も具体的な措置を実施したわけではなかったものの、コソボにおける重大な人権侵害を非難し、それに対処するために「必要なすべての措置」を執ることを求める声明を発するなどした。

　以上のように、多くの例は基本的人権の組織的かつ重大な侵害が問題とされた事案に関するものであるが、他国領への侵略的行為（1982年フォークランド紛争）や民間航空機への攻撃（1983年大韓航空機撃墜事件）、大使館・領事館の占拠（1979年テヘラン大使館員人質事件）における第三国による対応が例として挙げられることもある。いずれの場合も国連安全保障理事会（安保理）が強制措置を決定して介入することが求められるような事態であったものの、安保理がそうした介入を行わない場合に、あるいは介入が決定される前に、第三国が非軍事的措置に訴えることによって事態への対応をはかり、そのために執られた措置の中に通常であれば違法とされる措置を含んでいた例である。

　このように、第三国が他国の国内で生じている事態や他国間で生じている紛争への対処として通常であれば違法とされる措置に訴える形で介入する事例は、現在では必ずしも珍しいものではなくなってきている。それらはあくまで違法行為として非難されるべきものともいえるが、他方でそれらの中には問題とされる事態が国際社会全体に与える影響など、具体的状況を踏まえれば、むしろ必要なものとして許容されるべきものがあるのではないかと考えられるようになっている。そのために、

こうした実行を国際法の観点からも正当なものとして認めるべきか、それらをどのように評価すべきであるのかが問われるようになっているわけである。

[2] 国際法における対世的義務の承認

　「第三国による対抗措置」の許容性が論じられるようになったもう一つの背景として、国際法における対世的義務の承認を挙げることができる。国際法は伝統的に国家間の相互的な関係における権利義務関係を定めるものと考えられてきた。しかし国際の平和と安全の維持、また基本的人権の国際的保障が国際社会全体の共通利益に関わる問題と考えられるようになると、国際法上の義務を常に特定の二国間関係の問題に還元して捉えることはもはや適当であるとは考えられなくなった。こうした変化を承け、国際司法裁判所（ICJ）は1970年のバルセロナ・トラクション会社事件（第二段階）判決において、現在の国際法にはそうした二国間関係に個別化される権利義務関係に留まらず、各国家が国際社会全体に対して負う義務が存在するとした[4]。ICJ はこのような義務を「対世的義務（obligations *erga omnes*）」とよび、その例として、侵略行為の違法化、奴隷化および人種差別の禁止などの基本的人権保障に関する義務をあげ、そうした対世的義務が違反された場合には、すべての国が当該義務の履行について法的利益を認められるとした[5]。

　このように、国際法が定める義務が二国間関係に特定されず、国際社会全体に対して負うものであるとするならば、その違反に対して自らに固有の主観的権利を侵害されてはいない第三国も対世的義務が保護する

---

4) *Barcelona Traction, Light and Power Company, Limited, Judgment of 5 February 1970, ICJ Reports 1970*, p. 32, para. 33.

5) *Ibid.*, p. 32, para. 34. 但し ICJ は同時に、基本的人権保障義務の違反がある場合でも、国籍国以外の国が国際的請求を提起しうるのは、個別の条約で認められている場合に限られるとも指摘した。*Ibid.*, p. 48, para. 91. 国際法上の義務の類型については、一つの整理として、次を参照。岩沢雄司「国際義務の多様性——対世的義務を中心に」中川淳司＝寺谷広司編『国際法学の地平』（東信堂、2008年）123-170頁。

共通利益の共有者として義務違反を非難し、その履行をはかるために行動することが認められるべきとも考えられる。実際、ICJ は2011年のベルギー対セネガル訴追・引渡義務事件判決において、拷問禁止条約は条約当事国によって構成される共同体内で妥当する対世的義務（obligation *erga omnes partes*）を定めているとした上で、同条約の裁判付託条項に基づきベルギーがセネガルによる義務の履行について裁判上の請求を行うこと（原告適格）は、まさに同条約の当事国であることを理由として認められるとした[6]。こうした見方をさらに進めれば、対世的義務違反が問題となる場合には第三国（共通利益を共有するが、固有の主観的権利を侵害されたとはいえない国）にも対抗措置を執ることができるともいいうるが、そのような考え方を妥当なものと認めることができるのか、見解は分かれる。

❸ 国際法委員会における「第三国による対抗措置」の法的把握の試み

「第三国による対抗措置」をめぐる学説として今日、有力に主張されているのは、対世的義務違反に対する国家責任を集団的に実施するための措置・手続として捉える見解である[7]。この見解によれば、対抗措置は、ある国がその違法行為によって国家責任を負うにもかかわらず、原状回復あるいは金銭賠償などその解除を自ら行わない場合に訴えることが認められるものであり、国家責任の強制的な実施手段であるとされる。通常の二国間における相互的な義務であれば、そうした対抗措置に訴えることができるのは特定の国に限られることになるが、対世的義務

6）*Questions Relating to the Obligation to Prosecute or Extradite, Judgment of 20 July 2012, ICJ Reports 2012*, paras. 68-69. 本判決が対世的義務の性質からすべての国に原告適格が認められるとしたのか、それとも拷問禁止条約が定める条約上の対世的義務に特有の事情に基づいて原告適格を認めたのかは、慎重に検討すべき問題である。柳原正治＝森川幸一＝兼原敦子編『プラクティス国際法講義〔第3版〕』（信山社、2017年）182-183頁。

7）See, *e.g.*, James Crawford, *State Responsibility: The General Part*（2013）, pp. 703-706.

の違反の場合には、その違反は国際社会を構成する全ての国に対して犯されたこととなり、その結果として、全ての国が対抗措置に訴えることによって対世的義務違反に対する国家責任の実施を集団ではかることが認められる、というわけである。

　このような見解は当初、国連国際法委員会（ILC）が「国際違法行為に対する国の責任」に関する条文草案作成作業の中で示したものである（国家責任条文1996年第一読草案40条および47条）。国際法委員会は国家責任条文草案作成作業の中で、対抗措置を国家責任の内容の一部とし、賠償など国家責任の解除のために違法行為国が行うべき実体的結果に対して、解除の実施を違法行為国に迫るために用いられる手段の一つとして位置づけた（国際違法行為の手続的結果）[8]。対抗措置をこのように国家責任法の枠内で捉えてみた場合、違法行為国との間に国家責任法に基づく新たな法的関係を有する国が、賠償請求などを実現するために対抗措置を執ることができるということになる。

　ここで問題となるのは、違法行為国との間に国家責任によって生じる新たな法的関係を有する国をどのような基準によって特定するかである。この点について国際法委員会は当初、国家責任法に基づく新たな法的関係は違反された国際法規則（一次規則）と並行的な関係にあり、一次規則に基づく権利義務の当事国が二次規則としての新たな法的関係の当事国となるとの見解を示した。つまり、違反された一次規則によって権利を有していた国はその違反によって当然に権利を侵害された被害国であるとみなされ、そうした被害国は国家責任法に基づいて賠償請求を行い、対抗措置に訴えることができるというわけである[9]。

　この国際法委員会の立場は、しかし、激しい論争を引き起こすこととなった。問題となったのは、このような立場が対世的義務の違反の場合

8）参照、岩月直樹「国際法秩序における『合法性』確保制度としての国家責任法の再構成」村瀬信也＝鶴岡公二編『変革期の国際法委員会』（信山社、2011年）181-184頁。
9）参照、川﨑恭治「国家の国際責任法における『被害国』概念について（1）（2）（3・完）」修道法学11巻（1989年）319-353頁、12巻（1990年）95-120頁、13巻（1991年）225-262頁。

にもたらす現実的結果の妥当性である。国家責任法に基づく新たな法的関係（その一部としての対抗措置の行使資格）に関する上記の立場は、もっぱら特定の二国間関係における権利義務を定める伝統的国際法を前提とする限り、その妥当性に疑問はない。しかし、対世的義務の場合にはその定義上当然に、全ての国がそうした義務の履行について法的利益を認められる。そのため国際法委員会の立場に基づけば、そうした法的利益が認められる対世的義務違反の場合には、具体的な損害など違法行為の影響の程度を問わず、全ての国が被害国とされ、そして直接的に自らに固有の権利を侵害されていない国も含め、全ての国が被害国として対抗措置に訴えることが認められることになる。しかし、このような結果に対しては、固有の権利を侵害された直接的被害国と、対世的義務違反により間接的に法的侵害を被っているとみなされるものの何ら直接的で具体的な被害を被っていない国とを同一に扱うことは適当ではないとする批判が、諸国家から提起された[10]。

　「被害国」を一次規則における法関係の当事国と捉える限りはこうした批判を回避することは難しい。そのため国際法委員会は「被害国」の認定基準を大幅に見直し、自らのために国家責任を援用し追及することを認めるのに適当な義務違反の結果を被ったか否かを基準とすることとした。これにより、特定の国家集団あるいは国際社会全体に対して負う義務の違反であっても、その違反によって生じる国家責任を自ら自身の問題として援用しその追及が認められる被害国（国家責任2001年条文第42条（a））と、あくまで被害国あるいは被害者のために国家責任を援用し、追及することが認められるに留まる国とが区別されることとなった（個人の権利を保護する基本的人権保障に関する対世的義務の場合には、被害者は存在しても、被害国が存在しない場合がある[11]）（同条文（b））。対世的

---

10) See *Comments and Observations received from Governments*, UN Doc. A/CN.4/488 (1998), pp. 95-102; James Crawford, "Third Report on State Responsibility," *Yearbook of the International Law Commission 2000*, Vol. II, Part 1, pp. 27-29.

義務違反の場合にも全ての国が当然に被害国とされるのではなく、違反によって影響を被った国の中でも特別な影響を被ったものと認められる被害国と、そうした影響を被っていない「被害国以外の国」が区別されることとなったわけである[12]。その上で国際法委員会は、対世的義務の違反に関しては、①被害国からの要請がある場合、あるいは②その違反が重大なものである場合（大規模あるいは制度的な違反のために対世的義務によって保護される国際社会の基本的利益が重大に損なわれる場合）には、被害国以外の国も対抗措置に訴えることが認められるとする条文案を提示することとした（2000年暫定草案54条）。これは、国家責任法はもはや国家の主観的権利・利益に対する侵害からの保護・回復をはかるだけではなく、国際社会における共通利益の保護・回復をはかるための法制度であるとの理論的立場から、そうした法制度をさらに整備することが望ましく、そのためには第三国による対抗措置を認めていくことが法政策的判断としては望ましいとの認識に基づくものであった[13]。

　もっとも国際法委員会自身、こうした立場が十分な国家実行によって裏付けられるものだと考えていたわけではない。2000年暫定草案は先に見た国家実行をふまえた上での提案として提示されたものであったが、しかし諸国家の中にはそれをあまりに新奇で革命的でさえあるとして批判するものもあった[14]。そのため国際法委員会も、その提案が依拠する国家実行がなお「限定的かつ萌芽的」なものであることを認めた上で、対世的義務違反が問題とされる場合には「被害国以外の国」は「合法な措置（lawful measures）」に訴えることができるとするに留めることと

11) James Crawford, *The International Law Commission's Articles on State Responsibility: Introduction, Text and Commentaries* (2002), p. 45.
12) 参照、岩月・前掲注8）177-181頁。Cf. 浅田正彦「国家責任条文における義務の類型化と『被害国』の概念」松井芳郎＝富岡仁＝坂本茂樹＝薬師寺公夫＝桐山孝信＝西村智朗編『21世紀の国際法と海洋法の課題』（東信堂、2016年）57-62頁。
13) 岩月直樹「国際法委員会による国際立法と法政策」法律時報89巻10号（2017年）33-39頁；岩月・前掲注8）177-181頁。
14) *Ybk ILC 2001*, Vol. II, Part 1, pp. 90-94, especially p. 94 (Japan). See also *ibid.*, p. 18, para. 72.

した（国家責任条文2001年最終草案54条）。将来的に「被害国以外の国」が対世的義務違反に対する国家責任の実施手段として対抗措置に訴えることが慣習国際法として確立し、国際法によって認められる場合がありうることを想定しながらも、現状では国家実行のさらなる展開に委ね、それを明示的には否定も肯定もしない、との趣旨である。

❹ 「第三国による対抗措置」をめぐる議論の現状

[1] 法制度としての正当性を積極的に承認する見解

　「第三国に対する対抗措置」をめぐる議論は国際法委員会における検討をめぐって展開されてきたが、同委員会が上記のような形で審議を終了した後、学説においては次のような二つの立場の対立が見られる。

　一つは、国際法委員会が2000年暫定草案で示した立場を支持し、「第三国による対抗措置」はすでに慣習国際法として確立しているとするものである[15]。先に見たように、国際法委員会は「第三国による対抗措置」に関する実行はいまだ「限定的かつ萌芽的である」とし、諸国家の批判を踏まえて「第三国による対抗措置」を国際法の漸進的発達として提案することも控えることとした。しかし一部の学説は、このような国際法委員会の判断は適当ではないとする。国際法委員会が考慮した国家実行自体が狭く限られたものであり、また国際法委員会が審議を終了した2001年以降にも関連する国家実行は積み重ねられているのであり[16]、それらを詳細に検討するならば法的信念を伴った一般慣行として、重大な対世的義務の違反が問題とされる場合には、第三国（「被害国以外の国」）にも対抗措置に訴える資格（standing）が認められるようになっている、という[17]。

　もっとも、こうした見解が挙げる国家実行については、第三国が国家

---

15) Tams, *supra* note 3, pp. 228-231; Dawidowicz, *supra* note 3, pp. 239-255.

16) See Martin Dawidowicz, "Third-Party Countermeasures: A Progressive Development of International Law?," *Questions of International Law*, Vol. 29（2016）, pp. 3-15.

17) Tams, *supra* note 3, pp. 25-26, 237-239.

責任の実施をはかるために措置を執っていたと評価するのが適当である
のか、疑問も提起されている[18]。実際、2001年以降の国家実行において
も、そうした実行に関与した国家が「第三国による対抗措置」として自
らの措置の正当性を主張した例はない。むしろ、国際法委員会による国
家責任の集団的実施措置として「第三国による対抗措置」を位置づける
提案に対しては、そうした実行に関与した国からも強い批判が向けられ
るなどしていた。こうした点を考慮すれば、これらの見解による国家実
行の評価自体が、「第三国による対抗措置」に共通利益の保護手段とし
ての積極的な意味を認め、そのようなものとして許容すべきであるとす
る法政策的判断によって強く影響されているといわざるをえない。

　実際、「第三国による対抗措置」を肯定する学説の多くは、対世的義
務が今日の国際法秩序において有する重要性を強調し、その履行を確保
するための、国際共同体による法執行措置としての必要性を主張してい
る[19]。例えば卓越した国際法学者によって構成される万国国際法学会
は、対世的義務に関する検討の結果を総括するものとして採択した「国
際法における対世的義務に関する決議」の中で、対世的義務を「共通利
益とその遵守に対する関心のためにある国家が国際共同体に対して負う
義務であり、そのためにその違反がすべての国家に行動することを認め
る」一般国際法あるいは多数国間条約上の義務と定義し、そのような義
務の重大な違反が広く了知されるもの（a widely acknowledged grave
breach）である場合には、すべての国が対抗措置に訴えることができる
とした（決議 1 条および 5 条）[20]。こうした見解は、「第三国による対抗
措置」を対世的義務違反による国家責任の実施の必要性にではなく、問

---

18)　参照、酒井啓亘＝寺谷広司＝西村弓＝濵本正太郎『国際法』（有斐閣、2011年）379頁；Carlo
　　Focarelli, "International Law and Third-Party Countermeasures in the Age of Global Instant
　　Communication," *Questions of International Law*, Vol. 29（2016）, pp. 18-19.

19)　*E.g.,* see Proukaki, *supra* note 3, pp. 87-88.

20)　Institut de droit international, Resolution on the Obligation *Erga Omnes* in International Law,
　　Annuaire de l'Institut de droit international, Vol. 71, tome 2（2005）, pp. 288-289.

題とされる対世的義務そのものの履行確保を「第三国による対抗措置」の目的とする点で、厳密には国際法委員会の立場とは異なるものの（実際、これらの見解の中には「第三国による対抗措置」を「公的法執行措置〔public law enforcement measures〕」として提示するものもある[21]）、いずれにせよ、以上に挙げた見解は、対世的義務が保護する法的利益を確保し、その侵害に対する実効的な救済を確保するために、「第三国による対抗措置」を一般国際法上の制度として積極的に認めていくべきであるとするものといえる。

[2] 法制度としての正当性を承認することに否定的な見解

　このように、「第三国による対抗措置」に関する実行に一般的法制度としての基礎付けを見出そうとする見解に対し、むしろそうした実行に一般的法制度としての正当性を与えることは、「第三国による対抗措置」の濫用の危険性を増幅することとなり、現状においてはむしろ「第三国による対抗措置」に関する実行は政治的問題として扱うのが適当であるとする見解がある[22]。

　この見解も、「第三国による対抗措置」が、個別具体的な事情の下では必要とされ、国際社会によって受け入れられたといえる場合があることを否定するわけではい。しかし、それらの国家実行が国際社会によって受け入れられることがあったのは、それらが個々の事案に固有の政治的な条件に照らして適切な範囲に留められてきたためであり、いわば政治的なコントロールによって統制されていたためであるとする。そうであるところ、こうした実行を対世的義務違反に基づく国家責任の実施措

---

21) Martin Dawidowicz, "Public Law Enforcement without Public Law Safeguards? An Analysis of State Practice on Third-Party Countermeasures and Their Relationship to the UN Security Council," *British Year Book of International Law*, Vol. 77 (2006), pp. 343-344, 418.
22) *E. g.*, Martti Koskenniemi, "Solidarity Measures: State Responsibility as A New International Order?," *British Year Book of International Law*, Vol. 72 (2001), pp. 337-356; Focarelli, *supra* note 18, pp. 17-23.

置としてであれ、対世的義務の公的執行措置としてであれ、きわめて一般的・抽象的な条件しか伴わない法制度に基づくものとして正当化することは、「第三国による対抗措置」をむしろそうした政治的コントロールから解き放つこととなり、その結果、濫用を抑制することが難しくなる、という[23]。

　慣習国際法はいずれも、当初は諸国家による政治的配慮に基づく制約から始まるものの、そうした制約が定型的で普遍性を有する規範へと収斂することによって成立する。この点、「第三国による対抗措置」についてはいまだそのような規範への収斂を認めるには実行が未成熟であるのは確かである。それでも、きわめて一般的・抽象的なものであれば一定の規範を提示することは可能であり、[1]にあげた見解はそうした規範を提示しようとするものであるといえる。それに対して上記の見解は、そのような一般的・抽象的な規範では、濫用的な措置を正当化するために働きこそすれ、それを抑制し法的に非難する根拠として働くことを期待することは難しいといわざるをえず、そのような試みはむしろ現状では控えるべきである、とするものといえる。

　こうした見解によれば、「第三国による対抗措置」は、いわば「違法ではあるが正統」なものとして国際社会によっても事実上承認されるにすぎないものといえる[24]。「第三国による対抗措置」に訴える国家は国際法に違反する措置に訴えたものとして非難される危険性があるが、し

---

23) Koskenniemi, *supra* note 22, pp. 355-356. See also Akehurst, *supra* note 2, pp. 14-16.
24) 同様の指摘は、しばしば人道的介入についてなされる。ここでいう「合法性」また「正統性」とは、星野俊哉の言葉を借りて言えば、合法性が「『法』の形で明確に制度化された規範に基づく」ものであるのに対し、「正統性とは、必ずしも明示的な立法化（制度化）が実現されていなくても一定の集団的な意思決定手続を踏むことで、相対的に見て『共同主観』を反映させていく点で［…］合法性とは異なる尺度である」（「米国のコソボ紛争介入——その道義性・合法性・正統性」国際問題第479号〔2000年〕27-28頁）。人道的介入や「第三国による対抗措置」と呼ばれる実行は、現行の国際法に照らす限り違法といわざるをえないものであったとしても、国際社会がそのような非難を行わず、個別の具体的な状況においてはむしろ必要なものであったとして承認する態度を示しているのであれば、そこに国際社会としての集団的な意思決定が存在したといえるのか、そのようなものとして正統性を認めうるのかが、このような観点からは問題となる。

かし共通利益の保護にとって真に必要であるのであれば国際社会によっても受け入れられるであろう。そうであれば、そのような危険をあえてそうした措置に訴えようとする国に負担させることが、その濫用を抑制するためには望ましいというわけである。

❺ おわりに

「第三国による対抗措置」をめぐる諸見解の相違をもたらしているのは、何よりもまず関連する国家実行の評価である。先に見たように、「第三国による対抗措置」に関する国家実行は今日、必ずしも珍しいものではなくなってきている。しかし問題なのは、そうした実行はそれ自体としては、「第三国による対抗措置」がどのようなものとして国際法上正当化されるのかを示しておらず、実際にも措置に訴える国家からは必ずしも正当化のための根拠が提示されてはいないことである。こうしたことから、そうした実行にどのような法的意味を認めるのか、その法的評価は一義的には定まらず、評価する側に委ねられているところが少なくない。「第三国による対抗措置」に法制度としての正当性を認めるべきとする見解は、対世的義務違反による国家責任の集団的実施措置あるいは対世的義務の国際共同体としての公的執行措置による国際法秩序の維持をはかる必要性が存在することを強調し、関連する国家実行に（それ自体がそのように意識して行われていたか否かに関わらず）そうした認識の現実的な妥当性の根拠を見出そうとするものであるといえる。それに対して「第三国による対抗措置」に法制度としての正当性を承認すべきではないとする見解は、対世的義務が現在の国際法において有する重要性は否定しないものの、しかしその実効性を確保するために「第三国による対抗措置」を認めるべきであるとするのは、分権性をなお主要な特徴として有する国際法秩序の現状を踏まえた判断としても、また実際の国家実行の評価としても楽観的なものであるとして批判するものといえる[25]。そうした目的論的な思考が現実の国際社会にもたらしうる危

険性を十分に意識する必要がある、というわけである。

　このように、「第三国による対抗措置」は国家実行の評価を中心に争われているものの、より本質的には対抗措置と国際法秩序の在り方をめぐる法政策論的な見解の妥当性がそこでは問われているということができる。取り上げた見解のいずれがより妥当であるかを判断することは本稿の目的ではないが、次の点だけ最後に指摘しておくこととしたい。

　「第三国による対抗措置」に関する実行には、確かに様々なものが挙げられる。しかしそのほとんどは基本的人権に対する重大な侵害が問題とされる場合である。そうであるならば、そうした場合に固有の正当化根拠によって基礎づけることをまずは探求することが考えられよう[26]。このような見解も、もし国際社会が望むのであれば、そうした基本的人権保障に固有の制度が今後の国家実行の展開によって対世的義務全般に適用される一般的制度へと展開する余地を否定するものではない。しかし少なくとも現状においては、十分な国家実行が存在する特定の場合（基本的人権保障の重大な違反）に妥当する固有の理由に基づく特殊な制度として「第三国による対抗措置」を認めるに留めることが、そうした実行を国際法秩序の中に取り込みつつ、同時に否定論が懸念するような過度の一般化による濫用の危険を避ける上では適当であるように思われる。

＊本研究は、JSPS 科研費 JP18K01282による助成の成果を含む。

---

25) See Denis Alland, "Countermeasures of General Interest," *European Journal of International Law*, Vol. 13（2002）, pp. 1233-1239; Focarelli, *supra* note 18, pp. 21-23.

26) その試みとして、岩月直樹「重大な人権侵害が問題とされる場合における第三国による非軍事的な一方的強制措置の法的性質──『第三国による対抗措置』についての批判的考察」岩沢雄司＝森川幸一＝森肇志＝西村弓編『国際法のダイナミズム』（有斐閣、2019年）131-164頁。

第8章
領域に関する原始権原
──領域権原論は何をどこまで扱うのか

福岡女子大学准教授
深町朋子

‖‖‖

❶ はじめに

　周知のように国際法は、領域を基盤とする近代主権国家間の法として誕生した。国家の領域をめぐる諸問題を扱う「領域法」、とりわけ領土の帰属を規律する「領域権原論」は、国際法のなかでも歴史ある分野の一つである。領土問題が学校教育やニュースで取り上げられる機会の多い昨今、初学者が関心をもちやすい分野でもある。ところが実際には、学習しにくく教えにくい単元と感じる人も少なくない。その原因の一端はおそらく、現在では多くの国際法分野にみられる法典化条約のみならず、概念やルールに関して参照できる条約が、領域法にはわずかしかない一方で、関連の国際判例は相当数に上り、全体的な法構造が容易には把握できないことにある。頼みの綱のはずの、定番といわれる内外の国際法概説書も、領域法や領域権原論の扱い方や記述にはかなりのばらつきがみられる[1]。

　本章で取り上げる「原始権原（original title）」は、国際司法裁判所（ICJ）による2008年のペドラ・ブランカ事件判決をきっかけに、いくつかの注目すべき論考が発表され[2]、学界で議論されるようになった比較的「新しい」概念である。「新しい」とかぎ括弧をつけたのは、原始権

1）ブラウンリーの概説書が分かりやすい例であろう。ブラウンリー自身の最終版である第7版と、クロフォードが改訂した第8版では、「第3部 領域主権」の項目立てや記述内容が大幅に変更されている。Brownlie, Ian, *Principles of Public International Law*, 7th ed.（2008）, pp. 103-170; Crawford, James, *Brownlie's Principles of Public International Law*, 8th ed.（2012）, pp. 201-252.

原という表現自体は領域法のなかで長く使われてきたからだ。従来の原始権原概念を第1の原始権原、ペドラ・ブランカ事件で用いられた原始権原概念を第2の原始権原と呼ぶとすれば、両者の相違点の理解は少なくとも必要だ。しかし、単に違いがあるというだけならば、第2の原始権原をとりたてて論じるには及ばない。結論を先取りすると、第2の原始権原の重要性は、それが領域権原論の構造や射程の再考を迫る契機をはらんでいるところにある。

　既に述べた通り、領域法は歴史的に早くから発展してきた。なぜそうだったのか。それは、近代欧州諸国が非欧州地域を「発見」し、自らの支配を拡大していく際に、欧州諸国間の競争を規律するルールが求められたからである[3]。このような経緯は、伝統的な領域法や領域権原概念のあり方に一定の規定をもたらした。現代における領域法の議論は、その規定の構造を、領土の帰属をめぐる多くの国際判例を手がかりに解明して、脱植民地化後の領域権原論を模索する試みの積み重ねだといってよい。本章は、こうした観点から原始権原概念の展開をたどり、現代の領域法を理解する一助となることを目指すものである。以下ではまず、第2の原始権原概念が伝統的権原論の何を問い直すことにつながるのかを明らかにするための準備作業として、伝統的権原論の概観と、これまでの見直しの議論の紹介から始めたい。

2）Kohen, Marcelo, "Original Title in the Light of the ICJ Judgment on Sovereignty over Pedra Branca/Pulau Batu Puteh, Middle Rocks and South Ledge," *Journal of the History of International Law*, Vol. 15（2013）, pp. 151-171；Fry, James D. and Melissa H. Loja, "The Roots of Historic Title: Non-Western Pre-Colonial Normative Systems and Legal Resolution of Territorial Disputes," *Leiden Journal of International Law*, Vol. 27（2014）, pp. 727-754; Huh, Sookyeon, "Title to Territory in the Post-Colonial Era: Original Title and Terra Nullius in the ICJ Judgments on Cases Concerning Ligitan/Sipadan（2002）and Pedra Branca（2008）," *European Journal of International Law*, Vol. 26（2015）, pp. 709-725.
3）この点を明らかにした研究として、太寿堂鼎「国際法上の先占について——その歴史的研究」法学論叢61巻2号（1955年）36-99頁（太寿堂鼎『領土帰属の国際法』〔東信堂、1998年〕所収）は必読である。

❷ 伝統的な領域権原論と第1の原始権原

　国際法上、領土の帰属は領域権原（title to territory）の概念を用いて論じられる。領土とは国家が領域主権を及ぼす陸地であるため、ある陸地が国家の領土と認められるには、当該国家による領域主権の設定を法的に正当化する根拠を示さなければならない。国際法によって領域主権の正当化根拠とみなされる事実、換言すれば、領域主権を有するための源とされる事実を、領域権原という。権原とは一般に、ある権利が付与される根拠となる事実のことである。

　領域権原は伝統的に、いくつかに定型化された「領域主権の取得方式」と等値されてきた。各方式の要件は相互排他的に定められるため、その充足の如何により一定時点での絶対的な権原の存否が静態的に判断されることになる。多くの論者が挙げる取得方式は、先占、添付、割譲、時効、征服であり、それらは一般に原始取得と承継取得に大別される。原始取得の方式により確立されるのが、伝統的な意味での原始権原すなわち第1の原始権原である。

　ただし、具体的に何を原始取得とみなすのかについては、いくつかの異なる見解が示されてきたので注意が必要である[4]。たとえば、従前いずれの国家にも帰属していなかった陸地に領域主権を設定するものを原始取得、そうでないものを承継取得とする考えでは、先占と添付が原始取得、割譲と時効と征服が承継取得に分類される。これに対して、権原の有効性が先行する権原の有効性に依存する場合を承継取得、そうでない場合を原始取得とする立場に従うと、先占、時効、添付、征服は原始取得で、承継取得は割譲のみになる[5]。

4）深町朋子「現代国際法における領域権原に関する一考察」法政研究61巻1号（1994年）71頁を参照。
5）時効と征服と割譲は、他国領土を取得の対象とする点は同じである。しかし、時効と征服の場合は、先行する権原をいわば断ち切って別の権原が成立するのに対して、割譲は先行する権原、すなわち譲渡国の権原が有効な範囲でのみ、譲受国の権原が成立することになる。

　ともあれ、以上のような「方式」論としての領域権原論が、国際裁判
による領域紛争の解決で限定的な役割しか果たしてこなかったことは、
現在では広く認識されている[6]。領域紛争を付託された裁判所は、係争
地に関する当事国間の合意にできる限り依拠した帰属判断を行おうとす
る一方で、国家権能の行使すなわち領域主権の現れといえる行為を継続
的かつ平穏に行っている事実（領域主権の継続的かつ〔他国との関係にお
いて〕平穏な表示）を重視して、権原の存否を決定する手法も採用して
きた（主権の表示アプローチ）[7]。本章で詳説する余裕はないが、主権の
表示アプローチにおいては、方式論の下で静態的かつ絶対的な性質を有
していた領域権原が、動態性、相対性、非定型性を帯びることになると
いう重要な指摘も、学説でなされている[8]。こうして今や、領域権原を
領域主権取得方式と無条件に等値する捉え方は克服されたといってよ
い。

　しかし、伝統的な領域権原論には、実はもう一つの限定あるいは自己
規定がある。それは、領域主権の「取得」論という点だ。近代欧州諸国
による非欧州地域の植民地化を規律するルールとして生成し発展したた
めに、「領域主権の正当化根拠とみなされる事実」という普遍的な定義
にもかかわらず、領域権原概念の守備範囲とされてきたのは、国際法上
の既存国家による新たな領域主権の取得であった。取得には、取得の主
体すなわち国家の先行した存在が欠かせない。よって、取得論とされる
限り、新国家の成立に必要な国家の資格要件としての「明確な領域」
が、その国家に帰属する根拠を、領域権原論で説明するのは論理的に困

6）国際裁判における領域紛争の解決方法については、とりあえず、柳原正治・森川幸一・兼原敦子編『プラクティス国際法講義〔第3版〕』（信山社、2017年）199-202頁を見よ。
7）判例では、係争地の具体的状況に応じて、税の徴収や裁判など、立法上、行政上、司法上の様々な国家権能の行使が、権原を生み出す主権の表示と認められてきた。主権の表示アプローチおよび主権の表示概念を平易に解説しているものとして、許淑娟「実効支配とはなにか？——国家主権と実効支配の関係」森川幸一ほか編『国際法で世界がわかる——ニュースを読み解く32講』（岩波書店、2016年）69-80頁。
8）許淑娟『領域権原論——領域支配の実効性と正当性』（東京大学出版会、2012年）148-165頁。

難になる。同様の問題は、近代国際法の成立にとって所与の前提であった、近代欧州諸国の領土についてもあてはまる[9]。

　ところが、国家の資格要件で「明確な領域」といっても、国境の完全性までは要求されない。つまり、新国家の存在自体と切り離せない領域の外縁が定まっていない可能性は、国家の資格要件に内包されている。近代欧州諸国にしても、最初から完全な国境線で截然と分けられていたわけではなく、中核的な領土の周辺部に帰属の未確定な地域や争われている地域が含まれるケースも存在した。それらの帰属について、国家成立後に当該国家が新たに領域主権を設定したのだと主張するならば、国際法上の既存国家による主権取得を論じているという構成が可能である。これに対して、国家としての成立当初からずっと自国領であったと主張する場合には、国家の創設あるいは存在そのものと切り離せない領域に対する領域主権の正当化根拠を論じることが必要となるように思われる。それは同時に、国際法とは異なる「国際秩序」の下で行なわれていた「領域支配」をどのように評価するのか、という難問を領域権原論に招き入れることをも意味する。

❸ 第2の原始権原の先駆

[1] マンキエ・エクレオ事件

　ICJ は早くも1953年に、マンキエ・エクレオ事件判決[10]でこうした問題状況を扱っていた。本件は、イギリスとフランスが英仏海峡内のマンキエ島とエクレオ島の帰属を、近代国際法成立以前の中世に遡って争った事件である。両当事国は、係争島嶼が中世のある時点でチャンネル諸島の一部として自国領になり、その古来の権原（ancient title）または原

　9）柳原正治「疆域、版図、封土、そして領域」国際問題624号（2013年）1頁、深町朋子「日本・韓国・中国がともに主張する『固有の領土』とは？——領域紛争の解決基準としての領域権原」森川ほか編・前掲注7）52-54頁; Starke, Joseph G., "The Acquisition of Territorial Sovereignty by Newly Emerged States", *Australian Year Book of International Law*, Vol. 2（1966）, p. 11.

10）*The Minquiers and Ecrehos Case*, Judgment of 17 November 1953, *ICJ Reports 1953*, pp. 47-73.

始権原を近代以降も継続して保持してきたと主張した。イギリスはさらに、この議論が認められなかった場合の代替的主張として、長期にわたる継続した実効的占有（effective possession）のみに基づいて権原が取得されたとも主張した。これに対して裁判所は、イギリスの主張した古来の権原が存在していたという推定が働くとしつつも、主権の所在はそれのみでは決定できず、マンキエとエクレオの占有に直接関係する証拠に基礎づけられなければならないとして、中世のイングランドによる「裁判権（jurisdiction）」の行使や、近代における国家機能（State functions）の行使などに主に依拠して、係争島嶼がいずれもイギリスへ帰属すると結論した[11]。

　本件で主張された原始権原は、原始取得と承継取得の区分で用いられてきた伝統的概念とは明らかに異なっている。しかも、それが用いられたのは、当事国が近代国家として国際法の主体になった時点で既に有していたと主張する領土について、領域主権を正当化する根拠をどのように示すかという文脈であったとみなせる。しかし、本件を契機に、領域権原論の「取得」論としての射程を自覚的に問う機運が生まれるには至らなかった。すなわち、前節で述べたような「方式」論の妥当性を問い直す学説の流れのなかで、国家機能の行使への依拠という本判決の特徴は頻繁に取り上げられてきた反面、原始権原ないし古来の権原を当事国および裁判所がどのように捉えたのか、それが権原論においてどのような意味をもつのか、といった論点は十分に深められてこなかった[12]。

[2] カタール＝バーレーン事件

　次に留意すべき判例は、2001年に本案判決が出されたカタール＝バー

---

11) ただし、マンキエとエクレオでは、帰属判断が国家機能の行使に依拠する度合いは異なっており、マンキエの場合はフランスが同島をイギリス領とみなしてきた証拠も重視された。*Ibid*, pp. 70-72.

12) ICJ が1992年のエルサルバドル＝ホンジュラス陸地・島・海洋境界事件判決で示した、マンキエ・エクレオ事件判決の「古くからの権原」と「主権の表示」の関係をめぐる解釈については、許・前掲注8) 244-246頁。

レーン事件である[13]。本件で ICJ は、カタール半島北西部のズバーラ地域については、半島東海岸のドーハを拠点とするカタールの支配者（Sheikh）の権力が次第に凝縮（consolidated）し、1937年には決定的に確立したと結論した[14]。他方、半島とバーレーン島の間に位置するハワール諸島については、バーレーンへの帰属を定めた1939年のイギリス政府の決定が両当事国を拘束するとして、原始権原やエフェクティヴィテ（effectivités）[15] など、当事国が提示していたその他の議論の検討を一切行うことなく[16]、バーレーン領とする結論を導いた。

　ハワール諸島の帰属を示した主文2(a)には、5人の裁判官が反対票を投じた。その1人であったトーレス・ベルナルデス判事は、多数意見がカタール半島および隣接する島々に対するカタールの原始権原の射程を正しく評価せず、本質的に有効性を欠く1939年決定をバーレーンの承継権原（derivative title）の源とみなした、と批判した[17]。判事の定義によれば、原始権原は新国家の領域に対する権原、承継権原は既存国家による領域取得に関わる権原であり、これら二つの状況は国際法学説では古くから区別されてきたという[18]。しかし、少なくとも原始権原と承継

---

13) *Maritime Delimitation and Territorial Questions between Qatar and Bahrain*, Merits, Judgment of 16 March 2001, *ICJ Reports 2001*, pp. 40-118.

14) *Ibid.*, pp. 64-69. この判示に関して、本稿の問題意識からは、ズバーラに対する権力の凝縮は「取得」の枠組みで整理できるのか、カタールの国家としての成立時期はいつであり、それと不可分の領域とはどのようなものか、などの論点を指摘できるが、紙幅の都合もあるため、検討は別の機会に譲りたい。

15) エフェクティヴィテという概念は、領域法で用いられるようになった当初は、同一の植民地本国から独立した新国家間の国境が、植民地時代の行政区画線に従うことを求める「現状承認原則（*uti possidetis juris principle*）」の下で、植民地時代における植民地当局による行動を指すという限定的意味しかもたなかった。ところが、その後、主権の表示の言い換えで用いる例などが登場し、現状ではかなり多義的になっている。本件で当事国が行ったエフェクティヴィテに関する議論については、許・前掲注8）262-266頁を参照。エフェクティヴィテ概念の多義性を概観するには、許淑娟「領土帰属法理の構造——権原と *effectivités* をめぐる誤解も含めて」国際問題624号（2013年）20-34頁が有用。

16) *Qatar and Bahrain Case, supra* n. 13, pp. 70-85. なお、原始権原の主張については、判決では当事国がその議論を行ったことしか述べられておらず、当事国も書面手続ではほとんど触れていないため、口頭弁論の記録を参照する必要がある。

17) Dissenting Opinion of Judge Torres Bernárdez, *Qatar and Bahrain Case, supra* n. 13, p. 260.

18) *Ibid.*, p. 281, para. 60.

権原の表現は、既にみたように、これとは別の区分に使われるのが一般的であった。よって、「古くから区別されてきた」という指摘の是非は措くとして、原始権原を「国家ないし政治体の誕生そのものに結びつく創設的な要素[19]」をもつ権原として概念化し提示した点に、第2の原始権原につながる本意見の意義がみいだせる。

[3] リギタン・シパダン事件

　翌2002年にICJによって判決が下されたリギタン・シパダン事件[20]でも、当事国のインドネシアとマレーシアはともに原始権原の概念を用いて主張を行った。リギタン島とシパダン島は、ボルネオ島の北東海岸沖に浮かぶセレベス海上の小島である[21]。本件で、インドネシアはブルンガン王（Sultan）、マレーシアはスールー王（Sultan）の有していた両島に対する権原を原始権原と呼び、それが欧米諸国への移転を経て、自国に承継されたと主張した[22]。結論としては、いずれの議論も裁判所には採用されず、インドネシアに関しては、オランダからインドネシアへの承継対象に係争島嶼が含まれなかったのは明らかという理由で、原始権原の検討自体がなされなかった[23]。

　他方で裁判所は、マレーシアの主張については、係争島嶼がスールー王の所有地（possessions）の一部であったかを考察するとし、次の4点に基づいて両島に対する原始権原の存在を否定した。第1に、両島が地理的にスールー列島に属していないことは、当事国に認められている。第2に、関連の諸文書でスールー王国（Sultanate）の領域範囲（territo-

---

19) *Ibid.*

20) *Sovereignty over Pulau Ligitan and Pulau Sipadan*, Judgment of 17 December 2002, *ICJ Reports 2002*, pp. 625-686.

21) リギタン島に定住者はおらず、シパダン島も1980年代にダイビング・リゾート開発が行われるまでは同様の状況だった。

22) インドネシアが第1に主張していたのは、1891年に英蘭間で締結された条約によって係争島嶼の帰属は既に決定済みということだったが、裁判所には認められなかった。ブルンガン王からの移転および承継は、インドネシアの代替的主張である。

23) *Ligitan and Sipadan* Case, *supra* n. 20, p. 669, paras. 95-97.

rial extent）はスールー列島およびその従属地（dependencies）とされているが、しかし、列島の主島から相当に離れているリギタン・シパダンもその従属地に含まれるのか、それら文書には特定的な言及がなく判断できない。第3に、両島を利用していた可能性のあるバジャウ・ラウト族がスールー王と忠誠関係にあったとしても、そうした関係はスールー王が両島に対する領域権原を請求していた証拠としては不十分である。第4に、スールー王が両島に対して現実に権力を行使していた証拠はない[24]。

　このように、リギタン・シパダンに関しては認められなかったものの、非欧州の現地「国家」であるスールーが及ぼしていた領域支配の正当化根拠は、裁判所からも原始権原の概念を用いて論じられた。また、原始権原の存在を否定する際に裁判所が考慮した上述の4点は、より一般的表現でまとめるならば、国の全般的な領域範囲への注目、人的な忠誠関係に対する消極的評価、現実の権力行使の要件、という三つの要素に整理できる。これらを念頭におきつつ、以下では節を改めて、第2の原始権原を初めて正面から認定したペドラ・ブランカ事件判決の内容を詳しくみていきたい。

④ 第2の原始権原の認定——ペドラ・ブランカ事件

[1] 事件の概要と当事国の主張

　ペドラ・ブランカはシンガポール海峡の東側入り口に位置する小島で、マレーシアではプラウ・バトゥ・プテと呼ばれている。マレーシアとシンガポールは2003年に特別協定を締結して、ペドラ・ブランカおよび近接するミドル・ロックスとサウス・レッジの帰属判断をICJに求めた。裁判所が判決を下したのは2008年のことである[25]。本章では、ペド

24）*Ibid.*, pp. 674-675, paras. 108-110.

25）*Sovereignty over Pedra Branca/Pulau Batu Puteh, Middle Rocks and South Ledge*, Judgment of 23 May 2008, *ICJ Reports 2008*, pp. 12-102.

ラ・ブランカに関する判示部分を中心に検討する。

　本件で原始権原を主張したのはマレーシアであった。マレーシアによれば、ペドラ・ブランカはかつても現在も、同国を構成するジョホール州の一部である。なぜなら、ジョホール州の起源であるジョホール王国（Sultanate）は、1511年の建国以来、ペドラ・ブランカを含むシンガポール海峡のすべての島を支配しており、ジョホールが権原を喪失したことを示すものは何もないからである。このジョホール王国から引き継いだ権原を、マレーシアは「旧来の（of long standing）原始権原」と呼んだ[26]。

　これに対してシンガポールは、ペドラ・ブランカが1847年以前には無主地であったと応じた。それゆえ、1847年から1851年にかけての灯台建設を通じた占有により、イギリスが合法的に権原を取得でき、その権原がイギリス政府と、その承継者であるシンガポール共和国によって現在まで維持されたと主張した[27]。従って問題は、灯台建設の活動以前に遡ってマレーシアが原始権原の確立を立証できたか、翻って、灯台建設開始後のいずれかの時点で合法的占有（lawful possession）を確立したことをシンガポールが立証できたか、であった[28]。

[2] 裁判所による原始権原の認定

　ICJ は、次のような考察に基づいて、ジョホール王国のペドラ・ブランカに対する原始権原を認定した[29]。

　まず、ジョホールが16世紀初めの建国以来、自らの主権が及ぶ一定の領地（territorial domain）をもつ主権国（sovereign State）の地位を確立していたことに争いはないとした上で、その領地の範囲についての一般的な同時代の理解を示す証拠を検討し、シンガポール海峡と海峡内の

---

26)　*Ibid*, p. 29, paras. 37-38; pp. 31-32, paras. 47-48.

27)　*Ibid*, pp. 29-30, paras. 39-40; pp. 32-33, paras. 49-51.

28)　*Ibid*, p. 30, para. 42.

29)　*Ibid*, pp. 31-37, paras. 52-69.

島々が当該領地に含まれていたことを確認した。次に、ペドラ・ブラン
カが航行上の障害として知られており、未知の島ではなかった以上、ジ
ョホールの一般的な地理的範囲内にある島々の一つとみなされていたと
考えるのは、合理的推論であると指摘した。最後に、「領域主権の継続
的かつ（他国との関係において）平穏な表示」の要件に言及して、ジョ
ホールに競合する主張がなされたことはなく、主権の表示は各事例の個
別の状況に応じてなされればよいので、ジョホールは要件を充足したと
結論した。

　裁判所は続いて、シンガポール海峡を活動範囲としていたオラン・ラ
ウト族と、ジョホール王（Sultan）の間に存在していたとされる忠誠の
結びつきを取り上げ、それを通じて、ジョホールのペドラ・ブランカに
対する原始権原の存在が確認できるとした[30) 31)]。

[3] 評 価

　本件は、非欧州の現地「国家」の「領域支配」が係争地に及んでいる
かという問題を、原始権原の概念を用いて論じた点において、リギタ
ン・シパダン事件判決と軌を一にしている。両事件での原始権原、すな
わち第2の原始権原は、伝統的な第1の原始権原が国際法上の既存国家
によってなされる新たな領域の取得に関わるのとは異なり、国際法上の
国家の成立ないし存在と切り離せない領域、つまり国際法以外の「国際
秩序」の下で確立するに至った「領域」の帰属を、法的に根拠づけるた
めに使われた概念とみなしうる。

　こうした概念の必要性は、裁判所による脱植民地化後の領土帰属判断

---

30)　*Ibid,* pp. 37-39, paras. 70-75.
31)　なお、判決主文で示された帰属判断は、ペドラ・ブランカがシンガポール領、ミドル・ロックスが
　　マレーシア領、低潮高地であるサウス・レッジの帰属は将来の海洋境界画定に応じて決まる、という
　　ものだった。ジョホールがペドラ・ブランカに対して有していた原始権原に基づく領域主権は、19世
　　紀半ば以降、少なくとも1980年までに、シンガポールに移転されたという判断がなされたからであ
　　る。他方、当該移転を生じさせた特別の事情が該当しないミドル・ロックスについては、ジョホール
　　の後継であるマレーシアが原始権原を引き続き保持しているとされた。

116

において、特に強く意識されざるをえなかった。それは、植民地時代に下されたパルマス島事件仲裁判決を想起すると理解しやすい。すなわち、主権の表示アプローチの嚆矢とされる同判決では、伝統的な方式論こそ使用されなかったが、他方で、領域権原論が欧米諸国による取得を規律するルールであることに疑いの余地はなかった。より具体的にいえば、ジョホールに相当するような現地「国家」に領域が帰属するとはみなされず、現地の王と東インド会社との協定は国際法上の国家であるオランダによる主権表示の証拠と捉えられた[32]。しかし、許淑娟が指摘するように[33]、たとえ時際法の原則を援用するとしても、否定されるべき植民地主義をストレートに反映したこのような論理に依拠することは、今日の ICJ にはもはや現実的な選択肢になりえなかっただろう。つまり、第 2 の原始権原概念の導入は、国際社会の変化に領域法を合わせようとする一つの試みだったと考えられる。

　ただし、裁判所が原始権原を認定した方法には疑問点や注意すべき点もある。認定の手順に沿ってみていくと、裁判所が最初に行ったのは、前述の通り、ジョホール王国を「自らの主権が及ぶ一定の領地をもつ主権国（sovereign State）」と位置づけることであった。ところが、その証拠として挙げられたのは、ジョホールを "a sovereign principality"（*supremi principatus*）と表現したグロティウスの著作だけである[34]。グロティウスには、近代的な意味での主権概念は明確なかたちでは存在しないというのが定説であり[35]、ジョホールの建国時には、欧州においてでさえ、主権国家は概念的にも実体としても形成途上にあったことを踏

32) *Island of Palmas Case*, Arbitral Award of 4 April 1928, 2 *RIAA* 831, pp. 858-859.

33) Huh, *supra* n. 2, p. 724.

34) *Pedra Branca Case, supra* n. 25, p. 33, para. 53. このグロティウスの著作の引用は、マレーシアの申述書における引用を受けたものと思われる。ただし、マレーシア申述書の該当箇所には、その引用を受けて、ジョホールを「主権国（sovereign State）」と位置付けるような記述はない。Memorial of Malaysia, Vol. 1, paras. 37-38 （available at http://www.icj-cij.org/files/case-related/130/14139.pdf）.

35) この点につき手に取りやすいものとして、柳原正治『グロティウス』（清水書院、2000年）180-183頁。なお、2020年現在で販売されているのは2014年発行の新装版である。

まえると、特段の限定や説明なしに主権の語を用いた裁判所の態度は、強くいえば非歴史的、少なくとも不用意なものといわれても仕方がない。

次に裁判所が注力したのは、リギタン・シパダン事件判決と同様に、現地「国家」の「領域」の一般的範囲を特定することと、その範囲内に係争地が入っているという合理的推論を引き出すことであった。前者については、東インド会社によるシンガポール海峡内での拿捕行動にジョホール王が抗議した事実に表れたジョホール王の領域認識と、同時代のイギリス官吏の書簡にみられる領域認識の二つが、特定のための根拠として用いられた[36]。他方、後者については、同島が未知の島ではなかったという事実から推論されている。つまり、いずれの段階においても、現地「国家」による係争地に対する現実の領域支配は問われていない。

それでは、判決において最後の手順とされた、「領域主権の継続的かつ（他国との関係において）平穏な表示」の要件をチェックする際に、領域支配の実態に目が向けられるのかというと、少なくとも本件ではそうはならなかった。というのも判決では、主権の表示とみなされうる具体的な行為には一切言及がないにもかかわらず、係争地の状況に応じた表示の要件の充足が認められたからである。

ここで改めて確認すると、「領域主権の継続的かつ（他国との関係において）平穏な表示」というのは、主権の表示アプローチの下で、権原の源であり証拠でもある国家権能の行使を指す表現として定着してきた。国家権能の行使が権原の源と認められるのは、領域主権者としての義務、すなわち国際法が求める最低限の保護を領域内で確保する義務を果たしていることを示すからだとされる[37]。従って、その義務を果たすのに必要な権能行使の程度や態様が、領域の状況によって異なることはあるにしても、当該領域に直接関係する具体的な権能行使の証拠が一切存

---

36) *Pedra Branca Case, supra* n. 25, pp. 33-34, paras. 54-56.
37) 許・前掲注7）75-76頁、同・前掲注8）145-146頁。

在しない、あるいは存在するかどうかを具体的に検討しないというのは
考え難い。ということは、本件裁判所は原始権原を認めるにあたって、
「領域主権の継続的かつ（他国との関係において）平穏な表示」を「要
件」とすることにより、原始権原の認定と従来の取得権原の認定が基本
的には同一である、という外観を整えはしたが、しかし、前者における
適用の内実は、「従来の主権の表示アプローチとは異なるヴァリエーシ
ョン[38]」だったといわざるをえない。

❺ おわりに

　ペドラ・ブランカ事件で用いられた第 2 の原始権原概念は、二つの接
合の結着点となっている。一つは、これまで領域権原論の射程外とされ
てきた、国家の存在と一体化しているような領域に対する領域主権の根
拠の問題と、領域権原論との接合であり、もう一つは、国際法秩序とは
異なる伝統的秩序における、歴史的な領域支配や領域帰属の評価の問題
と、現代国際法における領土帰属判断との接合である。

　ただし裁判所は、非西欧の歴史的な領域支配の正当性を、それが属す
る伝統的秩序の枠組みを用いて評価しようとはしなかった。これは、マ
ンキエ・エクレオ事件において、中世のイングランドとフランスによる
領域支配が、当時の秩序であるノルマン慣習法に照らして詳細に検討さ
れた[39]のとは対照的である。

　その代わりにペドラ・ブランカ判決が行ったのは、「領域主権の継続
的かつ（他国との関係において）平穏な表示」の要件に言及することで、
既存国家による領域の取得の規律と同じ枠組みを用いる形をとりつつ、
領域の一般的範囲の重視という新たな方法を取り入れることで、現地の
伝統的秩序を考慮せず、しかも主権の表示もないままで、領域主権の正
当化根拠、すなわち原始権原の存在を認めることであった。こうした離

38）許・前掲注 8 ）329頁。

39）*Minquiers and Ecrehos Case, supra* n. 10, pp. 60-64, pp. 67-68.

れ業ともいえる認定が可能になった背景として、本件の特殊な地理的状況が功を奏している可能性にも留意すべきであろう。すなわち、狭いシンガポール海峡の両岸の陸地が、ともにジョホール王国に属していたために、海峡内の島に対して競合する主張を行いうる隣接国や対岸国の存在は考慮する必要がなかったという点である。ひるがえって、そうした条件がない場合にも、原始権原を同様の方法で認定することができるのかは、別途、慎重に検討していく必要がある。

　以上のようにみてくると、ICJ がジョホールの原始権原の認定を通じて、原始権原と無主地先占の権原との違いの明確化、および、19世紀における東アジアの領域的状況の明確化につき、確かな貢献を行ったとする肯定的な評価[40]に、手放しで与することは難しい。むしろ第2の原始権原概念は、その適用をめぐっても、領域権原論への理論的インパクトをめぐっても、多くの検討すべき論点を我々に示しつつ、領域権原論の明確化へ向けた一層の努力と貢献を我々に促している。

---

40) Kohen, *supra* n. 2, pp. 170-171.

第9章
公海漁業規制

東京大学教授

西村　弓

❶ はじめに──漁獲の自由から共有資源の管理へ

　かつて海洋は沿岸国の主権下に置かれる狭い領海と「万民共有物」として全ての国家が自由に利用しうる広い公海に二分され、公海においては、公海自由の原則の一環として漁獲の自由が認められていた[1]。漁業資源は無尽蔵であって利用を制限する必要性はないという理解がその背景には存在した。しかし、漁業資源に対する世界的な需要や漁船の漁獲能力が増大するにつれ、公海における漁業資源の枯渇が懸念されるようになる。また、国連海洋法条約（United Nations Convention on the Law of the Sea: UNCLOS）が200カイリの排他的経済水域（Exclusive Economic Zone: EEZ）を導入し、沿岸国に漁業に関する主権的権利を与えたことに伴って、外国EEZでの漁獲を許可されない、あるいは沿岸国による漁業規制を忌避したい遠洋漁業船が公海漁業に進出したことも事態に拍車をかけた。例えば、米国やロシアのEEZに囲まれたベーリング海のいわゆる「ドーナツ・ホール」と呼ばれる公海部分では、漁獲が集中することによって1992年までにスケトウダラが枯渇したとされる[2]。こう

1）そうした理解がそもそも英国沖におけるニシン漁場をめぐる英蘭の見解の対立を背景として成立した経緯及びEEZ制度成立に至るその後の動揺の背景等については、山本草二『国際漁業紛争と法』（玉川大学出版部、1976年）参照。

2）D.A. Balton, "The Bering Sea Doughnut Hole Convention: Regional Solution, Global Implication," O. S. Stokke ed., *Governing High Seas Fisheries: The Interplay of Global and Regional Regimes*（OUP, 2001), pp.144-149.

した「共有地の悲劇」の問題に直面して、今日では、公海漁業は一定の制約の下に行われるべき活動であるとの認識が確立している。では、現代において、公海漁業はどのような新たな規制の下で行われているのだろうか。それら規律はどのような現実を背景に形成され、どのような特徴を持つのだろうか。

❷ 公海漁業規制の基本枠組み

[1] 国連海洋法条約の枠組み

　1982年に採択された国連海洋法条約においては、二つの側面から公海漁業に制約が加えられた。第1に、同条約は、公海における自由は他国の利益に妥当な考慮（due regard）を払って行使せねばならないと規定する（87条2）。同項からは、公海漁業資源の有限性が認識されるに伴って、ある国による漁業活動は他国もまた漁獲の自由を持つことを考慮に入れて相互に調整されなければならないことが導かれる。より具体的には、国連海洋法条約は、公海漁業について次のような規定を置いた。すなわち、同条約上、全ての国は、公海上の生物資源の保存のために必要な措置を自国民について採り、また当該措置を採るに当たって他国と協力する義務を負う（117条）。このため、締約国は、適切な場合には、地域的な漁業管理機関（Regional Fisheries Management Organizations: RFMOs）の設立のために協力することが義務づけられる（118条）。加えて、保存管理措置は、環境上・社会上の要因を含む種々の要素を考慮に入れた上で、資源を枯渇させず持続的な利用を可能にする最大持続生産量（Maximum Sustainable Yield: MSY）に基礎を置くものとされた（119条）。

　第2に、国連海洋法条約においては、沿岸国が生物資源の保存管理について主権的権利を持つ海域として新たに EEZ が導入されたが、EEZ との関係においても公海漁業には制約が課される。EEZ 制度は、一方では、国民経済が漁業資源に依存する沿岸国に、自国の管轄海域における資源を適切に管理し利用する手段を与え、他方では、管理へのインセ

ンティブを持つ沿岸国を通じて漁業資源の持続可能性を図ろうとする。しかし、EEZと公海を分ける人為的な境界を超えて分布する魚種については、ある国が自国のEEZ内での保存管理に努めても、隣接する他国EEZ内や公海で乱獲が行われれば、沿岸国による管理措置は実効性を持ちえない[3]。例えば、スケトウダラ、マサバ、イカ、カレイ等、ある国のEEZと隣接する公海に、あるいは2か国以上のEEZにまたがって分布するストラドリング魚種や、カツオ、マグロ、カジキ、サンマ等のさらに広い大洋を回遊する高度回遊性魚種については、その生息範囲が一国のEEZにとどまらず、（場合によっては複数の）沿岸国や漁業国が協力を行うことが資源の持続可能な利用にとって不可欠となる。

　そこで、国連海洋法条約は、ストラドリング魚種に関して、その保存・管理のために必要な措置につき直接にまたはRFMOsを通じて合意するよう努める義務を沿岸国および漁業国に課した（63条）。また、高度回遊性魚種を漁獲する国は、EEZの内外を問わず関係海域全体において、当該種の保存を確保し、最適な利用を図るため、直接に又は適当なRFMOsを通じて協力すべき旨を規定した（64条）。国連海洋法条約は、海域ごとに沿岸国と海洋利用国の権利・義務を定める海域別アプローチ（zonal approach）を採るが、この問題には同アプローチを貫徹することができず、関係国による調整と合意形成に委ねたのである。

　以上のように、国連海洋法条約は、公海に固有の魚種についても、複数のEEZにまたがり、あるいは公海とEEZを含めて回遊する魚種についても、保存管理に関する基本原則を定めた。もっとも、海洋法条約レベルでの規律は一般的な内容にとどまり、より具体的な規律については関係する国家間で国際機関を設立して協力することが求められている。

3）裁判管轄権が否定され本案段階には進まなかったものの、自国EEZに隣接する公海におけるスペイン漁船による漁獲に対して、カナダが国内法令に基づく取締りを行い両国間の紛争となった漁業管轄権事件において、カナダは外国漁船による公海漁業によって自国EEZにおける保存管理措置の実効性が削がれることを問題としていた。*Fisheries Jurisdiction Case*（Spain v. Canada）, Jurisdiction of the Court, *ICJ Reports 1998*, p.432ff.

図 1　注：（　）は条約発効年（出典：『平成29年度水産白書』105頁）

[2]　地域漁業管理機関

　上記の基本枠組みの下で、現在では、様々な RFMOs が組織されている。例えばマグロ・カツオ類については、五つの RFMOs によって全世界の海洋がカバーされている（**図1**）。また、これら以外にも、地域ごとに RFMOs が設立され、それぞれに保護対象として定めた魚類について保存管理措置を採択している（**図2**）。

　これらの諸機関は、それぞれの設立文書や決定に基づいて、自らの管轄海域において管轄対象魚種の資源評価を行い、その漁獲可能量（Total Allowable Catch: TAC）を決定して、多くの場合は TAC を国別割当の形で加盟国に分配する[4]。また、漁獲量制限の他にも、操業場所、操業期間、漁具、漁法及び漁獲物の大きさ等について制限を設けたり、船舶位置監視装置（Vessel Monitoring System: VMS）による規制海域への漁船の出入域の監視、操業許可漁船のリスト（ポジティブ・リスト）の作成・公表といった措置を採る RFMOs も存在する[5]。

4）もっとも、RFMOs において、個別の魚種に関する保存管理措置の必要性や TAC について合意できないケースもある。例えば、近年、日本の EEZ におけるサンマの水揚げ量の減少が報道され、その一因として、日本の EEZ に回遊する前に、公海上で中国や台湾漁船に漁獲されるサンマの量が増えていることが指摘されている。こうした事態を受けて、2019年開催の北太平洋漁業委員会（NPFC）では、2020年漁期における条約海域のサンマの TAC を33万トンと決定することにこぎつけたが、その前年の会合ではサンマの資源状況は漁獲量規制が必要なほどには低下していないと主張する国もあって、規制措置については合意に至らなかった。なお、日本による調査漁獲がみなみまぐろ条約に反するとして、オーストラリアおよびニュージーランドが日本を相手取って海洋法条約上の紛争解決手続に訴えたみなみまぐろ事件も、みなみまぐろの資源状況について加盟国間で見解が一致せず TAC が合意できない事態を背景として発生していた。RFMOs における保存管理措置の合意にとって、資源動向について共通認識を得ることの重要性がわかる。

図2　注：1）我が国は SPRFMO 及び NEAFC には未加盟
　　　　 2）（　）は条約発効年
（出典：同108頁）

❸ 保存管理措置の履行確保

[1] 問題の所在──IUU 漁業

　しかしながら、こうした努力にも関わらず、「IUU 漁業」と総称され
る、違法（illegal）、無申告（unreported）、無規制（unregulated）な漁業
が、RFMOs による保存管理措置の実効性を削いでいる[6]。これらのう
ち、無規制漁業とは、RFMOs の非加盟国の船舶によってなされ
RFMOs による規律を受けない漁業、あるいは RFMOs の対象外の海
域・魚種について国際法上の生物資源保存のための国家の責務に合致し
ない態様で行われる漁業をいう。RFMOs は条約によって設置される機
関であるから、資源保存のためにどれだけ詳細な規則や仕組みを策定し
たとしても、「条約は第三者を益しも害しもしない」の原則に従い、非
加盟国を旗国とする船舶による漁獲については規制を及ぼすことができ
ない。そもそも実体規範レベルで国際的規律に服する対象船舶が限定さ

5）以下を含め、RFMOs の保存管理措置については、R. Rayfuse, "Regional Fisheries Management
　Organizations," D.R. Rothwell, A.G. Oude Elferink, K.N. Scott and T. Stephens eds., *The Oxford
　Handbook of the Law of the Sea*（OUP, 2015）, pp.448-459参照。
6）IUU 漁業の説明については、FAO, *International Plan of Action to Prevent, Deter and Eliminate
　Illegal, Unreported and Unregulated Fishing*（2001）, pp.2-3を参照。

れていることが、公海漁業管理をめぐる第1の問題である。

　これに対して、違法漁業とは、RFMOs の規制に服するものの、RFMOs の定める規則やそれを実施する加盟国国内法に違反する漁業をいう。そして、無申告漁業とは、漁獲量の RFMOs への正確な申告を怠って行われる漁業をいう。違法操業はもちろんのこと、正確なデータの提供を伴わない無申告漁業は、RFMOs の保存措置の根拠となる科学的統計資料の信頼性を低下させる点において、保存管理措置の効果的な実施を阻害することが問題視されるのである。

　海洋法上、公海における船舶の取締りは、旗国が自国船舶に対して実施することが原則とされており、旗国が執行の意思と能力を欠く場合には、違法・無申告操業の防止や取締りは困難となる。旗国主義に基づく取締りが抱えるこうした限界は、公海秩序の維持に関して海上犯罪の取締りや海洋汚染防止等の他の分野でも問題となっているが、公海漁業管理にとってもまた大きな桎梏となっている。

　このように、公海漁業規制が抱える問題は、RFMOs に加盟せず保存管理措置の適用を受けない漁船の存在と、保存管理措置の実施において旗国主義が果たす役割の限界の二つに分けられる。これらの点を突いて、RFMOs の非加盟国や、自国船に対する管理の意思や能力を欠く国にリフラッギング（船籍変更）を行って規制逃れを図る漁船も存在する[7]。IUU 漁業に対しては、どのような対処が可能なのだろうか。

[2] RFMOs 非加盟船舶に対する規制の拡大

　RFMOs による規制方式が抱える第1の問題——RFMOs の非加盟国船舶に対して規制を義務づけられないこと——に対しては、1995年に採

7）例えば、1980年代以降、スペインやポルトガル国籍者が所有する漁船が、NAFO 規制海域においてパナマ、ベリーズ、シエラレオネあるいはバヌアツ等の NAFO 非加盟国にリフラッギングすることによって、規制逃れをする例が横行したとされる。坂元茂樹「公海漁業の規制と日本の対応——IUU 漁業をめぐって」栗林忠男＝杉原高嶺編『日本における海洋法の主要課題』（有信堂高文社、2010年）275頁。

択された「ストラドリング魚類資源及び高度回遊性魚類資源の保存及び
管理に関する1982年の海洋法に関する国際連合条約の規定の実施のため
の協定」（公海漁業実施協定）が、RFMOs 管理措置への協力を締約国に
義務づけることによって一定の対応を図っている。すなわち、自国船舶
が RFMOs の管轄海域内で漁業に従事する場合には、公海漁業実施協
定締約国は、当該 RFMOs に参加するか、当該 RFMOs が採択する保
存管理措置の自国船舶への適用に同意することとした（8条3）。同条
の下では、参加または同意した締約国の船舶のみが規制対象魚種にアク
セスしうる（同4）。公海漁業実施協定の締約国は、8条を通じて、自
国が加盟していない RFMOs の保存管理措置を受け入れることに同意
したことになるのである。

　公海漁業実施協定8条が定めた仕組みは、各RFMOs において、対象
海域や対象魚種の特性に応じて設けた規律を元に、事後的にその適用範
囲を拡大する方式ということもできる。法的「パッチワーク」状態にあ
る RFMOs の規制内容を、実施協定への合意を通して、形式的には合
意原則から逸脱せず、しかし実質的には個々の規制内容に個別の合意を
与えていない非加盟国に対して一括して及ぼすための工夫がなされてい
ることがわかる[8]。

[3] 非旗国による海上措置

　公海漁業規制が抱える第2の問題は、旗国主義に基づく海上取締りが
必ずしも十分な効果を上げない点にある。この問題に対処するため、国
連食糧農業機関（FAO）は、1993年に「保存及び管理のための国際的措

8）兼原敦子「IUU 漁業の規制にみる海洋法の現代的課題」ジュリスト No.1365（2008年）40-41頁；
R. Rayfuse, "Article 117," A. Proelss ed., *United Nations Convention on the Law of the Sea: A
Commentary* (C.H. Beck, 2017), p.811.この点に関連して、現在行われている国家管轄区域外の生物多
様性（Biodiversity beyond National Jurisdiction: BBNJ）に関する新協定の策定交渉においては、公
海漁業資源について生物多様性の観点から捉え直して新協定による規律対象に含めるかが議論されて
いる。仮に、新協定が包括的に公海漁業資源に対する規律を置こうとした場合、既存の RFMOs に
よる保存管理措置との関係をどのように整理すべきかが問題となろう。

置の公海上の漁船による遵守を促進するための協定（コンプライアンス協定）」を採択した。同協定は、締約国に対し、自国漁船が国際的な保存管理措置の効果を損なう活動を行わないよう管理する義務を課し、また、過去に IUU 漁業に従事した船舶に対しては原則として公海漁業を許可しないこと等を命じて旗国の義務を強化した（3条）。また、FAOが漁業活動に際して留意すべき原則を包括的に纏めた「責任ある漁業の行動規範」（1995年）等においても、保存管理措置実施における旗国の責任が強調されている。これらを受けて、過去に違法操業を行った船舶のリスト（ネガティブ・リスト）を作成し、リスト掲載船舶への船籍付与を加盟国に対して禁ずる RFMOs も存在する[9]。

　しかし、規制実施に消極的な便宜置籍国の存在に加え、実施の意思があったとしても、広い公海の全域に渡って規制を行う技術的・経済的な余裕を持たない国家も存在する。旗国の責任が強調されればされるほど、RFMOs 非加盟国や規制の緩い国への船籍変更が行われ、旗国による管理を通じた保存管理措置の実効性向上には限界がある。

　そこで、公海漁業実施協定は、旗国の管理義務を強調する（18条）傍ら、RFMOs が定める保存管理措置の遵守を確保するため、締約国の検査官が他の締約国を旗国とする漁船に乗船し、これを検査する権限を持つ旨を定めた（21条1）。検査の結果、対象漁船が保存管理措置に違反したと信ずるに足りる明白な根拠がある場合には、検査国は証拠を保全したうえで旗国に違反の容疑を通報する（同5）。漁船が違法操業や漁獲記録の不備等の重大な違反を行っていたと信ずるに足りる明白な根拠があるにも関わらず、旗国が通報に対して回答せず、あるいは何らの措

9）ネガティブ・リストに載った船舶は、船名や旗国を変え、あるいは当該 RFMOs 管轄海域を離れ、他の海域で操業を行うことがある。こうした事態への対処を含め、IUU 漁業に対してそれぞれの管理海域ごとの対応を超えた共同の対処を促進するため、2007年からマグロ関係の RFMOs は合同会合を開催している。合同会合の詳細については、坂元茂樹「地域漁業管理機関の機能拡大が映す国際法の発展—漁業規制から海洋の管理へ」柳井俊二・村瀬信也編『国際法の実践—小松一郎大使追悼』（信山社、2015年）471-475頁。

置も執らない場合には、検査官は乗船を継続し、必要であれば適当な港に移動することを含め、さらなる調査に協力するよう船長に対して要請することができる（同8）。

　同条は、締約国に公海上で他国船舶に対して乗船検査を行う権限を認める一方で、船舶の拿捕や乗組員の逮捕・訴追を行う権利は与えておらず、それらについては検査国から通報を受けた旗国が実施の義務を負う。また、非旗国が措置を開始した後でも旗国が管轄権の行使を始めれば、旗国管轄が優先する（同12）。同条が定める非旗国による乗船検査は、保存管理措置の遵守を確保するための行政的監視を担い、旗国の責任に引き継ぐまでの補完的措置として認められる点に特徴がある[10]。

　公海漁業規制において、TACや国別割当等の保存管理措置の実体的内容はRFMOsが決定するが、RFMOs自体は当該措置を執行する手段を有していない。RFMOs加盟国ないし公海漁業実施協定締約国による実施は、国際的に合意された管理措置を分担して執行するという性格を持つ[11]。国家には自国船舶に公海の自由を行使させる権利が認められることを前提に、当該自由を行使する船舶の行為については、それぞれの旗国が管轄することが旗国主義の本来の趣旨であるならば、国際的な保存管理措置の遵守状況をRFMOsに代わって分担して監視する任務を旗国のみに留保する合理性は必ずしも存在しないのではないだろうか。国際的な保存管理措置の履行をどのような形で確保することが、資源の保存管理にとって実効的かという観点から、旗国と非旗国の間での管轄権の分配を捉え直す可能性が指摘される所以である[12]。

10）兼原・前掲注8）42-43頁。

11）小寺彰「執行管轄権の域外行使と旗国管轄権」山本草二編集代表『海上保安法制——海洋法と国内法の交錯』（三省堂、2009年）193頁。

12）旗国主義の本質及び旗国に留保されるべき管轄権の種類という観点から、公海漁業規制における旗国主義について検討するものとして、兼原敦子「現代公海漁業規制における旗国主義の存立根拠」立教法学75号（2008年）23-66頁。

[4] 寄港国・流通国によるIUU漁獲物の流通阻止措置

　以上のように、RFMOs非加盟国船舶に対する、さらには非旗国による海上での執行措置の可能性が公海漁業実施協定を通じて導入されている。しかし、公海上での監視や乗船検査は、公海の広さを考えれば費用対効果に優れているとはいえず、各国のEEZに隣接する公海域等を除いては必ずしも広く行われる状況にはない。また、公海漁業実施協定の非締約国を旗国とする漁船をコントロールしうるかはなお問題となる。

　そこで、RFMOsの中には、機関が定める保存管理措置に適合しない漁獲を行った外国船舶に対して、寄港や港湾サービスの提供を制限し、漁獲物の陸揚げや転載を禁止することを加盟国に求める例がある。公海漁業実施協定もまた、船舶書類・漁具・漁獲物を検査し、RFMOsの保存措置を害する漁獲物の陸揚げや積替えを拒否する権限を寄港国が持つことを確認している（23条）。さらに、「IUU漁業を防止し、抑止し、及び排除するための寄港国の措置に関する協定（寄港国措置協定）」（2009年）は、締約国に対して、①RFMOsのネガティブ・リストに掲載されている等、IUU漁業従事について十分な証拠がある船舶の入港を拒否すること（9条）、②入港した船舶がIUU漁業に従事したと信ずるに足りる合理的な根拠がある場合には、魚類の陸揚げ、燃料補給等のために当該船舶が港を使用することを拒否すること（11条）、③入港した船舶について、協定が定める基準に従い、かつ十分な数の船舶検査を実施すること（12条）等が義務づけた。公海漁業実施協定では寄港国の権限として確認されていた措置が義務化され、IUU漁業の防止について寄港国もまた責任を負うことが明確化されたのである。

　寄港国による措置は、海上措置に比べてコストを抑えられる上に、寄港国の属地的管轄権の下で採られるため、公海における旗国主義の原則性にとらわれず、また、RFMOsや寄港国措置協定の非締約国船舶をも対象としうるとされる。外国船舶には緊急入域時等を除いて沿岸国の港に入港する権利はなく、沿岸国はいかなる船に入港と港湾サービスの利

用を認めるかについて、少なくとも海洋法上は基本的に自由に条件を設定することができるからである[13]。

　もっとも、寄港国の責任を定めた関連諸協定に加盟していない国については、寄港国措置を採ることは義務づけられない。そのような国の港から陸揚げされた漁獲物については、漁獲物証書制度の導入を通して必要な証書を備えていない漁獲物の取引や輸出入を禁ずることによって、最終消費地への輸出を阻止し、IUU漁獲のインセンティブを削ぐことが考えられる。例えば、南極海洋生物資源保存委員会はメロ（マジェランアイナメ。日本では、銀ダラの代用魚として流通している）について証明書制度を導入し、証明書を備えていないメロの流通を禁じている。漁獲規制の枠内にとどまらず、荷揚げや流通過程を含めたIUU漁業全体に圧力をかけることによって規制の実を上げようとする措置である。

❹ おわりに

　以上にみたように、公海漁業資源の保存管理をめぐっては種々の工夫がなされている。第1に、RFMOs非加盟国についても、公海漁業実施協定の締約国となることによって、RFMOsの保存管理措置に従うことが義務づけられ、規制措置の適用対象が実質的に拡大されている。海域や魚種の特性に対応すべく個別に組織されたRFMOsによってパッチワーク的に形成された保存管理措置を、それぞれのRFMOsに加盟していない国の漁船に対しても一括して及ぼすための工夫である。

---

13) なお、RFMOs非加盟国に対する寄港国や後述の流通国による規制については、GATT等の海洋法外の国際法上の規律との抵触が問題となりえる。例えば、自国EEZに隣接する公海でスペイン漁船が漁獲したメカジキについて、チリが陸揚げ・転載を禁じたことをめぐって、ECは、通過の自由（GATT5条）及び数量制限の禁止（同11条）違反にあたるとして2000年にWTOパネルの設置を要求した（両当事者が合意して事件を取り下げたので、パネル判断は下されていない）。この点については、GATT等に抵触する措置であっても、旗国が負う自国船管理義務の不履行に対する対抗措置として正当化されうるとも指摘されるが（Rayfuse, supra note 8, p.811-812）、対抗措置として正当化するためには、前提として、旗国が先行違法行為を犯したことを認定しうるか——RFMOs・公海漁業実施協定非加盟国である旗国が、国連海洋法条約の一般規定によってどこまでの具体的な国際法上の義務を負うのか——が問題となる。

第2に、RFMOsへの加盟ないし公海漁業実施協定の締結によって保存管理措置下に置かれた国の漁船については、本来旗国が措置の実施を確保する責任を負うが、旗国による執行が十分に行われない現実に対応すべく、いくつかのRFMOsや公海漁業実施協定においては、非旗国による乗船検査が認められるに至っている。検査の結果、IUU漁業の疑いが確認されれば、旗国による訴追が予定され、非旗国による検査は、旗国に執行・訴追権限を残しつつその実施を補完する役割を担う。

　第3に、旗国によるものであれ、非旗国によるものであれ、海上における IUU漁船の取締りは公海の広さを考えれば実効性に乏しく、また、RFMOsにも公海漁業実施協定にも加盟していない国の漁船も存在する。そうした状況下においても規制措置の実効性を向上させるために、漁獲物はいずれ荷揚げ・販売されることに着目した寄港国措置が採られている。漁業活動の一連のプロセスを捉え、寄港国がIUU漁業船の入港の禁止、漁獲物の陸揚げや転載の禁止の措置を採ることによって、IUU漁業に従事する者が利益を得ることを困難にする工夫である。

　第4に、仮にそうした規制を行わない「便宜寄港国（port of convenience）」を選んで陸揚げがなされた場合であっても、漁獲物が消費地に向けて輸出されるのであれば、正規の漁獲証明書が添付されていないIUU漁獲物の輸出入を禁ずることによって、流通過程においてIUU漁業が利益をあげることを阻止する道が残されている。

　こうした一連の措置は、IUU漁業の現実を追いながら保存管理措置の実効性を高めることを目的に導入されてきた。その基盤としては、第1に、万民共有物としての公海の性格及び資源の有限性に関する認識に基づいて、国連海洋法条約ないし一般国際法のレベルにおいても公海漁業における調整や相互協力が求められていることが挙げられる。専門技術上の知見の進展に合わせ、時宜に適った規制を行うために、改正に時間を要する条約に具体的規律内容を書き込むのではなく、条約外で発展する基準の適用を指示する形で条約目的の実現が図られる例は他にもあ

るが[14]、そうした例においては、多くの場合、条約外での基準策定にも条約当事国が関与している。これに対して、公海漁業実施協定がRFMOs 非加盟国に対して RFMOs 保存管理措置を実質的に義務づける場合、国家は自国が関与しないフォーラムで作成された基準の遵守を求められることになる。こうした仕組みは、個々の魚種に関する具体的な規律は RFMOs における決定によるとしても、公海漁業に従事する国家は資源の保存管理について相互に調整と協力を行う義務を負うという一般原則が RFMOs 非加盟国も含めて諸国の間で共有されていることを背景として導入されたと考えられる。

　第2に、非旗国による公海上の乗船検査との関係では、保護すべき利益の性質に応じて公海秩序をどのような分担によって実現すべきかが問われ、旗国主義の原則性が相対化される可能性があることが示唆される。かつて公海漁業資源が各国の自由な権利行使の対象とされていた時代には、非旗国によるコントロールは想定されえなかった。公海漁業資源の保存管理が共通利益性を帯び RFMOs を通じた国際的管理下に置かれることによって、その実現に非旗国が関与する仕組みが導入された。公海自由原則の具体的内容や条件、及び旗国主義の原則性は、公海の利用形態と保護されるべき利益の性質に応じて多様でありえるのである。

---

14) 例えば、「使用済燃料管理及び放射性廃棄物管理の安全に関する条約」4条は、「国際的に認められた基準」に従って放射性廃棄物管理を行うことを締約国に義務づける。ここでの国際的基準とは国際原子力機関（IAEA）で作成・改定される種々の基準を指す。

第10章
宇宙の商業利用

慶應義塾大学教授
青木節子

IIIIIIIIIIIIIIIIIIIIIIIIIIIIIIIIIIIIIIIIIIIIIIIIIIIIIIIIIII

❶ はじめに──考察の範囲

　宇宙利用も開始以来60年以上経過し、民間部門の活動も完全に定着した。20世紀においては、1970年代に通信・放送衛星の運用、1980年代以降、ロケット打上げサービスが産業として確立した。リモートセンシング衛星の画像販売は、顧客が安全保障関連省庁など政府中心で市場としては伸び悩みが続き、最大の宇宙産業規模を誇る米国でも、20世紀中は、研究・開発目的以外のリモートセンシング衛星の開発、製造、運用を完全に民営化する試みは成功しなかった[1]。20世紀末になると、米空軍が無償で提供する GPS 信号など、測位航法調時（PNT）衛星からのデータを使用して、精確な位置（カーナビ、精密地図作成）や時刻（高頻度市場取引等）を武器とする産業が生み出されていった。

　21世紀に入ると、宇宙技術が発展・普及して安価になったこともあり、宇宙の商業利用は飛躍的に発達した。米国を中心とする宇宙先進国の民間企業は、ロケットに加え自前の射場を国内外に保有するようになり、従来は国家が独占していた月や火星への探査にも乗り出すようになった。また、数百機から数千機にものぼる膨大な数の小型衛星を群（コンステレーション）として運用し、全世界向けの通信やリモートセンシ

1）実用リモートセンシング衛星の完全民営化に向けた3段階の行程を規定する陸域リモートセンシング商業化法（P.L. 98-365〔1984年〕）の履行はその第1段階で挫折し、当面は完全民営化を断念する陸域リモートセンシング政策法（P.L. 102-555〔1992年〕）により改廃された。

ングを行う計画を実施しつつある。中小企業や大学も20世紀にはスパイ衛星として利用されていた分解能１メートル程度のリモートセンシング衛星を製造および／または運用するようになった。

　上記の民間企業の活動の拡大は、企業の許可・監督のための新たな国内法を必要とすることにはつながっても、通常は、現行国際宇宙法の変更や新たな法の創造を即座に必要とするものではない[2]。しかし、新たな宇宙産業として構想され、実験されている活動の中には、現行国際宇宙法では必ずしも対応が可能ではないと考えられるものもある。たとえば、宇宙からのデータが蓄積されると、それらを地上のビッグデータと組み合わせ、いっそう高度な情報を生産する産業が生まれる。最近では、投資者向けに世界各地の石油備蓄情報を宇宙から観測したデータをもとに提供するという宇宙ビジネスも始まった。このような大量データの混合と高度な情報処理による知見の獲得は、もはや宇宙産業という分類には当てはまらない部分もあり、国際宇宙法のみによる規律は不可能であろう。しかし、知的財産法、プライバシーなど人権法、安全保障関連法などの地上の法により新たな問題が生じた場合の解決が可能であり、あえて国際宇宙法の形成を考える必要はないともいえる。

　他方、現行国際宇宙法の不明瞭を解釈により明確にすることや新たな法形成が求められる新ビジネス構想も存在する。その代表例が①宇宙資源の採掘、輸送、売買など宇宙資源活動、ならびに②スペースデブリの除去、衛星への燃料補給・修理など軌道上の宇宙物体に働きかける新しい類型の活動である。前者は、採掘のための探査が緒に就いたばかりであり、後者は実証実験段階にあるが、すでにそれぞれの活動が抱える法的問題点の考察が開始されている。そこで、本章は、以下❷で①の、❸で②の活動の現行国際宇宙法上の位置づけと必要な法規則について考察する。

2）現在、米欧を中心に約20か国が私人の宇宙活動に許可・監督を行う正式の国内法を有する。

なお、本章では、宇宙活動を、①宇宙物体を地球上（地上、海上、空中）から打ち上げ、②宇宙空間（天体を含む）で運用し、③地上局との電磁波のやりとりで地上局が生データを受信すること、④意図的に地球上に宇宙物体を帰還させること、と定義し、生データを解析し、または他の知見を混合して価値を付加した情報を創出することは加えない。

❷ 宇宙資源の採掘・売買ビジネスの法的問題点

[1] 国内法による所有権確認、許可・監督制度

　2010年代の初めから小惑星の金属資源や月の水の成分を採掘し、宇宙空間や地球上で売買するビジネスが構想されるようになったが、国際宇宙法の観点から問題視されるようになった契機は、2015年に米国が「宇宙資源探査利用法」[3] を制定したことである。同法は、米国が拘束される国際法に合致する形で米国市民が獲得した小惑星資源または宇宙資源について、「占有し、所有し、輸送し、使用し、売却する（possess, own, transport, use, and sell）権利を有する（shall be entitled）」[4] と規定する。もっとも米国法は、自国市民が、小惑星資源・宇宙資源の開発・採掘等を行うための許可要件や活動の監督の内容などは定めてはいない。2015年法に基づいて、行政府が議会に対して許可・監督の具体的規定を検討するように要請したことに対しては、議会は、現在も応えていない[5]。

　商業打ち上げ、リモートセンシング衛星運用等個々の宇宙活動について詳細な許可・監督制度を規定するのが米国法の流儀であるが、いまだ資源を採掘すべき対象天体も定まっていない段階の構想であることから、宇宙資源採掘については、産業界の要請に応えて、予見可能性向上

3）米国商業宇宙打上げ競争力法（CSLCA）4編に収録される。P.L.114-90, 25 November 2015, title 4. その実質的部分は、51 USC. §§50301-50303に収録された。

4）CSLCA. §402; 51 USC. §50303.

5）51 USC. §51302 (b); Office of Science and Technology Policy (OSTP), *Report on on-orbit authority, as required by the Commercial Space Launch Competitiveness Act* (4 April 2016), esp. pp. 6-7.

による産業振興策として採掘後の米国市民の所有権の確認を行ったに過ぎないという側面が強いといえるだろう。

　それに対してルクセンブルクの宇宙資源探査利用法（2017年）は、宇宙資源の取得が適法であると規定し（１条）、かつ、申請者（国籍を問わない）の申請内容が同法の要件に合致する場合に宇宙資源の探査・利用許可が付与される旨を規定する[6]。

[2] 宇宙資源の所有についての現行国際宇宙法

　すべての主要な宇宙活動国が加盟する宇宙条約は、月その他の天体を含む宇宙空間について、いかなる手段によっても「国家による取得」[7]は禁止される旨を規定しており（２条）、領有が禁止されていることは明確である。しかし、宇宙条約では、宇宙に賦存する天然資源に関する言及はなく、資源採掘が「月その他の天体を含む宇宙空間の探査及び利用」（以下「宇宙の探査・利用」）の自由に含まれる（同１条）か否かは不明瞭である[8]。国際法は禁止規範であり、禁止されないことは基本的に合法の推定がかかるという理解に基づき、米国は、自国が拘束される国際法上の義務に従って採掘された資源についての所有権を認めた。宇宙条約が規定する以下のルールを含む国際法に従って自国市民が資源開発・採掘、所有等を行うことは自由である、という趣旨である。（下記の①-⑦は主要なルールであり、ルール全体を網羅したものではない）

　①「すべての国の利益のために」行われること（１条）
　②「国際連合憲章を含む国際法に従って」行われること（３条）
　③天体においては、軍事的な性質を帯びる活動は禁止され、宇宙空間

においては大量破壊兵器を配置することが禁止されること（4条）

④他国の対応する利益に妥当な考慮を払って宇宙活動を行うこと（9条1文）

⑤宇宙環境保護（宇宙空間の有害な汚染回避、他国の活動に対する潜在的に有害な干渉回避、当該他国との協議義務）（9条2-4文）

⑥地球外物質の地球への持ち込みによる地球環境の悪化を回避すること（9条2文）

⑦実行可能な最大限度までの国連事務総長、国際社会に対する情報提供（11条）

　上記規則については、国家実行もほとんど存在しない現状、どのような態様の資源開発・採掘行為が国際法に合致するかは不明確にならざるを得ない。「すべての国の利益のために」行われる宇宙の探査・利用という宇宙条約の条件に、そもそも国家や私企業の自由な経済開発としての宇宙資源開発、採掘、所有、売買などは含まれないと主張する国もある[9]。

　月協定（1979年）では、宇宙資源開発の条件は明確である。月協定の適用上、「月」には、太陽系のすべての天体に加えて当該天体周回軌道等の空間部分も含まれる（1条1-2）。そして、「月」およびその天然資源は「人類の共同財産」であり、国家も私人も所有することは許容されないと規定し（11条1-3）、自由競争に基づく月の天然資源の開発を禁止する。月の天然資源開発は、将来設置する国際レジームによって行われ、開発により得られる利益は、開発途上国の利益・必要ならびに先行投資国の努力に特別の考慮を払いつつ、公平に分配すると規定される（同5-8）。月協定の加盟国は2019年現在、18か国に過ぎず、主要な宇宙活動国は1国も含まれないので、少なくとも現状では、月協定は、宇宙資源採掘の条件や利益分配の指針とはなり得ない。

9）*See, e.g.,* A/AC.105/C.2/2017/CRP.19（28 March 2017）.

［3］　国連内外での国際法発見、形成の努力

　禁止されない限り、自由な活動が許容される、とは考えず、関連する国際宇宙法、国際法を検討し、法解釈により、宇宙資源の開発・採掘条件を明確化する努力を国際協力により行わなければならない、とする見解も有力である。さらに、現行法の法解釈を超えて、宇宙資源の開発・採掘についての新たな法規則や枠組・制度を多国間交渉で作り上げるべきであるという考え方もある[10]。

　現在、直接にそのような作業は行われてはいないが、2017年以来、国連宇宙空間平和利用委員会（COPUOS）の法律小委員会（法小委）で、「宇宙資源の探査、開発、利用活動の潜在的な法的モデルについての一般的意見交換」と題する議論が行われている。国際法は禁止規範であるのか許容規範であるのか、という点の根本的な対立を前提としつつ、少なくとも現行国際法を明らかにする試みや意見交換は否定されていない。また、国連外では、2015年に発足した民間有識者と個人資格で参加する政府職員等で構成される「ハーグ国際宇宙資源ガバナンス作業部会」が将来の宇宙資源活動枠組の形成も視野に入れて、現行国際宇宙法を前提にしつつ、必要なルールを探る作業を行っている[11]。

　宇宙資源探査から開発、採掘に向けた活動は緒に就いたばかりである。そのため、明確な禁止規定が存在しない場合に国内法に基づく活動が適法となるのか、現行国際法の明確化を目指す中で新たな枠組を作り上げていくことになるのか、現状からは、評価をすることは困難である。

❸　新たな軌道上ビジネスの法的問題点

［1］　実験段階にある新たな軌道上ビジネス

　衛星を打上げた場合、その衛星を所定の軌道に投入した後、ロケット

10）小塚＝佐藤・前掲注7）279-280頁。
11）*See, e.g.,* A/AC.105/C.2/2018/CRP.18（12 April 2018）.

の一部──軌道投入段、上段などとよぶ──は、宇宙空間に放出され、宇宙ゴミ（以下、「スペースデブリ」または「デブリ」）として地球を周回し続ける。低軌道（約2,000キロメートル以下）の場合には、徐々に軌道を下げ、大気圏内に落下して燃え尽きるか、または、海上などに破片が降下する。軌道で運用される衛星も一定期間後、機能を失いデブリとなる。デブリとなった衛星は、次第に所定の軌道を維持して航行することが困難となるが、地球周回を続ける。単に周回するだけでも現在機能している衛星の安全な運用にとっての障害となるが、場合によっては、過充電から突然破砕して多くのデブリを放出し、そのデブリ同士が衝突して、指数関数的に微小デブリを増やしていく。現在、2,000機程度の衛星が機能しているとされるが、それは、軌道に存在する宇宙物体の約5％程度で、95％はデブリと試算される。そして、ますます宇宙活動がさかんになるため、国際的な努力にもかかわらず、デブリの増加を止めることはほぼ不可能である。

　そこで、2010年代に入る頃から新しい産業構想として、積極的デブリ除去（ADR）が出現し、これまでも小規模な要素実験が実施されてきた。本格的な実験も行われた。2018年6月には、国際宇宙ステーション（ISS）の日本モジュール「きぼう」から米企業の所有する衛星放出機構を用いて、英国企業SSTL社のRemoveDEBRIS実証実験用親衛星が放出された。親衛星は除去実験の対象となる2機の標的衛星とさまざまなデブリ除去機器を搭載し、約半年間かけて網、レーザー測距装置、銛式捕獲装置、減速技術を用いるという4種類の方法で2機の標的衛星を除去する実験を成功させた[12]。日本のアストロスケール社も、2020年に宇宙での実証実験を行う予定である。

　ADR構想にやや遅れて、多くの衛星を次々に打ち上げることなく、衛星に燃料補給や修理を施して長く使用する軌道上サービス（OOS）計

---

12) *See*, e. g., https://www.sstl.co.uk/space-portfolio/launched-missions/2010-2020/removedebris-launched-2018.

画も発表された。2018年には、大手衛星運用企業との契約も締結され、2019、2020年にそれぞれミッション延長機器（MEV）の軌道上実験が計画されている。OOS は特に、高度約3万6,000キロメートルの静止軌道——地球の自転と同期するために、同軌道に配置した衛星は、地上からは一点に留まっているように見える——で運用する大型の衛星に対して計画されている。OOS の主要な目的は、高額な打上げサービスや大型衛星製造のコストを低減させることであり、ADR のように必ずしも宇宙環境保護・保全を直接の目的とするものではないが、デブリの減少につながる活動である。以下、ADR と OOS の法的課題と可能な解決方法を検討する。OOS は基本的に ADR と同一の国際宇宙法上の問題点を含むので、ADR を題材として論じ、OOS については特には言及しない。

[2]　登録をめぐる現行国際宇宙法

　宇宙空間はいずれの国の管轄権の下にもなく、「宇宙物体」に管轄権を有する国がその宇宙物体およびその内部の乗員に対して自国法を適用する、という方式での秩序形成がなされている。公海を航行する船舶に対して旗国のみが管轄権を行使するという方式に近いが、宇宙物体は国籍が付与されていない点が顕著な相違である。

　国連宇宙諸条約の「宇宙物体」定義は、「『宇宙物体』には、宇宙物体の構成部分並びに宇宙物体の打上げ機及びその部品を含む」というものである[13]。不完全な定義ではあるが、一般に「宇宙物体」は、衛星、探査機などの宇宙機やその打上げロケットを中心に、①地球上で製造され（人工物）、②宇宙空間に投入され運用されるものを指す（投入に失敗した物体を含む）、と解されている[14]。スペースデブリは、①、②の二つの要素を満たすため、通説では宇宙物体に含まれる。本章もその立場をとる。

---

13) 宇宙損害責任条約（1972年）1条（d）、宇宙物体登録条約（1975年）1条（b）。
14) *See*, e.g., Bin Cheng, *Studies in International Space Law* (Clarendon Press, 1997), pp.463-464.

現行国際宇宙法は、衛星等宇宙物体を打上げた国（共同打上げにおいてはそのうちの１国）が当該物体を登録し、その物体に管轄権・管理を行使するという方式で、国の権利義務を設定する[15]。登録には、国内登録と国連登録があり、管轄権・管理の契機となるのは、前者のみであり、国連登録は当該物体が運用される軌道情報やその機能を対世的に示す機能をもつに過ぎないとされる。しかし、国内登録簿は多くの場合閲覧が容易ではなく、一般的には、国連事務総長が保管し公開する国連登録簿により、衛星の登録状況が判明する。2019年１月１日現在、国内登録を規定する宇宙条約（８条）には109か国、国連登録の条件や内容を規定する宇宙物体登録条約には69か国が加盟しており、主要な宇宙活動国はほぼすべて双方の条約の当事国である[16]。また、宇宙物体登録条約の当事国以外の国は、国連総会決議1721B（1961年）に従う国連登録制度を利用する。したがって、現在では、国内登録と国連登録は実質的には連動しており、国連登録をした国をもって登録国とみなす方が合理的であろう。

　現在は、国連登録簿に登録すべき宇宙物体は衛星のみではなく、ロケットの軌道投入段であっても「地球を回る軌道に又は地球を回る軌道の外に打ち上げられた」（宇宙物体登録条約２条１）場合には、登録すべき宇宙物体である、と解されている。条約交渉時には、軌道投入段の登録は義務とは考えられていなかったという説もあり、20世紀中、軌道投入段の国連登録について各国の実行は統一されていなかったが、2007年に採択された国連総会決議「国および政府間国際組織の宇宙物体登録における実行向上に関する勧告」（「宇宙物体登録向上勧告」）で、「それぞれの宇宙物体は個別に登録される」べきであることが確認された（３項(c)）[17]。軌道投入段というデブリの除去活動を考える上でこの点は重要である。

15）宇宙条約（1967年）８条。宇宙物体登録条約２条。
16）A/AC.105/C.2/2019/CRP.3（4 April 2019），p.10.

[3] ADR、OOS における問題点と現行法上可能な措置

　ビジネスとして ADR を行う場合、ADR 事業者は標的とすべき宇宙物体——衛星や軌道投入段——の所有者との間で契約を締結し、除去作業を行うこととなるであろう。しかし、ADR 行為を適法に行うためには、当該宇宙物体に管轄権・管理の権限を有する登録国の事前の同意を得ることが不可欠である。宇宙条約には管轄権・管理の終期についての規定がないため、衛星がデブリとなり、すでに地上からの管制、すなわち物理的に「管理」が不可能となっていても、管轄権・管理は登録国が保持する（retain）と解される[18]。宇宙条約上、管理の権限は管轄権に含まれると解され、管轄権と管理を分離して考えることに実益はない。そこで、本稿でも管轄権と「管轄権及び管理の権限」を同義に扱う。

　宇宙物体登録条約は、登録された物体が軌道上に存在しなくなったときには、実行可能な最大限度、かつ可能な限り迅速に国連事務総長にその旨を通報することを登録国に義務づけ（4条3）、また、国連登録した宇宙物体については、随時追加情報を国連事務総長に提供することができると規定する（同2）。したがって、COPUOS スペースデブリ低減ガイドライン（2007年）に従うデオービット措置等により、当該デブリが大気圏内に再突入した場合は通報義務があり、また、自国が登録した衛星が破砕した場合や他の（機能する）衛星やデブリと衝突した場合などは通報する義務はないが、通報することが望ましい、ということになる。

　円滑な通報のためにも、ADR 事業者と標的衛星登録国の協力は欠かせず、標的衛星所有者が衛星登録国からデブリ除去の合意を得ることを契約の前提条件とすることを国家が確保するよう、国連総会決議の形態で努力義務とすべきかもしれない。しかし、実質的には、以下の理由に

---

17) A/RES/62/101（17 December 2007）. 現状、打上げサービスを提供した国がロケットの軌道投入段を登録し、軌道に配置された衛星の所有国は、衛星を登録する場合が多い。

18) *See*, e.g., Stephan Hove, et al.（ed）, *Cologne Commentary on Space Law*, Vol. I（Carl Heymanns Verlag, 2009）, pp.157-158.

より、それは困難な場合が少なくない。

　登録国は１国しか存在しないので、宇宙物体の所有者が必ず登録国の
ADR 行為の同意を得ることは一見、それほど困難ではない。しかし、
登録国が不明な場合が少なくないことが問題である。2004年の時点で３
割以上の衛星が国連登録はなされていなかった[19]。企業（多国籍企業を
含む）が外国の打ち上げサービスを利用したため、その国籍国が管轄権
行使の意欲をもたない場合や、打上げ事実自体を了知していない場合な
どは、国連登録がなされず、登録国が存在していないことも推測され
る。

　登録義務を有するのは、宇宙物体の打上げ国であり、打上げ国が複数
ある場合は共同で登録する１国を選択する[20]が、上記の場合など、そも
そも自国が登録国候補としての打上げ国であると考えているのかどうか
が不明な場合もあると推測される。「打上げ国」とは、「ⅰ）宇宙物体の
打上げを行い、又は行わせる（procuring）国；ⅱ）宇宙物体が、その領
域又は施設から打ち上げられる国」（宇宙損害責任条約１条（c）；宇宙物
体登録条約１条（a））と定義されるが、そのうち打上げを行わせる国の
範囲は明確というわけではない。条約採択時には、政府が公式に他国に
委託して自国衛星を軌道に乗せる場合を考慮していた。宇宙の商業利用
がさかんになってからの国家実行を調べると、自国籍企業が宇宙物体の
打上げを調達する（procure）ときには、その国籍国は自国を打上げ国
とみなし、登録する場合が多いが、政府が実質的に関与していないとし
て登録しないこともある。また、外国領域からの打上げについて企業の
国籍国が知り得ない場合もある。このような状況に鑑みて、既述のよう
に2007年の宇宙物体登録向上勧告で、宇宙物体の登録やそれに準じる情
報提供の意義を強調し、また、2019年６月に COPUOS 本委員会で採択
された「宇宙活動に関する長期持続可能性（LTS）ガイドライン」で

19）A/AC.105/C.2/2005/CRP.10,（14 April 2005）, pp.1-2.

20）宇宙条約８条。宇宙物体登録条約２条２。

144

も、宇宙物体登録の実行強化を規定する（A.5）。

　この問題の解決策としては、国が自国企業の外国領域／施設からの打上げを了知し得るように打上げや衛星管理の許認可制度を国内法で整備すること、また、多国籍企業や多国間の大学研究者の協力による打上げの場合などは、打上げの事実を COPUOS に集積できるよう宇宙物体登録向上勧告、LTS ガイドラインその他の透明化措置を駆使することが考えられる。関与する主体が明確になり、国内法が整備されていれば、宇宙物体登録がなされない場合でも、「宇宙空間における自国の活動」に対する国の国際的責任（宇宙条約6条）に基づき、標的衛星運用者の計画に対する監督もなし得るからである。

　ADR に失敗して標的衛星を破壊した場合、また、標的衛星または ADR 衛星が第三国の衛星に衝突して損害を与える場合など、事業者と顧客の民事上の責任関係とは別に、公法上は打上げ国の賠償責任が問われる。宇宙損害責任条約では、宇宙空間で宇宙物体が他の宇宙物体に対して過失により損害を与えた場合には、損害を与えた宇宙物体の打上げ国が損害を受けた宇宙物体の打上げ国に対して賠償責任を負う、という仕組みになっており、共同打上げの場合には登録とは関わりなく、連帯賠償責任を負う（3条）。連帯責任は、玉突き方式に他国の宇宙物体に損害が拡大したときにも適用されるので（4条）、ADR の実施に当たっては、登録国のみならず関係打上げ国すべてから同意を得ておくことが望ましい。登録国は、多くの場合、衛星運用企業の国籍国であると考えられ、打上げ国の中でも ADR に最も利害関係が深いといえる。それが打上げ国間の連帯賠償責任に反映するような合意を事前に打上げ国間で締結することができれば ADR 産業の発達を法的側面から助けるだろう。十分活用されてはいないが、宇宙損害責任条約には共同打上げの参加国は、金銭債務の分担につき別途取極を締結することができる旨が規定されており（5条2）、第三者賠償を契約者間だけではなく公法上の次元で準備しておくことが可能である。そのためには、自国の標的衛星

運用者に求償する仕組みを国内法で用意しておくことも必要となろう。

❹ おわりに

　以上、宇宙資源採掘・所有と ADR/OOS という新たな宇宙ビジネス候補についての法的課題と後者については解決の方式も記述した。両者に通底する根本的な問題は、国際宇宙法がいまだ形成過程にあり、法が実質的に欠缺している部分が少なくない、ということである。それでも、ADR/OOS については、国連宇宙諸条約上の技術的な制度の改善により安全で安定的な宇宙活動は担保できる側面が少なくない。COPUOS でのガイドライン作成や了解事項作成を通じて、予見可能性のある ADR/OOS 合意モデルを作成していくことが望まれる。また、宇宙資源採掘も ADR/OOS も、天体や宇宙物体に対する干渉行為と言い得るので、敵対的な意図が推察された場合、武力による威嚇、または武力行使とまでも判断されかねない局面があるだろう。したがって、総合的な宇宙安全保障、宇宙秩序作りの中で、新しい宇宙産業のための法制度も考えていく必要があるであろう。その観点からも2019年6月にCOPUOS で採択された LTS ガイドラインの今後の履行と新たなルールづくりが注目される。

第11章
国際刑事裁判所の展開
—— 正義の危機？

金沢大学教授

稲角光恵

❶ はじめに——捜査対象事態の関係国からの反発

　国際刑事裁判所（International Criminal Court、以下 ICC）は国際社会全体の関心事である最も重大な犯罪を犯した個人を処罰する国際的な刑事裁判機関である[1]。ICC は国際社会における「法の支配」と正義を象徴し、国際社会の組織化の進化を示す存在と考えられる。しかし昨今、ICC に非協力的であるのみならず妨害を試みる国がある。ICC はその実効性のみならず正統性をも損ないかねない諸国からの反発に直面している。ICC が存続の危機とも危惧される諸国の動向例を見てみよう。

[1] アフリカからの反発とアジア・アフリカの国の脱退

　ICC 設立後から ICC の取扱い事件がアフリカ大陸に集中していた時期が長く続いたことと、特にアフリカ諸国の高官を訴追対象としていたことに不満を持ち、ICC がアフリカへの偏見に基づく選択的正義や「新植民地主義」の下で活動していると批判し、反 ICC の態度をとる国がある。これらアフリカの一部の国々からの働きかけを受け、地域的国際

1）ICC については以下のような文献がある。「特集・国際刑事裁判所の設立」ジュリスト1146号（1998年）、「特集・国際刑事裁判所」国際法外交雑誌98巻5号（1999年）、「特集・国際刑事裁判所の将来と日本の課題」法律時報第981号（2007年）、村瀬信也＝洪恵子編『国際刑事裁判所——もっとも重大な犯罪を裁く〔第2版〕』（東信堂、2014年）、「特集・国際刑事裁判所『侵略犯罪』関連規定への日本の対応」国際法外交雑誌114巻2号（2015年）、「特集・国際刑事法の現在」法律時報1129号（2018年）。

機構であるアフリカ連合（African Union）は ICC に協力しないことや ICC からの脱退を呼びかける決議を幾度か採択している[2]。スーダンのバシール（Ahmed al-Bashir）大統領を被疑者として ICC が2009年と2010年に発した逮捕状も諸国が協力しない状況が続き、2019年のクーデターによりバシール氏が権力の座から退いた後も ICC への身柄移送は行われていない。さらにアフリカ連合は自らの組織内に国際刑事裁判管轄権を有する裁判制度の新設を2014年に決定した[3]。アフリカ国際刑事裁判所とも称される新組織はアフリカ連合加盟国の国家元首等の特権免除の絶対性を原則として掲げているが、条約未発効のため未設立である。

　また、ICC から捜査対象とされたことへの反発を ICC の基本条約からの脱退という行動で示す国もある。ICC 締約国であったブルンジは、ブルンジが関連する事件について2017年に ICC 検察官が職権により捜査開始を決定した後、同年10月に脱退した。同様にフィリピンも、ドゥテルテ大統領の下で行われた麻薬犯罪取締中の人権侵害疑惑について ICC が捜査対象とすると報じられた後、2019年３月に脱退した。

[2] アメリカからの圧力

　特に注目されたのが米国による ICC に対する妨害行為である。米国は後述の98条協定の締結のように ICC の裁判を回避する事前手段を尽くしていたが、具体的な事件が ICC 捜査対象とされた時点で反発を強めた。米軍関係者による拷問の疑惑を含むアフガニスタンでの事件を ICC 検察官が職権により捜査開始を検討し始めた後、当時国家安全保障担当であったボルトン（John Bolton）米国大統領補佐官は ICC の正統性を否定するとともに、ICC による不当な訴追から自国民及び同盟国市民を守るために必要ないかなる手段も米国は用いると発言した。ボルトン

2）稲角光恵「国際刑事裁判所（ICC）とアフリカ諸国との確執」金沢法学第56巻２号（2014年）参照。
3）稲角光恵「アフリカ連合（AU）のアフリカ国際刑事裁判所の概要と特徴」金沢法学第59巻１号（2016年）参照。

氏は、米国がICCにいかなる協力も支援もしない意向を示し、「我々にとってICCはすでに死んでいる」と演説で述べたのであった。また、ポンペイオ（Mike Pompeo）米国国務長官は米国人の捜査に関係するICC職員に対してのビザ発行を制限する旨の発言を行い、実際に2019年4月4日にICCのベンソーダ（Fatou Bensouda）首席検察官に対するビザの発行を停止するとともに更なる措置を示唆した。

　このようにICCに対して圧力がかけられる中、アフガニスタンにおいて米軍により拷問が行われた証拠があるとベンソーダ首席検察官は捜査続行を望んだのであったが、2019年4月12日、ICC予審裁判部は「裁判の利益（interest of justice）に合致しない」としてアフガニスタンの事態の捜査継続を否定する決断を行った[4]。予審裁判部は、被疑事実が2002年以降と随分前であることから十分な証拠が得られるか疑問であり、特に関係各所からの協力が得られる見込みがないことからも捜査に費やす努力と予算に見合った成功が得られない蓋然性が高いことへの懸念を述べ、捜査は裁判の利益に資さないと判断したのである。しかし予審裁判部はICC規程53条の「裁判の利益」を論拠としたが、同条文は検察官が捜査開始是非を判断する上での検討事項に関する条文であり[5]、予審裁判部が捜査許可是非を判断する基準を定めた条文ではないため根拠条文の妥当性に疑問が残る。トランプ大統領がツイッターで「すべての愛国者の勝利だ」とICCに対する勝利宣言を行ったのに対して、人権NGOからは司法が大国からの圧力に屈して被害者達を見捨てた悲劇だと批判があがった。一見すると国際政治の「力の支配」が「法の支配」を上回り国際社会を席巻する時代になったとも見える。

---

4) International Criminal Court, Situation in the Islamic Republic of Afghanistan, ICC-02/17, *Decision Pursuant to Article 15 of the Statute on the Authorisation of an Investigation into the Situation in the Islamic Republic of Afghanistan*（12 April 2019）.

5) ICC検察局は2007年に公表した「裁判の利益に関する政策文書」で、53条1項（c）及び2項（c）に基づき裁判の利益に資するものでないとして捜査開始を否定する検察官の裁量行使は例外的な性質であることを述べている。Office of the Prosecutor, Policy Paper on the Interest of Justice（September 2007）.

正義が力に敗北したと嘆く声がある現状の背景にある ICC の限界について本章では解説し、ICC の将来について考える。はたして「法の支配」は「力の支配」に屈するのか、国際社会における法と政治と社会との関係、国際法学の発展にも絡んだこの問題を検討してみよう。

❷　ICC の限界

　犯罪の不処罰は、法と秩序の否定でもあり、将来に向けて犯罪を抑止して平和を維持するためにも許されるべきではない。これはなんらかの秩序を掲げて社会を律するすべての法においての真理であろう。国際法上の重大な犯罪が行われた場合には犯罪行為地や被疑者の国籍又は地位に関わらず、必ず処罰されることが、国際法の履行確保と将来の犯罪抑止のための理想と考えられる。しかし、中央集権化された国内社会とは異なり分権的な構造を持つ国際社会においては、この理想を支えるような強い権限がそもそも ICC に付与されていないという現実を直視しなければならない。ICC は国家からの同意と協力を基盤とした存在であり、強力な権力を持った機関ではなく、超国家的存在でもないのである。以下で、ICC の限界について見てみよう。

[1] 条約機関であること
　そもそも ICC は多数国間条約によって設立された国際機構である（表1）。したがって、設立基盤である条約を批准するか否かは各国の裁量に委ねられている。また、条約機関である ICC の活動については、締約国には協力する義務があるが非締約国には原則として協力を強制できない（ICC と非締約国との関係に関する論争については後述）。また、ICC の仕組み自体が国家体制を前提としており、国家を排除したり超国家的な権力を行使できるような世界警察ではない。

【表1】 国際機構としての国際刑事裁判所（ICC）の基本情報

(2019年8月時点)

概要	国際社会全体の関心事である最も重大な犯罪を行った者を処罰する常設の国際的な刑事裁判所
本質	多数国間条約により設立された国際機構
基本文書	ICCローマ規程（1998年7月作成、60ヵ国の批准を得て2002年7月発効、2010年に侵略犯罪に関する改正、2017年に戦争犯罪に関する改正）
締約国数	122の国と地域（日本は2007年10月1日に105番目に締約国となった）
本部	ハーグ（オランダ）
組織構造	・締約国会議 ・国際刑事裁判所（ICC） 　　ICCは次の機関により構成される（ICC規程34条） 　　　・検察局 　　　・裁判部（予審裁判部、第1審裁判部、上訴裁判部） 　　　・書記局 　　　・裁判所長会議 　　　・被害者信託基金
予算	2019年は148,135,100ユーロ（≒約1.67億ドル、約179億円）（日本は約15.7％の分担率で最大分担金拠出国）

[2] 関係国からの同意と協力が基礎

　ICCの仕組みと機能は、国内の警察・検察・裁判所とは異なる点に注意しなければならない。ICCは国からの同意と協力を基盤としており、国家を排除して機能しうるような仕組みではない（**表2**）。

(i) 補完性の原則

　ICCは補完性の原則（ICC規程の前文及び1条）の下で機能するものであり、国が被疑者の捜査や訴追を真に行う能力や意思がない場合にのみICCは管轄権を行使する（17条）。このように第一次的管轄権は国にあり、ICCはあくまでも国が管轄権を実効的に行使しえない場合に補完的に管轄権を行使することを目的としている。この点、国内裁判所が扱っている事件を取り上げることが可能な、優越する管轄権を持つ旧ユーゴ

【表2】 国際刑事裁判所（ICC）の仕組みと機能

注意：（ ）内の条文はICC規程

目的		国際社会全体の関心事である最も重大な犯罪を行った者に対して管轄権を行使する		
基本原則		補完性の原則に基づき、国家の刑事裁判権を補完する（前文、1条） 　→　国が捜査又は訴追を真に行う意思又は能力がない場合にICCは管轄権を行使する（17条）		
事項的管轄権		集団殺害犯罪、人道に対する犯罪、戦争犯罪、侵略犯罪（5条）		
人的管轄権		18歳以上（26条）の自然人（25条） 　　　　　→　国家、国際機構、企業に対する管轄権を有していない		
時間的管轄権		ICC規程が締約国に対して効力を生じた後に行われる犯罪についてのみ管轄権を有する（11条）		
捜査開始の仕組み		締約国からの事態の付託 ↓	検察官が自己の発意により捜査に着手 ↓	国連安全保障理事会からの事態の付託 ↓
管轄権を行使する前提条件	集団殺害犯罪、人道に対する犯罪、戦争犯罪	犯罪行為地国又は被疑者の国籍国からの同意（12条）	・犯罪行為地国又は被疑者の国籍国からの同意（12条） ・予審裁判部の許可（15条）	なし
	侵略犯罪	（15条の2） ・非締約国の国民又はその領域で犯された犯罪ではないこと ・安保理による侵略行為の決定又は予審裁判部の許可 ・安保理が捜査開始又は続行をしないよう要請していないこと		
刑罰		有期（最長30年）又は終身の拘禁刑。 　罰金や、犯罪によって直接又は間接に生じた収益・財産・資産の没収を命じることができる（77条）		

国際刑事裁判所（ICTY）やルワンダ国際刑事裁判所（ICTR）は国内裁判所と垂直的関係にあったのに対して、ICCは国内裁判所と水平的関係にあると説明されることがある[6]。しかし、国が捜査・訴追を真に行う

能力や意思の判断権限が ICC にあることから、国内裁判所と ICC との関係を単純に水平的関係と整理することには疑問がある。

(ii) 犯罪行為地国又は被疑者の国籍国からの同意

　ICC が管轄権を行使する前提条件として、締約国からの付託又は検察官の職権による捜査開始の場合には（すなわち安保理からの事態の付託の場合を除き）、犯罪行為地国又は被疑者の国籍国からの同意がなければならない（12条2項）。これら関係国の同意は、ICC の締約国の場合には同意があるものと扱われるが、ICC 非締約国の場合には同意の表明が必要とされるのである（同条1、3項）。なお、侵略犯罪については異なる前提条件が定められている（**表2**）。

(iii) 非締約国関係事態を ICC は扱えるのか？

　犯罪行為地国又は被疑者の国籍国のいずれか1か国からの同意があれば条件を満たすため、被疑者国籍国が ICC の管轄権に同意をしていない場合であっても ICC が管轄権を行使することが可能である。これは条約締約国ではない第三国に対して影響を及ぼすこととなり、条約に関する一般原則を定めた条約法条約及び慣習法に違反するとの批判がある。条約外の「第三国の義務又は権利を当該第三国の同意なしに創設することはない」（条約法条約34条）ことを論拠とする主張である。米国もこの理論に基づき ICC の正統性を否定し、ICC 締約国ではない米国やイスラエルが関わる諸事態を ICC が扱うことは認められないという立場を示した。しかし国際犯罪に対する国家の刑事管轄権の行使態様や慣行を見るならば、犯罪行為地国又は被疑者の国籍国の同意がないと他の国が管轄権を行使できないという一般ルールはない。被疑者の国籍国の

6）古谷修一「国際刑事裁判所の意義と問題——国際法秩序における革新性と連続性」村瀬信也＝洪恵子『国際刑事裁判所——最も重大な国際犯罪を裁く〔第2版〕』（東信堂、2014年）、5頁、越智萌「国際刑事裁判所判決の国内裁判に対する一事不再理効（2・完）——垂直的関係における阻害要因と促進要因の状況」阪大法学第63巻2号（2013年）、520-521頁、竹村仁美「国際刑事裁判所に対する国家の協力義務の内容と法的基礎（2・完）」愛知県立大学大学院国際文化研究科論集第16巻（2015年）、111-115頁、石井由梨佳「国際刑事法廷に対する国家の協力義務」国際法外交雑誌第117巻4号（2019年）、51-57頁、参照。

同意なしに ICC が管轄権を行使することは、そもそも当該国家の権利を害するものでも、義務を賦課するものでもないと解される。

(iv) ICC には警察がない

ICC は独自の警察を有していない。逮捕や刑の執行は協力国によって行われるのである。日本は ICC 締約国として協力義務を果たすため 2007年に「国際刑事裁判所に対する協力等に関する法律」を制定した。

(v) 98条協定により ICC を回避できるか?

ICC 規程98条は ICC 締約国が第三国と締結した条約に反することを ICC から強制されないよう配慮した条文である。同条を利用し、米国は世界各地に派遣されている米軍関係者が被疑者として ICC に移送されることを阻止するため、米国民を ICC に渡さないことを保障する二国間協定を各国と締結してきた。これら二国間協定(通称、98条協定)は不処罰を許さない ICC の理念に反するとともに、ICC 規程98条は既存の条約を尊重することを目的として起草されたものであるため ICC 規程発効後に締結された条約は対象外であるので、ICC 締約国が ICC からの協力要請を拒絶する根拠とならないとする説もある。

(vi) ICC に協力しない ICC 締約国及び非締約国は国際法違反か?

ICC は各国からの協力を基盤としているため、諸国が非協力的であると ICC は機能停止に追い込まれてしまう。現にバシール大統領の逮捕状を ICC が発した後も、大統領の公務として海外を歴訪した被害者の訪問国には ICC の締約国も存在したにも関わらず、諸国からの協力が得られず彼の逮捕と ICC への移送は行われなかった。被疑者が在住するスーダンが ICC 非締約国であることと、被疑者が当時は現職の国家元首であり外国の管轄権から免除される特権(特権免除)を有することが事態を複雑にした。そもそも ICC がバシール大統領の逮捕を求めたのは、安保理決議1593(2005年)により安保理からダルフール(スーダン)の事態の付託を受けたことがきっかけであり、国連加盟国は安保理の決定に従う義務がある(国連憲章25条)。安保理決議に基づく国家の義

務の範囲の問題も絡み、ICC への協力義務の有無及びその範囲について ICC のみならず非協力的な国々の国内裁判所でも法廷論争となった。国内裁判所では ICC 規程91条や98条 1 項に基づき非協力は違反ではないとする主張がある。これに対して ICC は非協力を違法と数回判示しているが、ICC の判例は結論が同じでも論拠は一貫していない。そのため学説上でも、①国際法上の犯罪については特権免除が慣習法でも認められないため98条 1 項の適用がないとする主張や、②安保理決議1593によりスーダンは ICC 締約国と同等に扱われ協力義務及び被疑者の特権免除の放棄義務が発生するとする解釈、③安保理が現職の国家元首が享有する特権免除をはく奪する権限を有しており安保理決議を通じて黙示的に同権限が行使されているとする解釈など、多説存在する[7]。

❸ ICC の価値は減じていない

　ここまで見てきたように、ICC は世界警察でもなく万能の司法機関でもない。国家からの同意と協力に基礎を置く国際機構でありながら、締約国の脱退や一部の国からの強固な反発を受けているため、ICC の将来を危惧する声が高まっているのである。しかし、ICC が象徴する価値は決して消滅しうるものではなく、国際的な刑事裁判機関が存在しなかった過去の状況に国際社会と国際法が戻ることもないと考えられる。例えば被害者信託基金を通じた被害者への補償制度のように、各国の国内刑事裁判所とは異なる ICC 独自の制度や役割もある。以下で ICC の存在価値を確認した上で、ICC の将来について考えてみよう。

[1] 世界初の常設的な国際刑事裁判機関

　ICC は史上初の常設的な国際刑事裁判機関であり、その歴史的価値は計り知れない。アドホック（特設の）な国際刑事裁判機関は複数設立さ

7 ）竹内真理「国際刑事裁判所規程──理念と現実の交錯」法学教室第434号（2016年）142-143頁、石井・前掲注 6 ）62-68頁、参照。

れたが、事後的に設立される裁判機関ではなく、将来に向かって管轄権を行使しうる ICC の存在は、国際社会が法と正義を重んじる姿勢と国際社会の進歩を象徴しているのである。

[2] 公的地位無関係の原則から期待される役割

ICC は公的地位無関係の原則を定めている（ICC 規程27条）。国家元首及び政府の長、並びに外務大臣といった地位にある者が被疑者である場合には、逮捕状事件でコンゴの現職外務大臣に対するベルギーの逮捕状が違法と判示されたように特権免除によって外国が管轄権を行使できないが[8]、ICC は管轄権を行使することができるのである。ICC には各国の国内裁判所では成しえない役割があるといえる。

[3] 国際的潮流として正義の希求を象徴

正義の希求とその手段として刑事裁判の実施を求める動きは現存する。実際、規程発効前の犯行であるため ICC が管轄権を行使できない事例について新たに幾つかの国際刑事裁判機関が設立された[9]。これは国際社会において正義の希求がなくならないことを示している。

[4] 国際の平和と安全のための世界システムと一体化

(i) ICC と安保理──安保理の事態付託権限と捜査・訴追延期要請権限

ICC は条約により設立された国際機関ではあるが、もはや ICC 締約国にのみ関連する局地的な存在ではない。むしろ平和と安全のための世界システムに組み込まれた重要な存在となっている。国際の平和と安全のための世界システムとして国連があり、主要な責任が安全保障理事会

8）国際司法裁判所、2000年4月11日の逮捕状事件（コンゴ民主共和国対ベルギー）。Arrest Warrant of 11 April 2000 (Democratic Republic of the Congo v. Belgium), ICJ, Judgment, 14 February 2002.
9）ICC 規程が作成された後も、シエラレオネ特別裁判所（Special Court for Sierra Leone、SCSL）、カンボジア特別裁判所（Extraordinary Chambers in the Courts of Cambodia、ECCC）、レバノン特別法廷（Special Tribunal for Lebanon、STL）など複数の刑事裁判機関が設立されている。

にあるが（国連憲章24条）、ICC はその機能と仕組みの中に安保理との関係が組み込まれている。

　ICC は国連機関ではないが、国連と関係を持ち、特に安保理に特別な権限を認めている。安保理は① ICC 規程13条に基づき国際法上の犯罪が行われた疑いのある事態を ICC に付託する権限（事態付託権限）と、②16条に基づき国連憲章 7 章決議によって12か月間 ICC の捜査又は訴追を延期することを要請する権限（捜査・訴追延期要請権限）を与えられている。①の事態付託権限については、ダルフール（安保理決議1593）及びリビア（安保理決議1970）という積極的に行動した事例がある反面、シリアやミャンマーによるロヒンギャ民族に対する迫害行為などの大規模人権侵害の事態を付託しなかった不作為の諸例を挙げて批判する声もある。②の権限行使については、平和維持活動（PKO）要員が関係する事件についての捜査・訴追の延期要請を行う安保理決議が複数採択されている。安保理に与えられた上記①と②の権限について批判もあるが、ICC と安保理が連携して国際の平和のために尽くすことが想定されているのである。

(ii) 平和と安全の維持の方策の一端である刑事責任追及

　そもそも1990年代前半に旧ユーゴ国際刑事裁判所とルワンダ国際刑事裁判所を安保理が設立したことを契機として国際刑事法は大きく発展を遂げたのである。これらアドホック国際刑事法廷が国連憲章 7 章に基づく安保理決議によって設置された事実こそ、国際社会の平和と安全の維持及び回復のためにも法と正義をもたらすことが重要であるとの国際社会の判断を示している。国際法学の体系から俯瞰するならば、20世紀末に国際紛争処理の一端を国際刑事法が担うことが形作られたとも評価できる。ICC は上記 2 つの裁判所とは異なり国連の機関ではないが、世界システムの重要な一部を担うものとして機能するのである。

(iii) 侵略犯罪を処罰する

　侵略犯罪に関する安保理と ICC のそれぞれの権限と相互の関係につ

いても今後注目される。ICC が安保理からの付託がない場合にも捜査・訴追を開始可能であることは侵略の認定権が安保理に専属しないことを意味するが、これを安保理の権限に対する浸食と解し安保理と ICC との将来的な対立関係を懸念事項とする主張がある。他方で、対立関係ではなく並存し協力する関係として ICC と安保理との間で新たに役割分担が行われ、世界的な危機に一致して対応する将来が期待される。

④ おわりに──ICC の将来の展望

[1] 危機は存続する

　ICC が諸国からの同意と協力を基礎とする組織である以上、ICC に対して諸国が非協力的な対応をとるならば ICC の機能遂行は阻害されるのであり、諸国の非協力的な姿勢が注目を集めている現状が ICC の危機と評されるのも無理はない。「犯罪は処罰すべき」という建前がありながらも、自国政府や自国民（特に政府要職の地位にある者）を裁かれたくないというのが各国の本音であり、国家の主権尊重の原則を掲げて本音に従った行動を各国がとり続けるならば、ICC の活動が将来も同様の反発を諸国から受けるであろうことは否定できない。したがって、この危機は存在し続けるであろう。なぜなら補完性の原則に従いつつ最も重大な事件を取扱うという ICC の役割を果たし続けようとするならば、諸国が訴追できない国家元首といった外国管轄権からの免除を付与された地位にある者が関わる重大事件が対象とされるのであり、いかに諸国の理解と協力を得るかは ICC が常に抱え続ける課題といえる。

[2] 国際紛争処理の一端を担う

　ICC は主権国家が並存対峙し主権尊重の原則を基礎とする国際社会においては機能遂行しえずに無用の長物として消滅するのであろうか。力の支配の下で法の支配は廃されるのかとの問いには、「否」と答えたい。ICC に限界があるのは事実であるが、刑事裁判機関を備えるという進化

を遂げた国際社会と国際法は、退化を許さないであろう。個人の刑事責任の追及は国際紛争処理制度の一端を担うようになってきている。

[3] 正義の希求はなくならない

国際法上の犯罪や大規模人権侵害を経た国家に対しては、復興と国内での和解のために正義を求める被害者の声に答え、不処罰を許さず正義を尽くしたという禊ぎが国際社会から要求され、その手段として刑事裁判の実施のための制度の新設が行われてもいる[10]。国際法上の犯罪を処罰するための刑事裁判機関の多様化と複合化の現象がある中、現時点で唯一の常設的かつ地域的限定のない国際刑事裁判機関として、ICC は国際刑事法の解釈及び発展を牽引していく正義の金字塔として期待されている。この役割を果たしうるように自らを律し機能を改善していくことが求められている[11]。

[4] 武力行使禁止原則の徹底を象徴

ICC が侵略犯罪について個人責任を追及する役割を担い始めたことは、武力行使禁止原則という現代国際法の基本原則の徹底と法の支配を確立する制度として国際法学上大変大きな役割を果たすこととなる。ICC は国際刑事法の発展の象徴的存在であり、その活動が現行および将来の国際刑事法を形作っていくことには疑いはない。高度に政治的な犯罪である侵略犯罪に対して ICC が管轄権を行使可能な状況である中、ICC が世界的な支持を確保することは喫緊の課題である。

---

10) 前掲注8)参照。また、洪恵子「移行期の正義と国際刑事裁判——国際刑事管轄権の意義と課題」国際法外交雑誌第111巻2号（2012年）参照。
11) 例えば ICC は莫大な予算が投じられつつ判決という成果が未だ少ない点が批判されているため、手続の迅速化等、機能改善が求められる。ICC は世界での犯罪の不処罰を減するという目的に貢献するための改善策として、第一次的管轄権である各国の国内刑事司法制度の実効的行使を促し支援する政策を採用している。中澤祐香「国際刑事裁判所（ICC）における積極的補完性」早稲田大学大学院法研論集第150巻（2014年）、小阪真也「国際刑事法廷の『積極的補完性』概念の発展と国際刑事裁判所（ICC）の実行に関する先行研究の分析」政策科学第25巻2号（2018年）参照。

第12章
人権条約の域外適用
——国の人権義務は領域外に及ぶのか

青山学院大学教授

申 惠丰

❶ はじめに

　人権条約は、人間の固有の尊厳に由来する権利としての人権を認め（国際人権規約前文などを参照）、人権保障を目的として締約国に義務を課す多数国間条約であり、国連で採択されたもの（中核的人権条約）としては現在9つ[1]、その他にヨーロッパ人権条約、米州人権条約などの地域的な人権条約がある。そのように生来的で普遍的な人権の理念に基づいていることから、人権条約は原則として（条約中の個別の規定で特に定めがない限り）、人権保障の対象が自国民か外国人かといった区別をせず、むしろ、いかなる事由による差別もなく人権を認める形の規定をおく。人権条約上、締約国が人権義務を負う対象とされているのは、国の管轄下にあるすべての個人であり、「管轄（jurisdiction）」の有無がその基準となっている。

　多くの人権条約は、次のように、締約国の「管轄下(内)」にある人に対して権利を保障・確保するという形で、条約義務が適用される人的な範囲を明文で規定している。

1）経済的、社会的及び文化的権利に関する国際規約（社会権規約）、市民的及び政治的権利に関する国際規約（自由権規約）、人種差別撤廃条約、女性差別撤廃条約、拷問等禁止条約、子どもの権利条約、移住労働者権利条約、強制失踪条約、障害者権利条約である。

　ヨーロッパ人権条約１条「締約国は、その管轄内にあるすべての者に対し、この条約の第１節に定義する権利及び自由を保障する。」
　自由権規約２条１項「この規約の締約国は、その領域内にあり、かつ、その管轄の下にあるすべての個人に対し、……いかなる差別もなしにこの規約において認められる権利を尊重し及び確保することを約束する。」
　子どもの権利条約２条１項「締約国は、その管轄の下にある子どもに対し、……いかなる差別もなしにこの条約で定める権利を尊重し、及び確保する。」

　国家は、自国領域では、国際約束などによる何らかの制限（例えば、二国間条約で一定の領域の使用権を外国に付与している場合）がない限り全面的に管轄権（立法・執行・司法）を有するから、領域内の人は原則としてすべて「管轄下(内)」にある。加えて、国家の管轄権は、外国の領土を占領下においたときにその領土内で行使される場合や、在外公館（大使館・領事館）がその任務遂行において人に権限を行使する場合のように、自国領域外でも行使されることがある。このように「管轄」とは、国家の「権限」を意味する機能的な概念であり、国家の領域内で行使される国家機能と重なる部分が多い一方で、必ずしもそれに限られない。下で見る条約機関の判例・先例で認められているように、占領国として管轄権を行使している領土で人権侵害があった場合に人権条約上の義務違反を問われるのは占領国であるし（❷[2]の例）、領域的支配という形でなく、国家機関の権限行使によって人を「管轄下」におく場合にも、人権条約違反が問われうる（❷[1]の例）。
　上記の条約のうち、自由権規約には「領域内」の文言が含まれている。この文言は、起草時、在外自国民の人権の保護については国家は外交的保護の手段を利用するほかなく、その権利の確保を国に義務づけることは難しいという主張があったことから盛り込まれた[2]。そうする

と、「領域内」要件は、締約国にとって規約の実施が困難に直面するような状況を想定して領域的範囲を限定したものであって、締約国による領域外での人権侵害の責任を除外する趣旨の規定ではないと解される[3]。そもそも、規約には「自国に戻る権利」（12条4項）のように、個人が国の領域外にいるときにこそ意味をもつ権利が含まれており、領域内要件を厳格に解することは不合理である。本質的な基準は「管轄下」の要件であり、そのような理解は、個人通報制度を定める第一選択議定書が「領域内」の文言を含まず「管轄下」にある個人からの通報を委員会が受理する旨定めている（1条）こととも整合する。自由権規約委員会は実際、❷[1]で見るように、外国に居住する自国民へのパスポート発給拒否をめぐる個人通報事案で、通報者は規約の権利との関係で当事国の「管轄下」にあると認め、通報を受理して見解を採択している。委員会はまた、域外で国家機関が行った拉致にかかわる個人通報事案で、2条1項にある「領域内」の文言はそのような人権侵害について国の責任を免ずる根拠にはなりえないとしている（❷[1]）。自由権規約委員会の一般的意見によれば、「締約国は、その領域内にいなくとも、当該国の権力又は実効的支配下にある（within the power or effective control）いかなる者に対しても、規約で定められた権利を尊重し確保しなければならない」[4]。

その他の人権条約についてみると、人種差別撤廃条約は、一般的義務規定（2条）では管轄下の要件に特に言及していないが、救済の規定（6条）では「自国の管轄の下にあるすべての者に対し」条約に反する人種差別行為に対する効果的な保護・救済措置を確保する義務を規定し、また、個人通報制度を定めた14条1項では、国の「管轄の下にある個人又は集団」からの通報を委員会が受理することを規定する。女性差

2）M.Nowak, *U.N. Covenant on Civil and Politcal Rights: CCPR Commentary*, Kehl: N.P.Engel, 1993, p.41.

3）宮崎繁樹編著『解説国際人権規約』（日本評論社、1996年）109頁［今井直］。

4）General Comment 31: The Nature of the General Legal Obligation Imposed on States Parties to the Covenant, UN Doc.CCPR/C/21/Rev.1/Add.13, 2004, para.10.

別撤廃条約が選択議定書2条で、締約国の「管轄の下にある個人又は集団」であって条約上の権利の侵害の被害者であると主張する者からの通報を委員会が受理するとしているのも同様である。拷問等禁止条約は、「自国の管轄の下にある領域内において」拷問に当たる行為が行われることを防止するため効果的な措置を取ること（2条1項）、また拷問にあたらない虐待行為（残虐な、非人道的な又は品位を傷つける取扱い又は刑罰）について同様に「自国の管轄の下にある領域内において」これを防止すること（16条1項）などを義務づけ、個人通報制度では締約国の「管轄の下にある個人」であって条約規定の違反の被害者であると主張する者からの通報を委員会が受理することを定めている。

　なお、人権条約の域外適用という場合、犯罪人引渡にあたって引渡国に遵守が求められる人権条約上の義務はこれに含まれない。人権条約の下では、1989年のヨーロッパ人権裁判所ゼーリング判決[5]を皮切りとして、引渡先の国において拷問又はその他の虐待を受ける恐れがある実質的な根拠がある場合に人を引渡すことは条約違反となるという法理が形成されてきた[6]が、この場合の締約国の義務は、自国領域内に身柄を持っている人を国外に引渡すかどうかの判断において、引渡した結果生じる人権侵害の危険を評価し、そのような危険があれば引渡を行わないということであって、人権条約の義務が適用されるのはあくまで締約国の領域内である。

❷ 人権条約機関の実行にみる域外適用の具体例

[1] 旅券（パスポート）発給拒否、拉致・拘禁

　自由権規約の第一選択議定書は1976年に発効したが、発効後間もない時期からすでに、国家機関による域外行為に関し、国の「管轄下」で行われた人権侵害として規約が適用されてきた。

5）*Soering v. the United Kingdom*, 7 July 1989, European Court of Human Rights, Series A, no.161.
6）北村泰三「犯罪人引き渡しと死刑の存在」小寺彰ほか編『国際法判例百選〔第2版〕』（2011年）97頁。

人に旅券を発給するのはその国籍国であり、人が領域外にいるときには国籍国の在外公館である。在外公館は、規約12条2項の「いずれの国（自国を含む）からも自由に離れる」権利の保障に関し、旅券の発給や更新という国家機関としての管轄権行使によって、在外自国民を自国の「管轄下」におくことになる。メキシコに居住しているウルグアイ国民であるジャーナリストからの旅券更新及び発給申請に対し、在メキシコ・ウルグアイ領事館がこれを拒否し何らその理由が示されなかった事案[7]で、自由権規約委員会は、「ウルグアイ国民に旅券を発給することは、明白にウルグアイ当局の管轄権内にある事項であり、本［＝第一選択議定書1］条の適用上、その者は『ウルグアイの管轄の下に』ある」と述べ、通報者は「いかなる正当な理由もなく旅券の発給を拒否され、そのことにより、自国を含めいずれの国からも自由に離れることを妨げられた」として12条2項の違反を認定した。

　ウルグアイの労働組合の指導者であった被害者（通報者の夫）が、政治難民として滞在していたアルゼンチンで、ウルグアイ治安情報部隊の隊員によって拉致され、ウルグアイに移送され拘禁されて拷問を受けた事案[8]では、自由権規約委員会は、そのような行為がウルグアイの代理人（agent）により実行されたものである限り、規約2条1項によっても第一選択議定書1条によっても通報の検討を妨げられないとして通報を受理・検討した。「本［＝第一選択議定書1］条が述べているのは、侵害が生じた場所のことではなく、むしろ、侵害がどこで生じたにせよ、規約に定めるいずれかの権利の侵害についての個人と国家の間の関係である」。規約2条1項も、「規約に定める権利の侵害であって関係締約国の代理人が他国の領域で実行したものにつき……関係締約国の責任を問うことができないことを意味するものではない」[9]。この点で委員

7）*Sophie Vidal Martins v. Uruguay*, 29 July 1981; 国際人権規約翻訳編集委員会編『国際人権規約先例集第1集』（東信堂、1989年）［以下『先例集第1集』］198頁。

8）*Sergio Rubén López Burgoz v. Uruguay*, 6 June 1979：『先例集第1集』143頁。

9）*Ibid.*, para.12.3.

会は、「この規約のいかなる規定も、国、集団又は個人が、この規約において認められる権利もしくは自由を破壊しもしくはこの規約に定める制限の範囲を超えて制限することを目的とする活動に従事し又はそのようなことを目的とする行為を行う権利を有することを意味するものと解することはできない」とした規約 5 条 1 項を援用し、「この規定に従えば、規約 2 条の下での責任を、締約国が自国の領域内で実行することができない規約違反を他国の領域において実行することを許すように解釈することは不当であろう」[10] とも述べた。その上で委員会は、拷問、恣意的な逮捕・拘禁を含む多数の人権侵害について規約違反を認定している。

　この事案では、1 人の委員の個別意見として、5 条は規約の規定が規約の目的や精神に反する活動を形式的に正当化するように見える場合に適用されることを意図した規定であって、規約の適用範囲を拡大しうる規定ではないというものもあった[11]。しかしその個別意見も、「領域内」の語は規約の実施が障害に直面する例外的な場合を考慮して領域的範囲を制限することを意図したものであって、外国に在住する自国民の身体の安全に対する意図的な攻撃を自由に実行する権能を締約国に認めたものでは全くないとして、多数意見の結論に賛成している[12]。自由権規約委員会では、「領域内」要件は、国家機関が領域外で自ら意図的に人権侵害行為を実行することを許容したものとは解され得ないという解釈が確立しているといえよう。

[2]　占領などによる領域の実効的支配下での人権侵害

　国家が占領などによって他国の領域に実効的支配（effective control）を及ぼしている場合には、その支配が国際法上合法と評価されるかどうかとは関わりなく、領域を実効的支配している国が領域内の人を「管轄

---

10) *Ibid.*
11) トムシャット委員の個別意見。『先例集第 1 集』153頁。
12) 前掲注11)、152-153頁。

下」におくことになる。ヨーロッパ人権条約15条や自由権規約4条のような義務逸脱規定（国民の生存を脅かす公の緊急事態の場合に、事態の緊急性が真に必要とする限度で、条約義務から逸脱する［derogate：義務を停止する］[13] ことを認める規定。但し、各条約上、逸脱が許されない一定の規定がある）を適用しない限り、人権条約上の義務は軍事占領下でも停止しない。占領国は、占領地に適用される国際人道法上の義務を負うが、加えて、国際人権法上、人権条約については、義務逸脱規定を適用していなければすべての義務、適用している場合でも、逸脱が認められない一定の義務が併せて適用されることになる。

　占領地における人権条約の適用をめぐるこのような解釈は、ヨーロッパ人権裁判所の判例法や自由権規約委員会の実行で確立している。また、社会権規約には、管轄下の個人に対する人権保障を一般的に明記した条文はないが、社会権規約委員会もその実行で、占領地における社会権規約の適用につき自由権規約委員会と同様の立場を取っており、かつ、両委員会のそうした立場は国際司法裁判所（ICJ）によっても踏襲されている[14]。

(i) 北キプロスにおけるトルコの人権義務

　トルコは1974年にキプロス島の北部を占領して「北キプロストルコ共和国」の成立を宣言しているところ、同国はトルコ以外のどの国からも国家承認は受けていないが、その領域に実効的支配を行使しているのはトルコであるから、ヨーロッパ人権条約により管轄内の人に権利を保障する責任はトルコにかかる。ヨーロッパ人権裁判所は、北キプロスにおける財産権の侵害をめぐる1995年のロイズィドゥ対トルコ事件判決[15]

---

13) 自由権規約の日本政府公定訳では「違反する」と訳されているが誤りである。「違反する」とは、課されている義務に反することを意味する。これに対し derogate とは、義務そのものを適用しないことを指す。

14) *Legal Consequences of the Construction of a Wall in the Occupied Palestinian Territory, Advisory Opinion of 9 July 2004, ICJ Reports* 2004, paras.109-112.

15) *Loizidou v. Turkey*（Preliminary Objection）, 23 March 1995; 戸波江二ほか編『ヨーロッパ人権裁判所の判例』（信山社、2008年）101頁。

で、「確立した判例法によれば……締約国の責任は、国家領域の中で行われるにせよ外で行われるにせよ、自国の領域外で効果を生じる国家機関の行為によって生じうる。本条約の趣旨及び目的を念頭におけば、締約国の責任は、軍事行動——合法であれ違法であれ——の結果として、その国家領域外で実効的支配（effective control）を行使するときにも生じうる」としている。「トルコ軍が、島のその部分に対して全体的に実効的な支配を行使していることは明白である。……条約に定められた権利及び自由を保障するトルコの義務は、従って、キプロス北部に及ぶ。……北キプロスにおける財産の利用を申立人が継続して否定されたこと、及びその結果としての財産に対するすべての管理権の喪失は、1条の意味におけるトルコの『管轄』内にある事柄であり、よってトルコに帰する」[16]。

(ii) パレスチナ占領地域におけるイスラエルの人権義務

　イスラエル占領下のパレスチナ地域については、イスラエルが個人通報制度を受け入れていないため通報事例はないが、自由権規約委員会及び社会権規約委員会はいずれも報告制度において、それぞれの規約上の義務がイスラエルに適用されるという見解を一貫して示してきた。自由権規約委員会は1回政府報告審査後の総括所見で「人道法の規則の適用可能性はそれ自体、規約の適用ないし、締約国当局の行為に対して2条1項に基づき締約国が負う責任を妨げるものではない」と強調し、「規約は、イスラエルが実効的支配を行っている占領地域並びに南レバノン及び西岸地域に適用されなければならない」とした[17]。社会権規約委員会も第1回政府報告審査後の総括所見で、規約上の義務は「当該国の実効的支配の下にあるすべての領域及び人民に適用される」と述べている[18]。

---

16) *Loizidou v. Turkey* (*Preliminary Objection and Merits*), 18 December 1996.
17) Concluding observations of the Human Rights Committee: Israel. UN Doc. CCPR/C/79/Add.93 (1998), para.10.

2004年には、パレスチナ占領地域における壁の建設の法的結果に関する勧告的意見（「壁」意見）でICJも、人権条約上の義務は、自由権規約４条が定めるような義務逸脱を宣言しておりこれが適用される場合を除くほかは停止しないとし、占領地域においてイスラエルが負う義務について、個人通報先例における自由権規約委員会の見解、及び報告制度における両委員会の所見を参照してこれらにならう立場を採用するとともに、子どもの権利条約が適用されることも認めた。「国家の管轄権は主に領域的なものである一方で、時として国家領域の外でも行使されうる……。市民的及び政治的権利に関する国際規約の趣旨及び目的を考えれば、そのような場合でも規約の締約国がその規定に拘束されるべきことは自然に思われる。自由権規約委員会の一貫した実行はこれに合致している。すなわち、委員会は、規約は国家が外国領域でその管轄を行使した場合にも適用されるとみなしてきた。……結論として裁判所は、市民的及び政治的権利に関する国際規約は、自国領域外における管轄の行使によって国家が行った行為に関して適用されると考える」[19]。社会権規約委員会も、規約上の義務は締約国の実効的支配の下にあるすべての領域及び人民に適用されるという見解を再確認しており、「イスラエルは経済的、社会的及び文化的権利に関する国際規約の規定に拘束される」[20]。子どもの権利条約も、２条で締約国は「管轄の下にある子どもに対し……条約で定める権利を尊重し、及び確保する』としており、「従って、パレスチナ占領地域に適用される」[21]。ICJはこのようにパレスチナ占領地域における人権条約の適用を認め、イスラエルは壁の建設によって、自由権規約で保障された住民の移動の自由や、社会権規約及

---

18) Concluding observations of the Committee on Economic, Social and Cultural Rights: Israel, UN Doc. E/C.12/1/Add.27, para.8.

19) *Legal Consequences of the Construction of a Wall in the Occupied Palestinian Territory, Advisory Opinion of 9 July 2004, supra,* paras.109-110.

20) *Ibid.,* para.112.

21) *Ibid.,* para.113.

び子どもの権利条約で保障された労働の権利、健康に対する権利、教育
に対する権利などを侵害しているとしたのである。

(iii) 領域外におけるアメリカの拷問・虐待防止義務

　拷問やその他の虐待を受けない権利（ヨーロッパ人権条約3条、自由権
規約7条）は、公の緊急事態でも義務逸脱が許されていない、その意味
で絶対的な権利である。拷問等禁止条約は、拷問やその他の虐待を効果
的に防止・処罰することを目的とした人権条約であるが、拷問禁止委員
会は、拷問や虐待を受けない権利の保障が逸脱不可能な義務であること
にも言及して、拷問等禁止条約2条1項や16条1項にいう「自国の管轄
の下にある領域内」には、国家が自国の領域外で実効的支配を行使して
いる領域も含まれるという見解を取っている。すなわち、「『自国の管轄
の下にある領域内』の概念は、逸脱禁止の原則と結びつき……、締約国
の法律上又は事実上の支配（de jure or de facto control）に服するすべて
の人（国民であれ外国人であれ）を保護するために適用されなければなら
ない」[22]。

　アメリカは、自由権規約の「領域内」要件に関し、第1回政府報告書
審査が行われた1995年から一貫して、規約は自国の領域内にのみ適用さ
れ域外適用されないという立場を取ってきた[23]。これに対し自由権規約
委員会は、そのような立場は委員会の一貫した規約解釈に反していると
指摘している[24]。拷問等禁止委員会も、例えば第2回政府報告書審査後
の総括所見で、「自国の管轄の下にある領域内」とは「軍当局又は文民
当局のいずれによって支配が行われるものであれ、締約国の事実上の
（de facto）実効的支配下にあるすべての領域を含む」ことを強調し、ア
メリカに対し、「どのような形態であれ、世界のどこであれ、自国当局
の実効的支配の下にあるすべての人に本条約の規定が適用され、それら

---

22) General Comment 2: Implementation of Article 2 by States Parties, UN Doc.CAT/C/GC/2（2008），para.7.

23) UN Doc.CCPR/C/SR1405, para.20（1995）.

24) Comments of the Human Rights Committee: United States of America, UN Doc.CCPR/C/79/Add.
50（1995），para.50.

すべての人によって本条約の規定が十分に享受されることを確保すべき」ことを勧告している[25]。そして、キューバから租借した領土に建設したグアンタナモ基地内の収容所に、アフガニスタンやイラクでの対テロ戦争で拘束した人を十分な嫌疑もなく長期間勾留し取調べを行っていることに懸念を示し、アメリカは事実上の支配下においているグアンタナモ基地において本条約上の義務を負うとしている[26]。

[3] 国際機関の決議に基づく措置

　人権条約の域外適用が論点となりうる場合のうち、複雑な問題を生じるのは、締約国の行為が国際機関の決議や決定に基づいて行われたときの責任の所在である。コソボでNATO（北大西洋条約機構）軍が1999年に行った空爆での死傷者の遺族が、NATO軍に参加したヨーロッパ人権条約締約国17か国による人権侵害を主張したバンコヴィッチ事件でヨーロッパ人権裁判所は2001年、域外行為が「管轄」内にあたるのは領域又は住民に実効的支配を通して公権力を行使する例外的な場合であるところ、空爆の被害者と被申立国との間には何らの管轄のつながりも見出せないとして申立を不受理とした[27]。これは、国家機関による人権侵害行為が領域外でその効果を生じる場合は締約国が責任を負うこともあるという従来の判例法からすれば大幅に狭い「管轄」の解釈であり、域外の逮捕行為のような場合には「管轄内」要件が成り立つとされていることと比べても合理性を欠く考え方である[28]。イラク駐留イギリス軍による人権侵害をめぐる2011年のアル・ジェッダ事件では同裁判所は、国際

---

25) Conclusions and recommendations of the Committee against Torture: United States of America, UN Doc. CAT/C/USA/CO/2（2006), para.15.

26) *Ibid.*, paras.22, 27, 38.

27) *Bancović and Others v. Belgium and 16 Other NATO Countries*［GC], 12 December 2001, Reports 2001-XII.

28) このような判断の背景には、直前に発生した9.11同時多発テロを受け、NATO諸国の軍事展開の必要性が人権規範尊重の要請によって制約されることを回避しようとする政治的配慮があったことも指摘されている（戸波ほか編・前掲注15）『ヨーロッパ人権裁判所の判例』［奥脇直也］86頁）。

組織の決定に基づいて加盟国が派遣した軍の行為が条約上責任を問われ
うるか否かは、国際組織が加盟国軍の行為に「実効的な統制（effective
control）又は究極的な権限・統制（ultimate authority and control）」を保
持していたかを具体的に判断するという基準で、個別に見る立場を示
し、この事件では申立人は国連でなくイギリスの管轄内にあったとして
イギリスの条約違反を認定した[29]。

❸ おわりに

　以上にみたように、人権条約の解釈・適用では、締約国は、域外であ
ってもその実効的な支配下にある領域にいる人、さらに、領域的支配で
なくとも国家機関による権限行使をもって国が「管轄下」におく人に対
して条約義務を負い、違反の責任を問われることが認められている。現
状では、人権条約の域外適用に関するこのような法理を、イスラエルや
アメリカは受け入れていない。他方で、2010年には、アメリカ国務省の
法律顧問であるコー（Harold H. Koh）が、自由権規約２条１項について
アメリカ政府が1995年に示した立場は「領域内」の解釈について厳格に
過ぎ、「壁」意見におけるICJの解釈や自由権規約委員会の一般的意見、
個人通報事案での見解、多くの締約国の立場などからすれば修正される
べきであるとの詳細な意見書[30]を出しており、今後の動向が注目され
る。

　最後に、今後重要性を増していくと考えられる論点の一つとしては、
企業による域外での人権侵害について締約国が取るべき措置がある。自
由権規約委員会は2015年、カナダに対する総括所見で、海外で操業する
カナダの鉱業会社による人権侵害の訴えがあることに懸念を示し、カナ
ダは「その管轄下にあるすべてのカナダ企業、特に鉱業会社が、海外で

---

29)　*Al-Jedda v. the United Kingdom*［*GC*］, 7 July 2011; 小畑郁ほか編『ヨーロッパ人権裁判所の判例
　　II』（信山社、2019年）51頁［申惠丰］。

30)　United States Department of State, Office of the Legal Advisor, *Memorandum Opinion on the
　　Geographic Scope of the International Covenant on Civil and Political Rights*, 19 October 2010.

操業する際に人権を尊重することを確保する既存の制度の実効性を高めるべき」であると勧告している[31]。

　また、社会権規約や子どもの権利条約は、締約国は権利実現のため国際協力を通しても措置を取ることに明文で言及しており（社会権規約2条1項、23条、子どもの権利条約4条）、特に社会権規約委員会は、規約上の権利を尊重・保護・充足するという締約国の多面的な義務のあり方[32]を敷衍する中で、締約国は他国においても権利を尊重・保護しまた可能な限り援助を提供すべきであると述べている。例えば健康に対する権利（12条）に関する一般的意見14で委員会は、締約国は「他国における健康に対する権利の享受を尊重し、また、法的又は政治的手段を用いて第三者に影響を与えることができる場合には、国連憲章及び適用可能な国際法に従い、第三者が他国においてこの権利を侵害するのを防止しなければならない。利用可能な資源に応じて、国家は、可能な限り、不可欠な保健施設、物資及びサービスに対するアクセスを容易にしまた、要求される場合には必要な援助を提供するべきである」としている[33]。子どもの権利委員会は、「国連憲章（55条及び56条）は、国際的な経済的及び社会的協力の全体的目的を示し、加盟国は憲章の下で、『この組織と協力して共同及び個別の行動を取る』ことを誓約している」と想起した上で、「締約国に対し、本条約が、子どもに直接又は間接に関係する国際開発援助の枠組みとなるべきこと、並びに、援助国の計画は権利を基礎としたものであるべきこと」を助言している[34]。

31）Concluding observations of the Human Rights Committee: Canada, UN Doc.CCPR/C/CAN/CO/6（2015）, para.6.

32）人権に対する国家の多面的義務の枠組みについては、申惠丰『国際人権法──国際基準のダイナミズムと国内法との協調〔第2版〕』（信山社、2016年）第4章以下を参照。

33）General Comment 14: The right to the highest attainable standard of health（article 12 of the International Covenant on Economic, Social and Cultural Rights, UN Doc.E/C.12/2000/4 , para.39.

34）General Comment 5: General measures of implementation of the Convention on the Rights of the Child（arts. 4, 42 and 44, para. 6）, UN Doc.CRC/GC/2003/5, paras.60-61.

第13章
パリ協定における義務づけと
履行確保の手続の特徴

上智大学教授

堀口健夫

❶ はじめに——国連気候変動条約体制の発展

　産業革命以降の化石燃料の燃焼等に起因して、大気中の温室効果ガス（以下、「GHG」という）の濃度が高まっており、それに伴う気温上昇により、異常気象や海面上昇、病原菌の移動、生態系破壊等による深刻な被害の発生が懸念されている。これが地球温暖化問題であり、例えば生物資源の減少・移動や、土地の水没等をきっかけに、紛争が発生する等して国際秩序が不安定化することも危惧される。そのため国際社会は、「気候系に対して危険な人為的干渉を及ぼすこととならない水準において、大気中の温室効果ガスの濃度を安定化させる」ことを目的に、気候変動枠組条約（以下、枠組条約）を1992年に締結し、継続的な国際規制の基礎となる規則・原則や組織等を定めた。この枠組に基づく国際制度は、今日、国連気候変動条約体制（The UN Climate Regime）と呼ばれ、その意思決定機関である締約国会議（以下「COP」という）等の活動を中心に、国際的な規範や取組の発展に寄与してきている。

　これまで同条約体制では、枠組条約が掲げる目的をさらに具体的に実現すべく、さらに二つの条約が締結されている。京都議定書（1997年）とパリ協定（2015年）である。このうちパリ協定は、京都議定書に代って、2020年以降の具体的な規制に関わる。このようにパリ協定なる新たな条約の締結が必要とされたのは、端的にいえば、京都議定書の規制方式では上述の目的が十分実現できないと考えられたためである。それで

は、この点につきパリ協定と京都議定書との間にはいかなる違いがあるのか。本章では、締約国の義務と履行確保の手続に着目することでパリ協定の特徴を明らかにし、今日の国際社会が気候変動にいかに立ち向かおうとしているのか、またいかなる基本的課題を抱えているのか、法的観点から理解を深めるための手掛かりを提供したい。なお、ここでは紙幅の関係上、温暖化の「緩和（mitigation）」、すなわちGHGの排出削減等による温暖化自体の抑制に関わる義務に焦点を当てる[1]。また「履行確保」の語は、「条約の目的や義務と当事国の行動との整合性を保つこと」という意味で用いることとする[2]。

❷ パリ協定における緩和の義務と履行確保の特徴

[1]「誓約と審査」方式の採用

　京都議定書もパリ協定も、緩和のための規制に関して一見したところ共通するのは、例えばA国は排出量を○％削減、B国は△％削減といったように、国別の目標設定という手段を採用している点である。だが、両条約の基本的な規制方式は対照的である。その違いの要点を先に整理すれば、京都議定書が法的拘束力のある数値目標を先進国等の一部の国に対してのみ国際交渉により設定し、その不達成には懲罰的な措置まで予定したのに対し、パリ協定では途上国を含む全ての国に拘束力のない目標を一方的に約束させ、情報共有や対話等を通じて、その達成と更新とを促進することに重点をシフトするようになっている。まずは、その歴史的経緯を簡単に確認しておきたい。

　そもそも京都議定書では、枠組条約の附属書Ⅰに掲載された国（先進国〔OECD加盟国〕と市場経済移行国〔東欧・旧ソ連諸国〕）に対して、国別の削減目標が設定された。例えば日本についても、2008年から2012年

1）パリ協定をより包括的かつ詳細に検討した文献として、D.Klein et.al.（eds）*The Paris Agreement on Climate Change: Analysis and Commentary*（2017）等。
2）環境条約を含む今日の国際法の履行確保の特質の理解を深めるための文献として、例えば小森光夫「国際公法秩序における履行確保の多様化と実効性」国際法外交雑誌97巻3号（1998年）。

の期間（「第1約束期間」と呼ばれる）につき、1990年比で GHG の排出を6％削減するという目標が定められた。これに対して、同附属書に掲載されていない一般に途上国と呼ばれる国々については、そうした国別目標は設定されなかった。このような取り扱いの区別は、枠組条約が定める「共通に有しているが差異のある責任」の原則に基づき、特に先進国が率先して対策に取り組むべきであるとの指針に基づいていた（枠組条約3条1項）。これまでの GHG の歴史的排出量や、温暖化対策を進める能力の差に鑑みると、特に先進国と途上国の間では義務に差異を設けるべきだとの主張が、一定の説得力を有していたのである。

　だが、中国やインドといった一部の途上国のその後の排出量の増大を考えればわかるように、先進国／途上国という大雑把な二分論に基づく義務の差異化に対しては、温暖化防止の観点からも、また衡平（≒負担配分のバランス）の観点からも間もなく疑問が提起されるようになっていた。そのため、京都議定書による第2約束期間（2013〜2020年）の規制に対しても、そもそも議定書を批准していない米国は勿論のこと、日本も含め否定的な立場の国が少なからずみられた。

　こうした問題状況を背景に、2010年の COP16で採択された「カンクン合意」では、新たな規制方式が正式に採用された。すなわち、途上国を含む全ての国に拘束力のない約束を一方的に表明させる一方で、その実施への国際的な審査を強化して、枠組条約の目的を達成しようというものであった。この方式は一般に「誓約と審査（pledge and review）」と呼ばれ、制度への国の参加を広く確保しうる規制方式として支持を得るようになった。そしてパリ協定も、基本的にはこの方式を発展的に継承している。なお、上述のカンクン合意は COP の「決定」という形式で採択されているため、それ自体新たな法的義務を創出しない。これに対してパリ協定は、そうした義務を創出しうる「条約」の形式で、2020年度以降の規制につきこの方式を制度化するに至ったのである。

[2] 緩和に関する主たる義務の特徴

(i) 国別目標に関わる義務

　パリ協定の規制方式の要点として、まず「全ての国が法的拘束力のない目標を一方的に約束する」という点を挙げることができる。第1の特徴は、「法的拘束力のない目標」にある。京都議定書では、枠組条約の附属書Ⅰに掲載された先進国等に限られてはいたものの、設定された国別削減目標の達成は義務であった（3条1項）。つまり、その未達成は国際法上の義務違反となり、理論上は国際法上の責任を生じさせうる。

　これに対してパリ協定では、個別に国家が目指すべき排出削減目標等は、途上国も含む全ての国が提出する「国が決定する貢献（Nationally Determined Contributions. 以下、NDC）」と呼ばれる文書に掲げられる（各国が提出するNDCは、協定の事務局が管理する登録簿に記録される）。例えば現在、日本は、2030年までに2013年比でGHGの排出を26％削減するという目標を表明している。だがパリ協定では、各国のNDCで掲げられたこうした目標の達成自体は、義務とはされていないのである。

　NDCに関する義務を定めた主要な規定が、同協定の4条2項である。同項は以下のように定める（NDCの略称をそのまま用いる）。「各締約国は、自国が達成する意図を有する累次のNDCを作成し、通報し、及び維持する。締約国は、当該NDCの目的を達成するため、緩和に関する国内措置を遂行する。(Each Party shall prepare, communicate and maintain successive nationally determined contributions that it intends to achieve. Parties shall pursue domestic mitigation measures, with the aim of achieving the objectives of such contributions.)」この第1文から、少なくともNDCを作成・通報・維持することはすべての締約国の義務だといえる。

　他方、上記の第2文が、NDCで掲げた国別目標の達成という結果の実現自体を義務づけているとは考えにくい。そうした目標の達成に向けて、適切な緩和措置を誠実に実施することは義務づけていると解する余地はあるが、第1文とは異なり主語がPartiesと複数形であることや、

implement ではなく pursue の語が用いられていること等を理由に、個別の国家の違法性を問いうる規定ではないとする見解も根強い[3]。

このように、NDC に関してはその作成・通報・維持はすべての国の義務とされたが、そこで掲げられた約束の実施についてはこの点必ずしも明確ではなく、少なくとも削減目標を実現するという結果の達成が義務づけられているとは言い難いのである。

(ii) 国別目標の水準の決定

　第２の特徴は、「目標を一方的に約束する」という点である。京都議定書の場合、国別目標の具体的数値は国際交渉を経て決定され、それらは条約の附属文書の一つである附属書Ｂに記載された。このように、国が達成すべき目標や従うべき基準等を国際レベルで決定する方式は、「トップダウン方式」と呼ばれることが多い。議定書採択当時、かかる方式を採用して比較的成功していた他の環境条約として、オゾン層保護に関するモントリオール議定書があった（もっとも同議定書では、国家のカテゴリー別に規制物質の生産量・消費量に関する基準が設定される）。

　これに対してパリ協定では、各国が提出する NDC にそうした目標が記載されるが、まさしく NDC という名称から窺えるように、各国が掲げる目標の水準は、基本的にはそれぞれの国が一方的に表明する。こうした方式は、京都議定書のように国際交渉で決定する方式と対比して、「ボトムアップ方式」と呼ばれている。前述の通りこの方式は、既にカンクン合意において正式に採用されていた。

　ただし、単純に各国の約束を積み上げても、国際社会全体が目指す目標の達成に必要な水準には不足する可能性が当然ある。この点につきパリ協定では、産業革命前からの地球の平均気温の上昇を２度よりも十分低く抑え、また1.5度に抑える努力を追求するという、野心的な気温目標（以下、２度／1.5度目標）を明文化しており（２条１項a）、そのため

3）例えば D. Bodansky, "The Legal Character of the Paris Agreement", Review of European, Comparative & International Environmental Law, vol.25. no.2（2016）を参照。

21世紀後半にはGHGの人為的な排出量と吸収量の均衡を達成する（＝大気中のGHGの総量の増加を打ち止めにする）という目的に言及している（4条1項）。そこで同協定では、2020年までに最初のNDCを、またその後少なくとも5年毎にNDCの更新を求めており、各国は定期的に約束の水準を高めていくことが期待されている（4条3項、9項。4条2項も「累次の」NDCの作成等を求めている）。後述するグローバル・ストックテイク等の手続も含め、国際社会全体の目標の達成に向けたNDC更新の仕組みも備えていることから、パリ協定はトップダウンの要素を併せ持つ「ハイブリッド方式」を採用しているとも評されている。

　このように国別目標の水準については、国際レベルでの決定から各国が一方的に表明する方式に転換するとともに、それらの水準を継続的に引き上げるための具体的なサイクルを併せて制度化している点もパリ協定の重要な特徴である。

(iii) 義務の差異化との関係

　そして第3の特徴として、「全ての国が約束する」という点を改めて指摘しておきたい。先進国と途上国の間での義務の差異化は、気候変動条約体制の下で最も論争のある問題の一つである。これは、あえて一言でいえば国家間の負担配分に関わる問題であり、「衡平」に関わる問題として論じられてきた。そして京都議定書では、国別削減目標の達成という緩和に関する最も中心的な義務について、主に先進国と途上国の二分論に依拠し、当該義務の有無という形で差異化が図られていた。

　これに対してパリ協定では、各国が掲げる目標の達成自体はどの国にも義務づけられていないが、少なくともNDCを作成・通報・維持し、自身の目標等を表明することは、途上国を含む全ての国の義務である。つまり、少なくとも緩和に関わる義務については、NDCの提出といった主に手続的な行為の義務づけに力点を置く一方で、上で述べた二分論は大きく修正が図られているのである（ただし緩和についても二分論が残っている部分もある。例えば4条4項を参照）[4]。

その一方、NDC で掲げる国別目標の水準は各国が自ら決定できることから、パリ協定では「自己差異化」の方式（＝各国自身が差異の程度を決定できる方式）が採用されたと言われることもある。もっとも、そもそも国別目標の達成自体は義務づけられていないため、ここで言う差異化は厳密には義務の差異化ではない点には注意を要する。ただ、「衡平」な負担配分とは何かという難問については、各々が不釣り合いではないと考える約束を表明するというやり方を採用することで、さしあたりは回避されたことはたしかである。なお、こうした衡平の問題は、次にみる履行確保の手続との関係でも論点となっている（それらの手続における途上国への配慮については、以下の［3］で言及する）。

　以上、パリ協定における緩和の義務づけの特徴を簡単に見てきたが、京都議定書締結後の経緯をふまえると、「全ての国が約束する」制度の実現にあたり、「法的拘束力のない目標」を「一方的に約束する」制度の採用は、必要な「代償」であったとみることもできる。そして、パリ協定の2度／1.5度目標の実現には、こうした義務づけの特徴をふまえた、有効な履行確保手続の構築が鍵となる。次にこの点を検討しよう。

［3］履行確保の手続の特徴
（i）京都議定書の履行確保の手続の特徴
　前に述べたように、パリ協定の履行確保手続の特徴の要点は、「情報共有や対話等を通じて、各国の数値目標の達成と更新とを促進することに重点をシフトしている」点にある。この点を考える前提として、まず京都議定書の関連手続の特徴を確認しておく。

　一般に多数国間環境条約の下では、履行確保のための独自の手続を設ける傾向にある。より具体的には、①各国に実施状況等を定期的に報告させ、その内容を締約国会議等で検討する「国家報告制度」と、②主に

4）適応等に関する義務を含めて、パリ協定下の義務の差異化の特徴を検討したものとして、高村ゆかり「パリ協定における義務の差異化」松井芳郎ほか編『21世紀の国際法と海洋法の課題』（2016年）。

個別の不遵守の事案に組織的に対処するための手続である「遵守手続（不遵守手続とも）」を置くことが多い。京都議定書は、特に②について、特定の規定の不遵守を対象に、強制を目的とした特別な手続を用意した点に大きな特徴があった。

　多くの環境条約の遵守手続では、支援や対話等を通じた遵守の促進を重視する傾向があり、少なくとも強制に特化した手続を設けることは稀である。だが京都議定書の遵守手続では、遵守委員会と呼ばれる組織の下、助言の提供や援助の促進等を行う「促進部」と並んで、一定の懲罰的な措置も予定する「強制部」が設置された。そして、国別目標の不達成も強制部が扱う対象の一つとされ、その不遵守が認定された場合、是正計画の提出のほか、国際排出量取引への参加停止に加えて、目標を超過した分の1.3倍に等しい量を次期約束期間の排出枠から差し引く、といった特別なペナルティーが課される。このように不利益を与える措置を予定することで、目標の不達成を予め抑制し、また不達成があった場合には次期約束期間での是正を強いることを狙いとしていた。この強制部は、個人資格で選出される法の専門家で構成されるほか、審査では一定の適正手続も求められる等、裁判手続に近い側面も有していた。

　国別目標の達成という義務をも対象に、京都議定書でかかる手続を採用できた要因の一つとして、基本的にそれが先進国等に限定された法的義務であった点が挙げられる。途上国の場合のように能力の不足や衡平への配慮がさほど要請されず、また法的義務である以上、その不遵守に強制的な対応を予定することに違和感は少ない。これに対してパリ協定では、NDC の提出による約束の表明は途上国も含む全ての国の義務だが、少なくとも国別目標の達成はいずれの国も義務づけられていない。それでは、パリ協定が予定する履行確保の手続にはどのような特徴があるのか。2018年の COP24 で採択されたパリ協定の実施指針（以下、2018年実施指針）の内容もふまえつつ、以下検討する（なお以下で扱う手続は、「緩和」の規定の履行確保だけに特化した手続ではない点は注意）。

(ii) パリ協定の手続1──透明性枠組（協定13条）

　第1に、国家報告制度の一層の強化を図っている。前述の通り、既にカンクン合意において、各国の約束の実施状況に関する国際的審査の強化が図られていたが、パリ協定13条の「透明性枠組」と呼ばれる手続は、かかる制度の延長上にある。他国がいかに取組を進めているかが容易にわからない（＝透明ではない）状況は、当該他国の実施の評価を難しくするうえ、自らの積極的な実施を控える要因にもなりかねない。13条の手続は、この問題への対処を強めることを基本的な狙いとする。

　まずこの手続では、先進国・途上国を問わずすべての国が、自国のGHGの排出・吸収に関する記録簿とともに、NDCの実施・達成における当該国の進捗を追うのに必要な情報を定期的に（隔年で）提供する（13条7項）。このように、情報提供、すなわち報告の対象となるのは、厳密な法的義務の実施に必ずしも限定されているわけではなく、NDCの実施・達成に関わる情報が明示的に対象とされている。なお報告の範囲や詳しさ、頻度、そして次に述べる審査の対象範囲等については、国の能力を考慮して、途上国には一定の柔軟性が認められうる。

　提供された情報については、国際的な審査がなされる。もっとも、これはあくまで「（遵守）促進的、非介入的、非懲罰的に」実施され、国に是正を強制的に迫るものではない。2段階の審査が予定されるが、これはカンクン合意の下で既に導入されていた。まず第1段階として、技術専門家による審査が予定される（technical expert review）。2018年実施指針によれば、4条の下でのNDCの実施・達成の検討も射程に含まれるが、政治的な判断は控えなければならず、NDCの約束や国内の取組が妥当か否かといった審査はできない[5]。第2段階は、当事国間での対話による進捗状況の検討である（facilitative, multilateral consideration of progress）。これは一種のピアレビューであり、NDCの実施と達成等の

5）第1回パリ協定締約国会合（以下「CMA1」）・決定18附属書、パラ146-149。

事項について、主に国家間での書面による質疑と討論が行われる[6]。

　このように透明性枠組は、基本的にはカンクン合意以降に強化されていた国家報告制度を発展的に継承し、途上国には柔軟性を認めるものの、全ての国に共通する手続として改めて制度化したものだといえる（従前のカンクン合意の下での審査手続では、先進国と途上国とで一応別個の手続が設けられていた）。ⅰ）各国に自らの実施状況に関する一種の説明責任を課すこと、ⅱ）他国の取組に対する評価や自国の取組の改善の基礎となる、情報の共有を図ること、ⅲ）遵守の基礎となる当事国間の信頼関係の構築に寄与すること等を通じて、協定の実施の促進を図る手続だといえる。NDC が掲げる国別目標の実施・達成の促進においても、それらの「透明化」を通じて一定の役割を果たしうる点が重要である。

(ⅲ) パリ協定の手続２──グローバル・ストックテイク（協定14条）

　第１に、国際社会全体の目標の達成度合いを検討する手続を新たに導入した。この手続は協定14条に定められ、「世界全体の実施状況の検討」、或いは原語の英文そのままに、「グローバル・ストックテイク」と呼ばれている。前述の通り、各国の NDC は定期的に更新が義務づけられているが、２度／1.5度目標といった協定の全体目標に向けて、約束の水準を高めていくために必要となる情報（全体目標にどこまで近づいているか、近づくためにはどのような選択肢があるか等）を各国に与えることが、この手続の目的である。そのため、その検証結果は、５年毎の NDC の基本的な更新サイクルに合わせて、事前に（更新の２年前に）各国に情報提供される。第１回の正式な検討は2023年に実施され（2025年に NDC の更新を予定）、その後は５年毎に行われる予定である。前述の透明性枠組は、この14条の検討のための情報を提供することも目的としている。なお、この手続はあくまで国際社会全体の進捗状況を確認するもので、個々の国に焦点を当てた検討を行うものではない[7]。よって、

6）前掲注５）、パラ191-196。
7）CMA1決定19、パラ14。

ある特定の国の削減目標が不十分かどうか、といった評価は行わない。

　更新される NDC で掲げられる約束の水準については、決定権がそれぞれの国にあることに変わりはない。だがこの手続は、そうした決定に影響を与えることを意図している。協定14条３項によれば、この検討は「衡平」と「利用可能な最良の科学」に照らして実施されるが、いかに説得的な情報を提示できるかが鍵となる。

　このように、自主的な約束の定期的な更新のサイクルに合わせて、各国の取組の全体的な効果を評価する具体的な手続を採用した点は、京都議定書は勿論のこと、他の環境条約でも基本的に例をみない、パリ協定の革新的な特徴である。NDC の約束の水準自体の増進を図ることで、２度／1.5度目標に向けたさらなる緩和の取組の促進に力点を置いている点も、京都議定書とは異なる履行確保の特質となっている。

(iv) パリ協定の手続３──促進的な遵守手続（協定15条）

　第３に、協定15条は、「協定の規定の実施及び遵守を促進するための制度」を予定する。個別国家の遵守に関わる事案が審査され、当該国への対応措置が決定されうる点で、京都議定書の遵守手続にほぼ相当する制度である（ただし15条の制度では、個別の事案を越えた全体的な問題〔systemic issues〕も検討されうる）。パリ協定によれば、京都議定書と同様に専門家から構成される委員会が設置される。ただし、それは「促進的な性格を有する委員会であって、透明性があり、敵対的でなく、及び非懲罰的方法によって機能するものから成る」と定められている（15条２項）。したがって、京都議定書の強制部に当たるような組織・手続の設立は基本的に想定されていない。

　厳密にいえば、15条は「実施」と「遵守」を促進する制度を予定する。両者の違いは必ずしも明らかではないが、後者は義務的な規定の実施を意味し、前者はそれ以外の規定の実施を意味するというのが、一つのありうる解釈である。もっとも、この手続による審査が厳密にどの規定の実施に及ぶのか、パリ協定自体の条文からは必ずしも定かではなか

った。この点につき、2018年実施指針は、締約国がパリ協定の「いずれかの規定（any provisions）」の実施と遵守につき書面で申告した場合には、委員会は適切ならば関連する問題を検討すべきだと定める[8]。つまり、少なくとも国による自己申告による場合には、義務的な規定に検証の対象が必ずしも限定されていない。これに対して、15条で設置する委員会自らが審査を開始することも認められているが、その場合に対象となるのは、4条によるNDCの作成・提出・維持の義務や、13条に基づく報告義務の不遵守の場合等に限定され、例えばNDCの削減目標の不達成の場合や、適切な国内緩和措置の不実施の場合などは、対象とされていない[9]。委員会が自ら開始する場合は、NDCや国家報告等の「内容」については審査しないことが、明文化されている[10]。さらにこの手続は、前述した透明性枠組の専門家審査の勧告によっても開始されうるが、やはり13条の報告義務に関わる一定の不遵守の場合に限定されている[11]。

　実施や遵守が否定された場合の具体的な対応措置についても、パリ協定は沈黙していた。だがこの点につき2018年実施指針は、例示ではあるが、課題の特定や勧告等を目的とした当該国との対話や、資金・技術機関等との取組の支援等を列挙している。その一方、例えば特定の制度への参加資格の停止といった不利益を課す措置には言及がない[12]。

　このようにパリ協定は、規定の実施・遵守に関する個別の事案に対処する手続も予定するが、あくまで規定の実施や遵守の「促進」を目的とする。国の能力や特別な事情に配慮するとの定めがあるように（15条3項）、基本的に途上国を想定した能力養成を重視した手続となっている。また、緩和措置の遂行の促進という面で直接的役割を果たしうる可能性

8）CMA1決定20・附属書、パラ20。
9）前掲注8）パラ22(a)。
10）前掲注8）パラ23。
11）前掲注8）パラ22b。
12）前掲注8）パラ28-31。

があるとしても、少なくとも個別の事案の審査としては、国の自己申告の場合に限定される見込みである。もっとも、例えば委員会自らが手続を開始する場合でも、NDCの提出や実施状況の報告等、一定の手続の遵守促進に寄与することで、前述した透明性枠組やグローバル・ストックテイクの機能を支えうる点は軽視されるべきではないだろう。

　以上パリ協定では、各国によるNDCの目標の実施・達成については、その「透明化」の手続を強化するとともに、国際社会全体の目標の実現に向けてNDCの更新を促進する手続と、それらの手続を含む遵守の支援を図るための手続を予定している点に、履行確保の特徴がある。前述した同協定の義務づけの特徴をふまえると、国別目標の不達成に強制的措置を予定し難いほか、それらの目標を実施する各国の能力を当然の前提とはできないこと、また掲げられた約束の水準自体十分ではない可能性を想定しなければならないこと等から、約束の実施と更新とを支援することに重点を置いた手続が発展しつつあると理解できる。

❸ パリ協定における規制方式の転換の評価と課題

　以上見てきた規制方式の大きな転換は、制度への国の参加を広く確保するには現実的な選択肢であったといえるが、京都議定書の規制の中核を成した国別目標はその法的拘束力を失い、また一方的に表明される約束へと変貌した。これは国際法による規律の後退であろうか。むしろパリ協定では、「手続」による規律に重点がシフトし、その強化が図られつつあるとみることもできよう。とりわけ履行確保に関して、国家報告制度の一層の精緻化と改善を図り、併せて各国の約束水準を高めていくためのサイクルを具体的に制度化している点は注目に値する。

　一般に地球環境問題への対処では、利害も発展段階も多様な国々の制度への参加を確保しつつ、科学的知見や技術の進歩をふまえながら、国際規制の継続的な発展とその履行を図らなければならない。特に気候変動分野では、原因行為の多様性や規制のコスト等の要因から、これは容

易な課題ではない。国際レベルでの国別目標の設定と強制的な手続による履行確保という京都議定書の規制方式は、とりわけ途上国にも具体的約束が求められる状況では、個々の目標設定やその更新にさらなる困難が生じるのみならず、各国の遵守能力の不足の問題に十分対処しえない。各国の緩和行動の実施と強化を促進する「手続」の具体化に焦点を当てたパリ協定は、かかる状況を打開するための新たな国際法制度の方向性を示したものだといえよう[13]。

　無論、こうした特徴をもつパリ協定が、今後の多数国間環境条約の新たな一つのモデルとなりうるかは、2度／1.5度目標の達成に向けて、今後どこまで有効に機能するかにかかっている。だが第一に、履行確保に関わる各手続が、実際に各国の約束の実施や水準の増進に影響を与えるためには、依然として多くの課題を指摘しうる。例えば、国家間の信頼醸成や約束水準の引き上げには、国家間の取組の比較のため、特に衡平性に関する一定の指標をさらに検討することが避けられないだろう。また、義務的規定の不実施についてまで、強制的な対応措置を全く排除することが適切かは引き続き問われうる。第2に、上記の手続相互の関係・連携についても明確化の余地がある。例えば、透明性枠組の結果がどのようにグローバル・ストックテイクにインプットされるのか、必ずしも定かではないところがある。第3に、国別目標達成の促進には、上述の履行確保手続以外の制度に関わる課題も当然存在する。例えば、京都議定書の下でのいわゆる京都メカニズム[14]のように、目標達成手段の柔軟性（＝選択の幅）を各国に与える制度を、引き続き適切な範囲で認めていくことも依然重要な検討課題である（協定6条等に関わる問題）。

---

13) 米国のパリ協定脱退の正式通告（2019年）は、国の参加確保がなお容易でないことを示すが、他方で、同協定がそれなりの制約をもたらすと認識されていることも確認できる。

14)「国際排出量取引」など、国別目標を負った先進国等に対して、当該目標の達成に利用できる排出枠の取得を認める諸制度の総称。

第14章
外国投資を保護する公正衡平待遇義務
―――国の規制権限とのバランス

早稲田大学教授
福永有夏

❶ はじめに

　外国で事業活動を行う日本企業が増加している。製造業では、1980年
代から日本企業は海外生産を拡大し、特にアジアにおいてグローバル・
バリュー・チェーンを展開している。非製造業においても、近年になっ
て卸売業やサービス業を中心に海外展開が活発化している。

　自国企業の外国での事業活動を保護し促進するため、多数の投資協定
が締結されている。投資協定は、二国間投資協定として結ばれること
や、経済連携協定（EPA）の一部として結ばれることが一般的である。
ただしエネルギー投資分野においては、エネルギー憲章条約（ECT）と
呼ばれる多数国間条約がある。国連貿易開発会議（UNCTAD）によれ
ば、世界では3,000近い投資協定が締結されている[1]。日本も、アジア
諸国を中心に40近い国々と投資協定を結んでいるほか、ECT の締約国
となっている。

　これらの投資協定においては、外国投資家（企業）の投資の保護や促
進のために投資受入国（協定締約国）が守るべき義務が定められている。
また投資協定上の義務違反の有無に関する紛争を解決するための紛争処
理手続も定められている。中でも、外国投資家が投資受入国に対して損
害賠償などを請求できる投資仲裁が活用されている。UNCTAD によれ

1）UNCTAD, International Investment Agreements Navigator, https://investmentpolicy.unctad.org/international-investment-agreements.

ば、2019年末までに1,000件近い紛争が投資仲裁に付託されている[2]。

　投資協定に定められる義務には、投資財産収用の要件を定めるものや無差別待遇を求めるものなどがあるが、投資仲裁において最も争われることが多いのが公正衡平待遇義務である。公正衡平待遇義務は、外国投資家の投資に公正かつ衡平な待遇を与えることを求めるが、公正かつ衡平な待遇が具体的にどのような内容のまたどの程度の保護を意味するのか投資協定では詳細には定められていない[3]。本章❷で述べるように、公正衡平待遇義務の内容は投資仲裁の中で少しずつ明らかにされているが、依然として不明確な点もある。

　近年の投資仲裁でしばしば争われているのが、投資受入国が新たに規制を導入したり既存の規制を変更したりすることによって外国投資家が損害を被った場合に公正衡平待遇義務の違反となるかという問題である。公正衡平待遇義務に基づき外国投資を保護しなければならないという要請がある一方で、公共政策目的を実現するために様々な規制を導入したり変更したりするのは国の正当な規制権限の行使でありこれも一定程度尊重されなければならない。本章❸では再生可能エネルギー政策、本章❹ではたばこ規制を題材に、投資仲裁において外国投資保護の要請と国の規制権限尊重の要請がいかにバランスされているかを述べる。本章❺はまとめとともに公正衡平待遇義務の日本へのインプリケーションを検討する。

❷ 公正衡平待遇義務の展開

　以下で論じるように、公正衡平待遇義務の内容は投資仲裁の中で次第に明らかにされつつあるが[4]、義務の内容には不明確な点も残っている。というのも、投資仲裁においては他の国際裁判手続と同様に先例拘

2）UNCTAD, Investment Dispute Settlement Navigator, https://investmentpolicy.unctad.org/investment-dispute-settlement.

3）公正衡平待遇義務についての解説として、小寺彰「公正・衡平待遇──投資財産の一般的待遇」小寺彰編著『国際投資協定──仲裁による法的保護』（三省堂、2010年）101-119頁。

束性がないため、過去の投資仲裁における公正衡平待遇義務の解釈が後の投資仲裁を拘束するわけではない。また、常設機関が判断を行う司法裁判手続では先例拘束性がなくとも過去の紛争における法解釈が後の紛争においても尊重されることが一般的であるのに対し、判断を行う仲裁廷がアドホック（事件ごと）に設置される投資仲裁では過去の紛争におけるある仲裁廷の法解釈が後の紛争の別の仲裁廷の判断においては踏襲されないこともある[5]。さらに、たとえば日韓投資協定の公正衡平待遇条項と日ウクライナ投資協定の公正衡平待遇条項の文言が異なるように[6]、投資協定によって公正衡平待遇義務を定める条文の文言が若干異なることがあり、公正衡平待遇義務の内容が全ての投資協定について同一であるとは必ずしも言えない。

　例えば、投資協定上の公正衡平待遇義務で求められる投資保護水準と慣習国際法によって求められる投資保護水準との関係が争われることがある。従来の投資協定においては両者の関係が明記されていないことが多いため、投資協定上の公正衡平待遇義務が慣習国際法上の最低保護水準を超える保護を与えるものかが問題となる。この点が最初に注目されたのは北米自由貿易協定（NAFTA）に基づく投資仲裁においてであり、NAFTA の公正衡平待遇義務は慣習国際法上の最低保護水準を超える保護を与えるよう求めていると解釈されたことがあった。しかしこのような解釈には批判があり、NAFTA 締約国から構成される NAFTA 自由貿易委員会は、NAFTA の公正衡平待遇義務が慣習国際法上の最低保護水準を超える保護を与えるものではないことを明確にする解釈ノー

4）国内法の一般原則を規準として公正衡平待遇義務の明確化が図られていることについて、本書3章参照。

5）投資仲裁における解釈の問題について、福永有夏『国際経済協定の順守確保と紛争処理——WTO紛争処理制度及び投資仲裁制度の意義と限界』（有斐閣、2013年）323-346頁。

6）日韓投資協定10条1項は「各締約国は、自国の領域内にある他方の締約国の投資家の投資財産に対し、公正かつ衡平な待遇並びに十分かつ継続的な保護及び保障を与える」と定める一方、日ウクライナ投資協定6条1項は「一方の締約国は、自国の区域内において、他方の締約国の投資家の投資財産に対し、国際法に基づく待遇（公正かつ衡平な待遇並びに十分な保護及び保障を含む。）を与える」と定める。

トを採択した。これ以降、NAFTA に基づく投資仲裁においては公正衡平待遇義務は解釈ノートに沿って解釈されているが、NAFTA 以外の投資協定に基づく投資仲裁においては依然として両者の関係が争われることがある。なお近年締結される投資協定においては、投資協定上の公正衡平待遇義務が慣習国際法上の最低保護水準を超える保護を与えるものではないと明記されることが多くなっている。

　公正衡平待遇義務の解釈をめぐって特に問題となるのが、外国投資保護の要請と国の規制権限尊重の要請とのバランスである。すなわち、公正衡平待遇義務は完全かつ無制限の保護を外国投資に与えるものではなく、投資受入国の正当な規制権限の行使によって外国投資保護が制限されることを容認している。例えば投資受入国が新たに環境規制を導入したり既存の環境規制を厳格化したりすることによって事業環境が悪化すれば、外国投資家は当初期待していた保護が得られなくなったとして公正衡平待遇義務違反を主張するかもしれない。しかし投資受入国にとっては、環境保護などの公共政策目的を実現するために規制を導入したり変更したりすることは正当な規制権限の行使であり、そのような規制権限を投資協定によって制限するのは認められないと反論するであろう。

　外国投資保護の要請と国の規制権限尊重の要請とのバランスを図る際にまず考えなければならないのが、どの程度外国投資を保護すべきかという問題である。近年の投資仲裁においては、公正衡平待遇義務は外国投資家のいかなる期待をも保護するわけではなく、保護するのは「正当な」期待であるとの解釈がおおむね一貫して採用されている。また最近では、外国投資家の期待に反する行為があったという事実のみで公正衡平待遇義務の違反となるわけではないことを明記する投資協定も現れている。ただし、公正衡平待遇義務によって保護される外国投資家の「正当な期待」が具体的に何を意味するのかは紛争ごとに判断されなければならず、本章❸で扱う再生可能エネルギー政策をめぐる投資仲裁においてもこの点が主たる争点となっている。

　外国投資保護の要請と国の規制権限尊重の要請とのバランスを図る際にもう一つ重要なのが、どの程度国の規制権限を尊重すべきかという問題である。近年の投資仲裁においては、国の規制権限にも配慮しながら公正衡平待遇義務を解釈適用しなければならないという点にはおおむね一致が見られるし、国が正当な政策目的を実現するために規制を行う権限を有することが投資協定において明文で確認されることもある。しかし、環境や人権といった重要な政策については国の規制権限を特に広く認めるべきとの見解や、投資家保護の観点から行き過ぎた配慮には慎重になるべきとの見解など、どの程度国の規制権限に配慮すべきかについては見解に相違がある。最近では、ヨーロッパ人権裁判所において発展してきた「評価の余地」理論を根拠として、本章❹で扱うたばこ規制のように特に重要な国の政策については国の広い裁量を認めるべきだと判断する仲裁廷もあるが、幅広い支持を得るには至っていない。

❸ 再生可能エネルギー政策

　太陽光などの再生可能エネルギー発電の導入を促すため、多数の国が再生可能エネルギーで発電した電力を一定価格で買い取る固定価格買取制度を導入している。しかし、買取の国家負担が予想以上に大きく、制度を見直したり廃止したりした国もある。ここで取り上げるスペインも固定価格買取制度を採用していたが、財政上の負担が拡大したため、買取を一部撤回又は修正するなどの制度の変更を行った。多数の外国投資家が固定価格買取制度による利益を期待してスペインにおける再生可能エネルギー発電事業に進出していたが、制度の変更により損失を被ったとして、ECT に基づきスペインに対して投資仲裁を申し立てた[7]。スペインの固定価格買取制度についての投資仲裁請求は、2019年末までに40件以上に上っており、その一部については仲裁判断が出されている。

　7）ECT に基づく投資仲裁についての一般的な解説として、小寺彰＝川合弘造編『エネルギー投資仲裁実例研究――ISDS の実際』（有斐閣、2013年）。

このうち3件は日本の企業（日揮株式会社、ユーラスエナジーホールディングス、伊藤忠商事株式会社）が申し立てた投資仲裁で、2019年末現在係属中である。

　スペインの固定価格買取制度をめぐる投資仲裁においては、スペインの制度変更が ECT の公正衡平待遇義務に違反したかが主要な争点の一つとなっている。特に、スペインの制度変更が外国投資家の「正当な期待」に反するとみなされる場合には公正衡平待遇義務に違反するところ、外国投資家の「正当な期待」とは何かが問題となる。これまでに出された仲裁判断においては、制度が全く変更されないという期待は正当と言えないという点においては一致しているが、その他の点については相違がある。

　たとえばスペインの固定価格買取制度をめぐる投資仲裁の中で初めて本案（違法性の有無）に関する判断が出された *Charanne v. Spain* では、制度を変更しないという特定の約束をスペインが申立人である外国投資家に対してしている場合には当該外国投資家は制度が変更されないことについての正当な期待を有すると言えるが、本件においてスペインはそのような特定の約束をしておらずしたがって正当な期待はないと判断された[8]。他方で、投資受入国が不合理、不均衡又は公益に反する行動はしないであろうという外国投資家の期待は一般論として正当と認められ、したがって特定の約束がなくとも既存の制度の不合理、不均衡又は公益に反する変更については外国投資家の正当な期待に反するとみなされうることが指摘された[9]。ただし本件で争われた2010年時点の制度変更については、不合理、不均衡又は公益に反する変更ではなく、したがって公正衡平待遇義務に違反しないと結論された[10]。

　Eiser v. Spain では、公正衡平待遇義務は外国投資家が長期的な投資

8）*Charanne B.V. y Construction Investments S.A.R.L. v. El Reino de España*, laudo Final, 21 January 2016, Arbitraje No. 062/2012, paras.486-511.

9）前掲注8）paras.514-517.

10）前掲注8）paras.518-540.

を行う際に依拠する投資受入国の法制度の本質的性質が根本的に変動されないよう求めており、投資受入国が外国投資家の依拠する法制度を劇的に変更することは同義務に違反すると指摘された[11]。言い換えれば、公正衡平待遇義務は既存の制度を劇的に変更しないことについての外国投資家の正当な期待を保護していると解される。そのうえで同事件では、問題となった2013年以降の制度変更は申立人である外国投資家の投資の価値を実質上すべて失わせる劇的なものであり、したがって公正衡平待遇義務に違反すると判断された[12]。

外国投資家の期待の正当性が判断される際に、投資受入国が個々の外国投資家にどのような約束や保証を行っていたかが考慮されたこともある。たとえば *NextEra Energy v. Spain* では、スペイン当局が申立人に対して与えていた保証に基づき、申立人は申立人の投資の安定性や経済的実効性を損なうような既存制度の変更が行われないとの正当な期待を有しており、にもかかわらずそのような正当な期待に反する制度変更が行われたことは公正衡平待遇義務に違反すると結論された[13]。

また、外国投資家の期待の正当性が判断される際、外国投資家の行為の妥当性が考慮されることもある。たとえば *Insolux v. Spain* においては、本件申立人が投資を行った時点ですでにスペインの固定価格買取制度の変更が始まっており、制度がさらに不利益変更されるであろうことは慎重な外国投資家であれば予見できたはずであると指摘され、公正衡平待遇義務違反は認められなかった[14]。

以上のように、投資時点での制度や規制が全く変更されないことについての外国投資家の期待は正当と言えないものの、合理性を欠く変更や

11) *Eiser Infrastructure Limited and Energia Solar Luxembourg S.À R.I. v. Kingdom of Spain*, Award, 4 May 2017, ICSID Case No. ARB/13/36, paras.362-387.

12) 前掲注11) paras.388-418.

13) *NextEra Energy Global Holdings B.V. & NextEra Energy Spain Holdings B.V. v. Kingdom of Spain*, Decision on Jurisdiction, Liability and Quantum Principles, 12 March 2019, ICSID Case No. ARB/14/11, paras.587, 588-596, 597-601.

劇的な変更が行われないことについての期待は正当とみなされ、そのような変更があれば公正衡平待遇義務に違反したと判断される可能性がある。また、外国投資家の期待の正当性の判断において、投資受入国が外国投資家に特別な保証を行っていたかや外国投資家が投資の際に十分な注意義務を払ったかも考慮されており、制度を変更することについての国の規制権限を安易に制限しないよう配慮されている。

　なお、同じスペインの固定価格買取制度をめぐる同じ ECT に基づく投資仲裁であるにもかかわらず異なる判断が出されているのは、個々の投資仲裁で扱われている事実関係に多少の相違があるという事情もあるが、公正衡平待遇義務がそれぞれの仲裁廷によって異なる意味に解釈されているという事情にもよる。

　投資仲裁においては先例拘束性がなく、仲裁廷は過去の事件における投資協定の解釈を踏襲することを義務づけられない。また、仲裁廷はアドホックに設立される機関であり、過去の事件における解釈との一貫性を保つことのみならず各事件の個別事情を踏まえた柔軟な解釈を行うことも求められている。ただ、仲裁廷によって判断や解釈が大きく異なれば、公正衡平待遇義務の内容が不明確となり、国の規制権限の行使に萎縮効果を与える恐れもある。近年活発化している投資仲裁の改革論は、投資仲裁の判断や解釈の一貫性を高めることを目的の一つとしているが、投資仲裁の予見可能性が高まることは国の規制権限の尊重という観点からも望ましい。

---

14) *Isolux Infrastructure Netherlands, B. V. c. Reino de España*, Laudo, 17 July 2016, Arbitraje SCC V2013/153, paras.781-815.　ただし、投資を行った時点で存在していた制度が撤回されないことについて外国投資家は正当な期待を有しており、外国投資家に補償もせず既存の制度を撤回することは公正衡平待遇義務に違反するとの反対意見が付されている。*Isolux Infrastructure Netherlands, B. V. c. Reino de España*, Opinión disidente del Árbitro (Prof. Dr. Guido Santiago Tawil), 6 Jury 2016 Arbitraje SCC V2013/153, paras.6-13.

❹ たばこのパッケージ規制

　たばこの健康被害に対する認識が高まるとともに、たばこ規制を強化する国が増えている。世界保健機関（WHO）で採択されたたばこの規制に関する枠組条約（たばこ枠組条約）は、たばこの需要や供給を減少させるために様々な措置をとることを締約国に求めている。

　たばこ規制を強化することは国の正当な公衆衛生政策であるが、たばこを生産する企業にとっては事業環境の悪化につながる。たばこ規制の中でも、特にオーストラリアとウルグアイが導入したパッケージ規制について、公正衡平待遇義務に違反しているとしてたばこメーカーのフィリップモリスが投資仲裁を申し立てた。本件投資仲裁においては、公衆衛生政策という人々の生命や健康にかかわる国の規制については特別な配慮がなされるべきかが問題となった。

　Philip Morris Asia v. Australia で問題となったオーストラリアのプレーン・パッケージ規制は、たばこのパッケージに写真を含む健康被害の警告を表示することを義務付けるとともに、たばこブランド名のロゴ表示を禁止した。申立人のフィリップモリス・アジアは、プレーン・パッケージ規制が香港とオーストラリアの二国間投資協定[15] に定められる公正衡平待遇義務などに違反すると主張して投資仲裁を申し立てた。しかし本仲裁手続は、本案に関する判断が出される前に、管轄権も受理可能性もないと判断されて終了した[16]。

15）フィリップモリス・インターナショナルの統括本部はスイスに、本社は米国にあるが、スイスとオーストラリアとの間には投資協定はなく、米国とオーストラリアの投資協定（自由貿易協定）には投資仲裁に関する規定がない。フィリップモリスは、オーストラリアにおけるたばこ事業は香港に拠点をおくフィリップモリス・アジアの外国投資であると主張して、香港とオーストラリアとの二国間投資協定に基づく投資仲裁を申し立てた。

16）*Philip Morris Asia Limited v. The Commonwealth of Australia*, Award on Jurisdiction and Admissibility, 17 December 2015. オーストラリアにおけるたばこ事業が香港に拠点をおくフィリップモリス・アジアの外国投資であるとの申立人の主張が認められなかった。管轄権や受理可能性に関する判断については、福永有夏「2016年貿易・投資紛争事例の概況——投資仲裁決定」日本国際経済法学会年報第26号（2017年）290-291頁を参照。

この事件はむしろ、投資仲裁の外に様々な影響をもたらした。まず、たばこ規制という生命や健康にかかわる重要な規制が外国投資家の申し立てた投資仲裁の対象とされたということで、オーストラリアの国内で強い反発を生んだ。こうした事情も背景に、オーストラリアも締約国となっている環太平洋パートナーシップ（TPP）協定は、締約国が望む場合にはたばこ規制を投資仲裁の対象から除外することを認めている。

　また、同じオーストラリアのプレーン・パッケージ規制に対し、投資仲裁と並行してWTO紛争処理のパネルによる審理が行われていたことも注目を集める理由となった。WTO協定には公正衡平待遇義務は定められていないが、政策目的に照らして必要以上に貿易制限的な措置をとることはWTO協定の違反となりうる。投資仲裁手続が終了した後に出されたパネル報告では、プレーン・パッケージ規制は必要以上に貿易制限的とは言えず、WTO協定に違反しないと判断された[17]。本パネル報告は上級委員会に上訴され、2019年末現在係属中である。

　Philip Morris v. Uruguay では、ウルグアイのたばこ規制がフィリップスモリスの申し立てた投資仲裁の対象となった。申立人は、ウルグアイのシングル・プレゼンテーション要件（一つの製品に一つのブランド表示のみを認め、「ライト」、「ウルトラライト」といったバリエーションを認めない）や警告画像表示要件がスイスとウルグアイの二国間投資協定に定められる公正衡平待遇義務などに違反すると主張していた。

　しかし、仲裁判断では申立人の請求がすべて退けられた[18]。特に公正衡平待遇義務については、たばこ枠組条約や関連するガイドラインによって本件措置の有効性に関する十分な証拠が示されているなどとして、本件措置が恣意的、広範すぎる、あるいは差別的であるため公正衡平待

17) *Australia — Certain Measures Concerning Trademarks, Geographical Indications and Other Plain Packaging Requirements Applicable to Tobacco Products and Packaging*, Reports of the Panels, 28 June, 2018, WT/DS435/R, WT/DS441/R, WT/DS458/R, WT/DS467/R.

18) *Philip Morris Brands Sàrl, Philip Morris Products S.A. and Abal Hermanos S.A. v. Oriental Republic of Uruguay*, Award, 8 July 2016, ICSID Case No. ARB/10/7.

遇義務に違反するとは言えないと結論された[19]。また、たばこの健康被害に対する国際的な関心の高まりを考慮すれば、たばこ規制が導入されないという正当な期待があったとは言えないとも指摘された[20]。

　本仲裁判断では特に、「評価の余地」理論が少なくとも公衆衛生に関連しては投資仲裁にも適用されると認め、国の公衆衛生政策に対しては相当の配慮が払われなければならないと判断されたことが注目される[21]。「評価の余地」理論はヨーロッパ人権裁判所がしばしば用いてきたもので、人権に対する制約がどの程度許容されるべきかの評価について国は一定の余地（裁量）を有するとされる[22]。すなわち本仲裁判断は、「評価の余地」理論を投資受入国の裁量を広く認める根拠として用いた。本判断によれば、外国投資を制限するような規制を導入した場合であっても、そのような規制が公衆衛生にかかわるものであれば、公正衡平待遇義務違反の認定は慎重に行われなければならない。ただし、ヨーロッパ人権裁判所で発展してきた「評価の余地」理論を投資仲裁に持ち込むことには批判もあり、本仲裁判断にはこの点について反対意見が付されている[23]。

❺ おわりに──日本へのインプリケーション

　以上のように、投資受入国が合理性を欠く規制を導入したり既存の規制を劇的に変更したりすることは、外国投資家の正当な期待に反し、公正衡平待遇義務に違反すると判断される可能性がある。同時に、公衆衛生政策のように投資受入国にとって重要な規制に関しては、安易に公正

19）　前掲注18）paras.389-396, 406-410, 412-420.

20）　前掲注18）paras.421-435.

21）　前掲注18）paras.399.

22）　Andrew Legg, The Margin of Appreciation in International Human Rights Law（2012）.

23）　*Philip Morris Brands Sàrl, Philip Morris Products S. A. and Abal Hermanos S. A. v. Oriental Republic of Uruguay*, Concurring and Dissenting Opinion of Mr. Gary Born, 8 July 2016, ICSID Case No. ARB/10/7. 投資仲裁における「評価の余地」理論の適用可能性については、Yuka Fukunaga, Margin of Appreciation as an Indicator of Judicial Deference: Is It Applicable to Investment Arbitration?, Journal of International Dispute Settlement, Volume 10, Issue 1（2019）P.69.

衡平待遇義務違反と認定されないように配慮されることもある。

　公正衡平待遇義務は、日本にはどのようなインプリケーションを有しているだろうか。

　まず日本企業にとって、公正衡平待遇義務は外国での事業活動を行っていくために重要な意義を有する。外国投資先のリスクには様々なものがあるが、投資先の国で新たな規制が導入されたり既存の規制が変更されたりすることによるリスクは近年高まっている。これに対応するためには公正衡平待遇義務による保護が不可欠である。これまでのところ日本企業が投資仲裁を申し立てたのはごく少数にとどまっているが[24]、今後外国での事業活動が拡大するにつれて、日本企業にとっての投資協定や投資仲裁の重要性もますます高まると予想される。

　他方で日本政府にとっては、公正衡平待遇義務は潜在的には規制権限に制約を与える恐れがある。2019年8月末までに日本政府が投資仲裁の被申立人となったことはないが、今後はそのような可能性も排除されない。たとえば日本も再生可能エネルギーについて固定価格買取制度を導入しているが、現在見直しを行っている。スペインの状況は決して対岸の火事ではない。

　日本が近年締結している投資協定の中には、前文で、投資の保護と健康・安全・環境の保護との両立を図るべきことを謳っているものがある。また、公正衡平待遇義務によって国の規制権限が過度に制限されないよう義務の射程をより詳細に定めている投資協定もある。投資仲裁において外国投資保護の要請と国の規制権限尊重の要請をバランスしなければならないとの認識は、広く共有されつつあると言ってよい。しかし、具体的にどうバランスするかは個々の事件における仲裁廷の判断に委ねられているのが現状である。

24）本章❷で述べたスペインの固定価格買取制度をめぐる3件の投資仲裁のほか、日産自動車株式会社
　が日印EPAに基づきインドに対して申し立てた投資仲裁がある。

第15章
国際裁判の機能
——国際社会における「客観的」判断の役割

岡山大学教授

李　禎之

❶ はじめに

　国際紛争の平和的処理手続の中でも、国際裁判（仲裁裁判および司法的解決）は特別な位置にあると考えられている。なぜなら、国際裁判は、当事者の合意による紛争処理手段である外交的処理手続とは異なり、紛争当事者の意思から一定程度の独立性を有しているという意味で「客観的」な手続とみなされているからである。確かに、主権国家の並存を基本構造とする国際社会は、二つ以上の主体間の合意に基礎付けられているという点で「間主観的（主観以上、客観未満）」な社会であるため、当事者意思への依存度が大きい仲裁裁判（当事者が①仲裁裁判官、②裁判の対象事項、③適用法、を決定する）はもとより、これらの点で当事者意思から高度な独立性を達成する司法的解決（常設裁判所による裁判）といえども、文字通りの「客観性」を有しているわけではない。とはいえ、国際裁判が国際社会を構成する国家、とりわけ紛争当事国に対する「第三者性」を最も発展させた紛争処理手続であることに異論はない。

　他方、国内裁判が国家権力に基づく強制性を有した裁断型の紛争処理制度であることに比すると、そうした権力的基盤を欠く国際裁判にはおのずから限界が存在しており、その機能を考えるにあたっても国内裁判の機能をそのまま類推的に当てはめることは必ずしも適切ではない。伝統的に国際裁判制度の機能としては「紛争の処理」と「国際法の発展」が挙げられ、後者に対する前者の優位が想定されてきた[1]。すなわち、

国際裁判は「法の宣明によって紛争の処理」を行うことから「国際法の明確化や発展」が促されるとはいえ、それは「個別具体的な紛争の処理」を離れてなされるべきではないと考えられてきたのである。そこには、当事者の同意をその権限の基礎とする国際裁判は、紛争当事国間の法関係（個別紛争の処理）の規律こそをその主たる制度目的とすべきであり、それを超えた「客観的」な役割（そこには伝統的に想定されてきた一般的な「国際法の発展」のみならず、各種の条約体制を含む「国際法秩序の維持」までも含む）に対する抑制的な理解が垣間見られる。しかしながら、こうした理解に対しても、近年において国際裁判所の増殖やその多機能化が進展していることに鑑み、再考がなされるようになっている。そこで本章では、具体的に国際司法裁判所（International Court of Justice: ICJ）に焦点を当てつつ、「紛争処理」と「法秩序維持」という観点から、現代国際社会における国際裁判の役割を考察することにしたい。

❷ 「国際裁判の機能」をめぐる議論の背景

[1] 判決執行制度の不備

　まず、国内裁判との制度的な相違として、国際裁判は判決の執行制度に難点を抱えていることを指摘できる[2]。国内裁判では判決を強制執行権限の付与との関係で理解する発想が強く、そこでは裁判が、権利関係の存否の認定のためではなく、国家による強制執行の発動手続という観点から捉えられる。この点で国内裁判は、国際裁判とは対照的である[3]。確かに、ICJ に限って言えば、国連安全保障理事会（安保理）の

---

1) 杉原高嶺「国際司法裁判の地位と機能」広部和也＝田中忠編『国際法と国内法——山本草二先生還暦記念』（勁草書房、1991年）511頁を参照。*See* also Robert Y. Jennings, "The Role of the International Court of Justice", BYIL vol. 68（1998）, pp. 1-68.
2) 国際裁判判決の効力については、玉田大「国際裁判所の判決はどのような効力をもつか」法学セミナー661号（2010年）30-32頁を参照。
3) 小寺彰「国際社会の裁判化」国際問題 No. 597（2010年）2頁。

強制措置による判決の執行制度がある（国連憲章94条2項）。しかし、そうした強制措置にかかる安保理決議案に対しても拒否権（国連憲章27条3項）が認められることから、判決執行のために安保理決議に基づく強制措置が実施された事例はなく、その脆弱性は否定できない。ちなみに、他の国際裁判制度、例えば国連海洋法条約15部に基づく国際裁判所（国際海洋法裁判所、仲裁裁判所、特別仲裁裁判所）に関して言うと、判決執行制度自体が存在していない[4]。

　なお、判決執行を巡る問題に関連して、近年、原判決の履行に関連し得る訴訟が増加していることに触れておきたい。そうした訴訟として、まず解釈請求訴訟が挙げられる。同手続は、「判決の意義又は範囲について争がある場合」、判決を解釈する（ICJ規程60条）というもので、判決内容を明確にすることで履行を促進することが期待される手続とみることができる[5]。実際、原判決の不履行状況に鑑みて、アヴェナ等メキシコ国民事件判決（2004年。2009年に解釈判決）やプレア・ビヘア寺院事件判決（1962年。2013年に解釈判決）で同手続が利用されている。また、原判決に関連する紛争についての別訴が提起されることもある（カリブ海における主権的権利および海域に対する侵害事件〔ニカラグア対コロンビア〕やポルティリョス島北部の領土境界画定事件〔コスタリカ対ニカラグア〕など）。こうした同一の紛争について前訴を補完する後訴を連続的に提起していくことで判決執行制度の不備を補おうとする国際裁判の利用形態は、裁判の紛争解決機能を拡張する試みとして注目に値する。

　ともあれ、個別具体的な紛争処理との関係において、国際裁判には、判決執行制度が脆弱ないし欠けているという制度的制約の中で、裁判の

4）国連海洋法条約附属書Ⅶに基づいて実施された南シナ海仲裁手続（フィリピン対中国）においては被告中国が仲裁判断の受入を明示的に拒否しており、当事者による仲裁判断の不履行が懸念されていることは周知の通りである。詳細は、李禎之「南シナ海仲裁手続の訴訟法的含意」国際法外交雑誌117巻2号（2018年）30-49頁を参照。
5）石塚智佐「ICJ判決の解釈請求における新傾向——プレア・ビヘア寺院事件を素材として」城西国際大学紀要23巻1号（2015年）47-68頁。解釈請求手続については、玉田大『国際裁判の判決効論』（有斐閣、2012年）103-146頁も参照。

有し得る役割を探究する必要があることをここでは確認しておきたい。

[2] 多数国間条約体制の発展

　また、国際裁判は、「原告―被告」という二辺的関係を前提とした対等な当事者間の対審構造によるものと考えられてきた。つまり、主権国家の並存する国際社会における国際裁判は、国内の民事訴訟をモデルとして構想されてきたといえる。しかし、現代国際社会における多数国間条約体制の発展に伴い、国際裁判を国内民事訴訟モデルによって把握するだけでは、国際裁判の実際に果たしている機能を理解することが困難になってきている。

　まず第1に、多数国間条約体制の発展は現代国際社会に実体的義務の多辺化をもたらしている。すなわち、各種の多数国間条約（それにより設定されるレジーム）によって、国家間の二辺的な権利義務関係に還元できない国際社会の共通利益（国際公共利益）を保護する義務の設定が進展しているのである[6]。そして、こうした多辺的義務の存在が二辺的関係を前提とした国際裁判の構造に影響を与えていると考えられる。この観点からする国際裁判の機能変化として、裁判の持つ二辺性が緩和されることで「国際裁判の履行確保手続化」が生じていることを指摘できる[7]。伝統的な理解によると、紛争処理手続としての裁判には、主観的な権利・利益の存在とその侵害の論証が要求され[8]、個別的な損害の賠償といった二者関係の権利義務の処理がその目的とされてきた（民事訴訟的な側面）。他方で、対世的義務や特定条約により設定される当事国間対世的義務は二辺的関係に還元できない性質を持つため、その実現には法秩序維持を目的とした履行確保手続が適当とされてきた[9]。しかし、紛争処理手続と履行確保手続は相互排他的ではなく、共通利益を保

6）小寺彰＝奥脇直也「多数国間条約体制の意義と課題」ジュリスト1409号（2010年）8-10頁を参照。
7）玉田大「紛争解決と履行確保――条約の実現手段」法学教室441号（2017年）103頁。
8）酒井啓亘ほか著『国際法』（有斐閣、2011年）335頁。
9）玉田・前掲注7）101頁を参照。

護する多数国間条約においては両者が一定の共通性を有していることから、裁判が履行確保手続として利用されるようになっているのである（国際裁判の行政訴訟的な側面）。

　また第2に手続的観点から、多数国間条約体制の存在は、当該条約が規定する紛争処理手続を通じて裁判機関の増殖を招いている。その結果、裁判機関間の管轄権競合の調整や実体判断の整合性を如何にして図るべきかという問題が生じているのである。すなわち、国際裁判所の増殖に伴い、実質的に同一の紛争が複数の国際裁判所に係属する現象が生じていることも国際裁判の機能変化をもたらしうると理解できる。例えば、ロシアによるクリミア"併合"に起因する訴訟が、ウクライナによってICJと国連海洋法条約附属書Ⅶ仲裁裁判所にそれぞれ係属している。ICJでのテロリズムに対する資金供与の防止に関する条約および人種差別撤廃条約の適用に関する事件は、クリミアにおけるロシアの行為をテロや人種差別として責任追及するものであり、他方で附属書Ⅶ仲裁裁判での黒海、アゾフ海およびケルチ海峡における沿岸国の権利事件（PCA Case No. 2017-06）は、クリミア半島沖の黒海等におけるウクライナの沿岸国としての天然資源に対する権利侵害を争うものである。このように、関連し得る多数国間条約の規定に沿う形で請求が定式化されることで「紛争の細分化」が生じており、そこでは適切な裁判所を如何に選択するのか、そして紛争の係属する国際裁判所は競合に対して如何に対応すべきかが問われることになる。

　以上より、多数国間条約体制の発展に伴う、こうした「実体的義務の多辺性」や「国際裁判所の増殖」という現象は、「当事国間の二辺的・個別的な紛争」の処理を基調とした伝統的な国際裁判の機能に少なからぬ影響を与えうるものと位置付けることができる。とりわけ、上記いずれの問題も、普遍的かつ一般的な管轄権範囲を有する「世界法廷」たる国際司法裁判所が果たすべき機能に対して変化を促す要因であり、ここに、個別的な紛争の処理を超える国際裁判の役割を論じる余地が広がっ

ていることを見てとれるであろう。

❸ 「国際裁判の機能」をめぐる議論の現状

　以上のような国際裁判を取り巻く状況を踏まえて、国際裁判にどのような機能変化が生じているのか、それを示す特徴的な事象を国際司法裁判所（ICJ）の具体的な手続に即して、以下で概観してみることにしよう。

[1] 訴訟要件

　国際裁判においても、紛争解決に資さない等、判決を得るべき利益を欠く訴えは、裁判制度を利用できない。このことは、ICJ 規程および ICJ 規則に規定されてはいないが、訴訟法の一般原則であり、法の一般原則とも考えられ、原告国は「法的権利ないし利益（法益）」を持つことを証明する必要があるとされてきた。そして、伝統的に国際裁判の利用には、当該法益が「個別的・直接的」であることを要すると理解されてきたのである（南西アフリカ事件、1966年第二段階判決[10]）。しかし、南西アフリカ事件は当該問題を委任状（＝条約）解釈の問題として処理したことから[11]、訴えの利益が特定の条約の解釈を離れて一般的に「個別的・直接的」な利益に限定されるのかは必ずしも明らかではなかった。それゆえ、そうした法益の認定は裁判所の判断に委ねられる、と解する余地が残されていたのである。

　この点、ICJ は実体的義務の性質（対世的義務）を考慮して訴えの利益を容認することで原告適格を拡張するに至っている[12]。訴追か引渡の義務に関する問題事件（ベルギー対セネガル）判決は、拷問等禁止条約上の「引渡か訴追の義務」が当事国間対世的義務に該当するとした上

---

10) *South West Africa, Second Phase, Judgment, I.C.J. Reports 1966*, p. 51, para. 99.

11) *Ibid.*, pp. 20-21, para. 11 and pp. 28-29, para. 33.

12) 玉田大「国際裁判における客観訴訟論」国際法外交雑誌116巻1号（2017年）1-28頁。

で、同義務を根拠として、いずれの締約国も他の締約国による条約違反に対して違法行為中止請求を提起する原告適格を有することを認容した[13]。つまり、原告ベルギーが被告セネガルの義務違反から直接的に損害を被っているかを問題とすることなしに、当事国間対世的義務を定めた条約の当事国であることから原告適格が認められたのである。そして、違法行為中止請求を認容するにあたっては、本件の作為義務（とりわけ訴追義務）の継続的違反が「拷問行為被疑者の不処罰を回避する」という「条約の目的」によって正当化されている[14]。ここで ICJ は条約目的を通じて条約体制内に「公法的秩序」を見いだしており、こうした条約目的の考慮によって原告適格の拡張が導出されていると評価できる。多辺的義務を規定する条約違反の場合、条約当事国による請求は条約目的の実現を求めて被告国の逸脱行動を糾弾するという公法的性格を帯びる。換言すると、こうした請求は「被害国と加害国」といった二辺的な法関係に収斂しないため、原告適格の拡張に必然的に傾くのである。こうした傾向は、南極海捕鯨事件（豪州対日本）においても踏襲されたとみることができる。本件でも、豪州の原告適格や訴えの利益が問題になり得たが、被告日本がこれを争う先決的抗弁を提起しなかったこともあり、国際捕鯨取締条約に基づく豪州の原告適格を裁判所も黙示的に認容したと解される。

　ただし、こうした原告適格・訴えの利益（受理可能性要件であり、当事者同意の有無を問題とする管轄権要件とは区別される）の拡張傾向は無制約に容認・放置されているわけではない。まず、ICJ 自身は、「紛争の存在」を厳格に解釈することで対処するという方策をとっているように思われる[15]。核軍縮交渉義務に関する事件（マーシャル諸島対英国）で ICJ は、紛争の存在には、自らの見解が原告によって明確に反対されて

13) *Questions concernant l'obligation de poursuivre ou d'extrader* (*Belgique* c. *Sénégal*), *arrêt*, C.I.J. *Recueil 2012*, p. 449-450, par. 67-70.
14) *Ibid.*, p. 461, par. 120.
15) 玉田・前掲注12) 25-26頁。

いることを「被告が認識していた、あるいは認識していなかったはずがない」ことを示す必要があるとして[16]、管轄権要件たる「紛争の存在」を否定したのであった。また、国家の側も選択条項受諾宣言に対する留保によるオプト・アウトを進めている。例えば、日本は、南極海捕鯨事件後に「海洋生物資源の調査、保存、管理に関する紛争」を、英国も、核軍縮交渉義務事件後に「核軍縮交渉に関する紛争」を新たに留保している。こうした留保の実行は、訴えの利益といった受理可能性要件を裁判で争って却下判決を得ることが必ずしも容易でないことに鑑み、特定的に管轄権への同意を撤回しておく（管轄権要件の欠如を確保する）という手法を国家が採っていることを示すものといえる。

[2] 仮保全措置（暫定措置）

　国際裁判は国際法に従った「判決（Judgment）」によって紛争を処理する手続と理解されているが、判決以外の裁判活動、とりわけ、近年では仮保全措置（暫定措置）命令の果たす機能も注目されている[17]。そこでは、ICJ は仮保全措置を通じて国家間紛争を超えた人命・人権や環境といった国際社会の共通利益（国際公共利益）を保護すべきとも主張される。しかし、そうした国際公共利益を保護しようとする仮保全措置は、ICJ 規程第41条との関連で問題が生じ得る。なぜなら、同条は「裁判所は、事情によって必要と認めるときは、各当事者のそれぞれの権利を保全するためにとられるべき暫定措置を指示する権限を有する」[強調筆者]と規定するため、当該措置が仮保全措置の目的に叶うのか否かが問題となるからである。

16) *Obligations concerning Negotiations relating to Cessation of the Nuclear Arms Race and to Nuclear Disarmament* (*Marshall Islands v. United Kingdom*), *Preliminary Objections, Judgment, I. C. J. Reports 2016*, p. 850, para. 41.

17) 酒井啓亘「国際司法裁判所仮保全命令の機能（一）（二・完）――最近の判例の展開を踏まえて」法学論叢163号 3 号（2008年）1-39頁および165巻 1 号（2009年）1-37頁。李禎之「仮保全措置による国際共同体利益の保護可能性――国際司法裁判所における判例の動向」岡山大学法学会雑誌61巻 3 号（2012年）417-446頁も参照。

　そもそも、仮保全措置は、「権利の保全」に限定されるものなのだろうか。この点に関しては、まず紛争悪化防止措置の位置付けが問題となる。つまり、紛争の悪化・拡大を防止することを抽象的に当事者に求めることが、権利保全とは別個独立して認められるのかという問題である。この問題について、判例上、紛争悪化防止措置は特定権利の保全を補完する限りで認められるにすぎないことを確認しておきたい。国境地帯におけるニカラグアの活動事件（コスタリカ対ニカラグア）では、サンフアン河流域の係争地帯におけるニカラグアの活動（軍隊の進駐、浚渫作業、および運河建設）が領域主権侵害および環境損害を発生させていると原告コスタリカが主張した。そして、仮保全措置として、①ニカラグアがポルティロス島を含む地域において軍隊等の駐留、運河建設、伐木や土壌等の除去、堆積物の投棄をしないこと、②サンフアン河の浚渫計画を中止すること、そして③紛争を拡大・悪化させる行動を慎むこと、を求めた[18]。裁判所は第三仮保全措置について、本案権利を保全する措置を補完する限りにおいて本案権利との関連性を認め[19]、紛争悪化防止措置は「特定の権利保全を補完する措置」とその位置付けを明確に示したのである[20]。つまり、ICJ は紛争悪化防止を権利保全に付随するものと捉えており、権利保全から独立した形で紛争悪化防止を目的とした仮保全措置を指示することは認められない[21]。

　また、紛争悪化防止措置については、実行上、仮保全措置は領域紛争で軍事衝突を伴う場合に申請され、裁判所によって指示されてきたことにも注意を要する[22]。ICJ が国連の主要機関であることに鑑み、その司

---

18)　*Certain Activities carried out by Nicaragua in the Border Area*（*Costa Rica* v. *Nicaragua*）, *Order of 8 May 2011, I.C.J. Reports 2011*, pp. 16-17, para. 45.

19)　*Ibid.*, p. 21, para. 62.

20)　*Ibid.*, p. 26, para. 83.

21)　なお、人種差別撤廃条約適用事件（カタール対 UAE）の暫定措置命令（UAE 要請）において、権利保全措置が指示されなかったことを理由として、紛争悪化防止措置の指示要請が却下している。*See Application of the International Convention on the Elimination of All Forms of Racial Discrimination*（*Qatar* v. *United Arab Emirates*）, *Order of 14 June 2019*, para. 28.

法機能を紛争全体の解決、つまりは、平和と安全の維持への貢献にまで拡張して捉えるべきという立場からは[23]、近年のこうした傾向は仮保全措置の紛争悪化防止機能を強化する試みであり、職権的措置の活用により裁判所が紛争解決に向けた訴訟当事国との協働作業を自ら主導しようとしていると評価できるかもしれない。しかし、仮保全措置が本案の付随手続である以上、本案に吸収され得ない措置を命ずることは法的に困難といわざるを得ず、紛争の法的側面の処理（本案判決による解決）に局限して司法機能を理解する立場からは、こうした仮保全措置の活用は紛争悪化防止措置の独立手続化、ひいては裁判所の政治機関化であると消極的に受け止められるということになろう。

[3] 救済方法

「救済方法（remedies）」とは、「法的に許されざる状況（権利侵害や権利実現の妨害）への対処として当事者に認められる法的手段」を指し、その中でも、裁判所が当事者に与える救済方法は「司法的救済（judicial remedies）」と呼ばれる[24]。適切な救済方法の選択は裁判所の裁量に委ねられていると解されていることから[25]、司法的救済の在り方は裁判所の果たすべき役割や機能に対して裁判所自身が抱いている認識を反映していると考えられる。そして、ICJ における救済方法は伝統的に宣言判決を中心としてきたが[26]、近年、ICJ は救済方法として行為命令（in-

22）詳細は、李禎之「領域紛争における仮保全措置の新展開──最近の国際司法裁判所判例とその含意」坂元茂樹・薬師寺公夫編代『普遍的国際社会への挑戦──芹田健太郎先生古稀記念』（信山社、2013年）799-820頁を参照。

23）*See e.g.* S. Rosenne, "A Role for the International Court of Justice in Crisis Management?", Gerald Kreijen（ed.）, State, Sovereignty, and International Governance（Oxford U.P., 2002）, pp. 217-218.

24）田中英夫編『英米法辞典』（東京大学出版会、1991年）717頁、竹下守夫「救済の方法」『岩波講座基本法学 8 ──紛争』（岩波書店、1983年）183-184頁を参照。

25）J. Crawford, *State Responsibility: the General Part*（Cambridge U.P., 2013）, p.619; I. Brownlie, "Remedies in the International Court of Justice", in V. Lowe *et al.*（eds.）*Fifty Years of the International Court of Justice*（Cambridge U.P., 1996）, p. 558. 河野真理子「損害と救済措置の関係からみた二国間国際請求──国際判例と国家実行の検討を手掛かりとして」筑波法政16号（1993年）130頁も参照。

junction）を選択し[27]、その内容を積極的に特定しているのである[28]。

　その嚆矢は、ラグラン事件（ドイツ対アメリカ）である。ICJ は、本件での救済方法が「陳謝では不十分」とした上で、領事援助を求める機会を逸したことが判決に及ぼした影響を、適当な場合には判決内容の再検討も含めて審査するようアメリカに求めた[29]。この判示は、「アメリカに国内判決の再審理・再検討の義務を課した」義務付け命令と解することができる[30]。本件からは、違反された規範（領事援助の保障）によって自動的に救済方法（陳謝）が定まるわけではなく、救済方法として裁判所の裁量によって行為命令（国内判決の再検討）も選択可能であるということを確認できる。

　そこで重要な点は、ICJ が行為命令を選択する際の考慮要因にある。確かに、行為命令の選択には当事国の請求が第一義的に影響する。事実、ラグラン事件でもドイツが再発防止保証の請求を提起していたし[31]、一般的に ICJ は請求に示された当事国による救済の選択を尊重する傾向にあると指摘されてもいる[32]。そして、このことは法的にも、判決事項は「申立てを超えてはならない（*non ultra petita*）」という原則の帰結と理解できる[33]。

26）ここで宣言判決とは、「給付」（＝一定の具体的行為を命じる）のない判決であり、日本民事訴訟法における「確認訴訟」に類似したものと理解する（玉田大「国際裁判における宣言的判決（一）」法学論叢153巻2号（2003年）29頁; J. McIntyre, "Declaratory Judgments of the International Court of Justice", *Hague Yearbook of International Law* 2012（2013），p. 116）。

27）なお、行為命令という形式の救済付与権限を国際裁判所に認めない立場（*See e.g.* C. Gray, "Is There an International Law of Remedies", 56 *B.Y.I.L.* （1985），p. 37; C. Brown, *A Common Law of International Adjudication*（Oxford U.P., 2007），p. 210）もある。

28）詳細は、李禎之「国際司法裁判所における救済方法と紛争解決——本案判決における行為命令の意義と限界」世界法年報35号（2016年）88-108頁を参照。

29）*LaGrand*（*Germany* v. *United States of America*），*Judgment, I.C.J. Reports 2001*, pp. 513-514, para. 125.

30）M. Shaw, "The International Court, Responsibility and Remedies", in M. Fitzmaurice and D. Sarooshi (eds.), *Issues of State Responsibility before International Judicial Institution* (Hart Publishing, 2004), p.28.

31）*LaGrand*（*Germany* v. *United States of America*），*Judgment, I.C.J. Reports 2001*, p. 474, para. 12 and p. 508-509, para. 117.

32）Crawford, *supra* note（25），p. 622.

しかし、当事国が行為命令を請求したとしても、それを実際に命ずるかどうかは、裁判所に裁量が残されている。ラグラン事件判決においてICJが与えた救済は、国内判決という国家の主権的決定事項について、審査・再検討を求めるという、かなり介入的な命令を下している。すなわち、行為命令として、どの程度具体的な措置を指示するのかは、「司法機能」の範囲を如何に捉えるのか、に依存する[34]。

　そして、近年見られる行為命令は、ICJの機能が二つの方向で拡張的に捉えられていることを示唆している。一つ目は、紛争解決という観点から、「賠償（reparation）」として命じられる行為命令が判決履行手段の特定に関わっていることに関連する[35]。そこでは、従来は「政治的機能の問題」として関わらないとしてきた判決履行の問題についてICJは履行手段の特定という形で関わっており、司法機能の射程が「法宣明による権利義務の確認」による法的側面の処理とどまらず、「判決履行を含む紛争解決過程全体」に及んでいると評価できるように思われる。そして二つ目に、「義務履行請求」[36]として行為命令が命じられているという点からは[37]、ICJが個別具体的な紛争の解決を超えて法秩序の維持に重きを置いているといえよう。換言すると、義務履行請求としての行為

33）*Ibid.*, pp. 626-629.

34）*See* Shaw, *supra* note（30）, p. 32. 湯山智之「国家責任の救済手段の再構成——国際違法行為の中止とサティスファクション」東北法学14号（1996年）159頁も参照。

35）*See e.g. Mandat d'arrêt du 11 avril 2000（République démocratique du Congo c. Belgique）, arrêt, C. I.J. Recueil 2002*, p. 33, par. 78; *Avena and Other Mexican Nationals（Mexico v. United States of America）, Judgment, I. C. J. Reports 2004*, p. 73, para. 153; *Immunités juridictionnelles de l'Etat（Allemagne c. Italie ; Grèce（intervenant）), arrêt, C.I.J. Recueil 2012*, p. 155, par. 139.

36）国家責任条文は「違法行為の法的帰結」（本稿で言う救済方法と同義）として、原状回復（restitution）、金銭賠償（compensation）および満足（satisfaction）の三類型を含む賠償（reparation）（国家責任条文31条および34条を参照）と、違法行為中止（cessation）および再発防止保証（assurances and guarantees of non-repetition）（30条を参照）とを区別して規定する。違法行為中止および再発防止保証は、「法の支配の尊重（respect for the rule of law）」を共通基盤としており、本稿では両者をまとめて「義務履行請求」と呼ぶ。

37）*See e.g. Questions concernant l'obligation de poursuivre ou d'extrader（Belgique c. Sénégal）, arrêt, C.I.J. Recueil 2012*, p. 463, par. 122（6）; *Whaling in the Antarctic（Australia v. Japan: New Zealand Intervening）, Judgment, 31 March 2014*, p. 300, para. 247（7）.

命令は、ICJ の司法的救済が損害填補と切り離された合法性確保のみを担い得ることを示しているとみることができるのである。

❹ おわりに

　国際社会における裁判の機能は、国内裁判のそれとは異なるものである。まず、個別的な「紛争の処理」という観点から、国際裁判は裁断的な判決を下すことで紛争を最終的に解決するものではない、という点で両者には相違がある。判決の強制執行制度に脆弱性を抱える国際裁判では、判決の実施や紛争の解決を、当事者の協議・交渉を通じた合意に委ねざるを得ない。すなわち、国際裁判は、紛争の法的な側面の処理に関与するにすぎず、その意味で紛争の解決に向けて当事者へ法的支援を提供するものであるとみることもできる。そこに、国際裁判の機能が、外交という政治過程に結び付く契機がある（外交の一過程における「裁判」）。

　しかし同時に、国内裁判がそうであるように、国際裁判も紛争処理に止まらない機能を発揮している。この関連で、ここまで本稿で検討してきたような近年の発展を踏まえた上での、さらなる国際裁判の機能を巡る理論的な展開を最後に指摘しておきたい。それは、国際社会の統治（ガバナンス）の担い手として国際裁判所の役割を把握する立場が現れていることである。そこでは、集権的な立法・執行機関を欠く国際社会における秩序維持の方策として論じられるグローバル・ガバナンス論の観点から、裁判所の機能が位置付けられる。すなわち、多元主義的観点から国際社会の統治（ガバナンス）の過程における裁判の役割に着目することで[38]、その機能について「国際社会全体の価値志向を促進する」機能や「法レジームの維持」機能といった側面が重視されることにな

---

38) J. E. Alvarez, "What are International Judges for? The Main Functions of International Adjudication", in Romano et al. (eds), *The Oxford Handbook of International Adjudication* (Oxford U. P., 2014), pp. 170-176.

る[39]。こうした国際裁判の機能理解は、一般的な管轄権を有する ICJ が最も親和的である。そして、こうした「法秩序維持」機能の積極的是認によって、ICJ には個々の条約レジームのガバナンスと国際社会全体のガバナンスを接合していく必要性がますます求められることになろう。ただし、現時点では、こうした見解も国際裁判が果たしている機能実態を説明するひとつの理論的試みにとどまるものであり、少なくとも ICJ がこうした考慮を自身の判断における指針にしているという実証的証拠も確認できないことには留意すべきである。とはいえ、裁判が法の宣明・適用によって紛争の処理を行う作用である以上、個別紛争の解決を越える事実上の影響を法秩序に対して有していることは紛れもない現実であり、この現実を国際裁判所が如何に受け止めるのか点に問題解決の鍵があることは確かである。つまるところ、国際裁判が国際社会において実効的な役割を果たし得るのか否かは、裁判所の判断が持ち得る諸影響のバランスを如何にしてとっていくのかにかかっていると考えられる。

---

39) A. von Bogdandy & I. Venzke, "On the Functions of International Courts: An Appraisal in Light of Their Burgeoning Public Authority", *Leiden Journal of International Law*, vol .26 (2013), pp. 64-71.

212

第16章
国際テロリズムに対する武力行使

東京女子大学准教授

根本和幸

||||||||||||||||||||||||||||||||||||||||||||||||||||||||||||||||||||||||||||||||

❶ はじめに

　2015年10月31日、エジプトのシャルムエルシェイク発サンクトペテルブルク行きのロシアの民間航空機コガリムアビア航空9268便が、シナイ半島に墜落した[1]。これを受けて、ロシアのプーチン大統領は、同年11月17日、機内に持ち込まれた爆発物により空中分解したこの事件が「疑いなくテロリストによる行為である」と断言した[2]。

　このようなテロリストによる民間航空機の爆破行為について、民間航空機の安全に対する不法な行為の防止に関するモントリオール条約は、その被疑者を処罰するための管轄権を設定している国家に引き渡すか、引渡しを行わない場合には被疑者が所在する自国で処罰するか (*aut dedere aut judicare*) という義務を規定している[3]。つまり、既存の国際法の観点からみると、テロリストによる民間航空機の爆破行為は「国内法上の犯罪」であり、関連する条約を通して刑事司法的に対処されてきている。

　しかしながら、プーチン大統領は、被疑者のロシアへの引渡しや所在国での処罰を要請するのではなく、「国家の自衛権を規定する国際連合

1）「ロシア機墜落、英『爆破か』、米は『イスラム国』関与示唆」日本経済新聞（2015年11月5日）夕刊3面。

2）"Meeting on investigation into the crash of a Russian airliner over Sinai" at http://en.kremlin.ru/events/president/news/50707.

3）民間航空の安全に対する不法な行為の防止に関する条約（モントリオール条約）1条および5条。M. Cherif Bassiouni, "Legal Control of International Terrorism: A Policy-Oriented Assessment", *Harvard International Law Journal* (Volume 43, Number 1, 2002), pp. 83-103.

憲章51条に従って行動する」意思を示して、実行者を匿う行為についても完全な責任を問われることとなると明言し、自衛権に基づく武力行使を決定した。はたして、国際法上、このような主張はどのように評価されるのであろうか。これは、同時に、非国家主体であるテロリストが国境を越えて攻撃を行うという現実に対して、既存の国際法が実効的に対処しうるのかという本質的な問題を提起している。

❷ 国際法上の武力行使をめぐる法的枠組み

[1] 国際連合憲章における自衛権

　武力行使の規制について、国際連合憲章（以下、「国連憲章」という）2条4項は、加盟国に対して国際関係における武力の行使と威嚇を禁止している。その武力不行使原則の例外として、国連憲章51条において、国家による個別的または集団的自衛権に基づく武力行使が認められている。そのため、武力を行使する国家は、自衛権という「固有の権利」の名の下で自らの行為を正当化し、合法性を担保しようと試みてきた。

　国連憲章が国家間の合意に基づく条約であり、その51条は「国際連合加盟国に対して武力攻撃が発生した場合」に「固有の権利」として自衛権行使を許容していることから、自衛権の行使主体が国家であることに異論はない[4]。さらに、自衛権の発動要件である「武力攻撃」の行使主体も、国家であると解されてきた[5]。したがって、非国家主体であるテロリストは国際法上の主体としての地位が認められていない以上、自衛権の発動要件である「武力攻撃」を行いえないと解される。

　このように、国連憲章上、テロリストは「武力攻撃」を行使しえない

---

4) A. V. Lowe, "Peace without Justice: Reconsidering the Law on the Use of Force", in W. E. Butler, *Perestroika and International Law*, (Kluwer Academic Publishers, 1990) pp. 281-295, 282; Albrecht Randelzhofer and Georg Nolte, "Article 51", in Bruno Simma, Daniel-Erasmus Khan, Georg Nolte, Andreas Paulus (eds.) *The Charter of the United Nations: A Commentary*, Third Edition, Volume II, (Oxford University Press, 2012), pp. 1397-1428, 1403.
5) Christine Gray, "The Use of Force and the International Legal Order", in Malcolm D. Evans (ed), *International Law (Fifth Edition)* (Oxford University Press, 2018) pp. 601-632, 615.

ため、テロリズムの被害国がテロリストに対して自衛権に基づいて武力
を行使することはできないということになる。

[2] 9.11同時多発テロとその後の「対テロ戦争」のインパクト

　2001年9月11日の米国同時多発テロ（以下、「9.11同時多発テロ」）は、
以上のような国際法上の武力行使の従来の法的枠組みを動揺させた。す
なわち、テロリストである非国家主体が、国境を越えたテロリズムとい
う手段を用いて、国家間の「武力攻撃」と同等またはそれを超える規模
の帰結を引き起こした場合においても、国家が自衛権を行使することは
国際法上正当なものと認められるかが、自衛権をめぐる論争の的になっ
たためである[6]。

　9.11同時多発テロを受けて、当時の米国ブッシュ大統領はこのテロ攻
撃に対する措置を「対テロ戦争（war against terrorism）」と表現した
が[7]、その被害国である米国は、その他の有志連合国とともに国連憲章
51条の個別的・集団的自衛権に基づき、10月7日に「不朽の自由作戦
（Operation Enduring Freedom）」を開始した。その際に、米国は51条が
規定する報告義務に基づいて、国連安全保障理事会（安保理）に書簡を
送付して、米国は「9月11日に米国に対して実行された武力攻撃
（armed attacks）」の被害国であり、「明確かつ決定的な情報（clear and
compelling information）」によれば、アフガニスタンのタリバン政権によ

6）9.11同時多発テロ直後に採択された安全保障理事会（安保理）決議1368の前文では、「国連憲章に
　従って個別的・集団的自衛の固有の権利が確認」されている。The Preamble of the U.N. Doc. S/
　RES/1368（12 September 2001）; S/PV.4370（12 September 2001）.
7）"Remarks by the President Upon Arrival"（The South Lawn, September 16, 2001）, at https:
　//georgewbush-whitehouse.archives.gov/news/releases/2001/09/20010916-2.html; また、ブッシュ
　大統領は、この攻撃が「我が国に対する戦争行為（act of war against our country）」であり、「対テ
　ロ戦争（Our war on terror）はアルカイダとともに始まり、そこで終わらない。全世界におけるすべ
　てのテロリスト組織が発見され、阻止され、打倒されるまで終わらない」として、時間的にも空間的
　にも際限のない「戦争」の開始を、アメリカ議会での演説において表明した（"Address to a Joint
　Session of Congress and the American People"（United States Capitol, Washington D.C., September
　20, 2001）, at https://georgewbush-whitehouse.archives.gov/news/releases/2001/09/20010920-8.
　html）.

って支援されているアルカイダ組織（Al-Qaeda organization）が米国に対する攻撃（the attacks）の中心的役割を果たしたと説明した。タリバン政権がアフガニスタン領域をアルカイダ組織に自由に使用させ、そこからアルカイダ組織がテロ行為のための戦闘員の養成と支援を継続していることから、「アフガニスタン領域内のアルカイダ組織のテロリスト養成キャンプとタリバン政権の軍事施設」に対する措置を含めた軍事行動を開始した[8]。

　この事態に、北大西洋条約機構（NATO）も集団的自衛権を規定した北大西洋条約5条を初めて適用した[9]。米州機構（OAS）もまた、個別的・集団的自衛権を想起しつつ、米国へのテロ攻撃が全締約国への攻撃であることを決議した[10]。このように、米国および有志連合国によれば、アルカイダ組織に対する武力行使は、国連憲章51条の個別的・集団的自衛権を根拠として正当化されることになる。

　ここで問題となるのは、アルカイダ組織といった非国家主体による攻撃の被害国が、国連憲章上の自衛権を発動することが可能なのかということである。このアルカイダ組織による9.11同時多発テロとそれに対する自衛権行使の国際法上の性質決定をするにあたっては、国際司法裁判所（International Court of Justice: ICJ）のニカラグア事件（本案）判決において示された自衛権の諸要件に照らして考察する必要がある[11]。

[3] ニカラグア事件判決における自衛権に関する論理

　1986年のニカラグア事件判決では、合法的な自衛権行使のためには、

8）U.N. Doc. S/2001/946（7 October 2001）.

9）"Statement by the North Atlantic Council"（September 12, 2001）, at http://www.nato.int/docu/pr/2001/p01-124e.htm.

10）"Terrorist Threat to the Americas"（Resolution adopted at the first plenary session, held on September 21, 2001）in the Twenty-fourth Meeting of Consultation of Ministers of Foreign Affairs, OEA/Ser.F/II.24, RC.24/RES.1/01（September 21, 2001, Washington, D.C.）.

11）*Military and Paramilitary Activities in and against Nicaragua*（*Nicaragua v. United States of America*）, *Merits, Judgment*［以下、*Nicaragua* Case］, *I.C.J. Reports 1986*, p. 16.

まず第1段階として「必須の要件」[12]としての「武力攻撃」が存在していなければならず、もしそれが存在していたのならば[13]、次の第2段階で、集団的自衛権の場合には、被攻撃国であるという「宣言」と第三国として集団的自衛権を行使しうる国家への「要請」がなされていたかどうか[14]、また、自衛措置が「必要性」と「均衡性」を充たしていたかを検討するというのが、裁判所によるアプローチであった[15]。

　この判決において、ICJは国連総会で採択された「侵略の定義に関する決議」3条(g)を参照して、以下の行為が「武力攻撃」を構成することについては一般的合意があるように思われるとして、「武力攻撃」を定義した。すなわち、「正規軍による他国領域への越境行為」だけではなく、「正規軍によって行われる現実の武力攻撃に相当する重大性を有する武力行為を他国に対して実行する武装部隊、集団、不正規兵または傭兵の一国による派遣もしくは国のための派遣またはこのような行為に対する国の実質的関与」も、「武力攻撃」に該当するとした[16]。それら以外の、「相当な規模で生じる武装集団による行為」や「武器または兵站もしくはその他の支援の供与の形の反徒への援助」は「武力攻撃」の射程外であるとしたうえで、これらの行為は武力による威嚇または武力行使、干渉に当たると判示した[17]。

　9.11同時多発テロの事実を、このニカラグア事件判決の論理に当てはめると、アフガニスタンがアルカイダ組織のテロリストを「派遣」したり、アフガニスタンがこれらの行為に「実質的関与」をしたりした場合

---

12) *Ibid*, pp. 122-123, para. 237.
13) *Ibid*, p. 119, paras. 229.
14) *Ibid*., pp. 103-104, paras. 195-196.
15) *Ibid*., pp. 122-123, para. 237. 必要性・均衡性要件に関しては、根本和幸「自衛権行使における必要性・均衡性原則」村瀬信也編『自衛権の現代的展開』59-87頁を参照。なお、ニカラグア事件における適用法規が慣習国際法であったため、国連憲章51条の安保理への報告義務に関しては、条約上の取決めと条約により構築された制度の内容に密接に依拠する手続は慣習法上において要件とならないということは明らかである」と述べるに留まり、検討されていない（*Nicaragua* Case., p. 105, para. 200）。
16) *Ibid*., pp. 103-104, para. 195.
17) *Ibid*.

には、その行為が「武力攻撃」に該当することとなり、自衛権行使が正当化される。しかしながら、テロ攻撃を行ったテロ集団とその攻撃の拠点となったアフガニスタンとの間に明確な関連が無い場合や、アフガニスタンが自国領域に所在するテロ集団の行為を防止する能力を欠き、結果的にテロリストに安全な避難場所を提供する場合について、判決は何も語っていないという批判が提起されることとなった。

❸ テロリズムに対する武力行使をめぐる議論の現状

[1] 不正規兵による武力行使をめぐる ICJ 内部における見解の対立

9.11同時多発テロ以降、ICJ には、不正規兵が関与する武力行使事件が係属した。すると、ICJ の裁判官の間でさえも、ニカラグア事件判決の自衛権の論理について、その多数意見とは異なる見解が示された。

2004年のパレスチナ分離壁事件における勧告的意見においては、パレスチナ占領地域においてイスラエルが建設した壁の法的性質について、ICJ は、国連憲章51条が「他国に対する一国による武力攻撃の場合に（in the case of armed attack by one State against another State）自衛という固有の権利の存在を承認している」のであって、それにもかかわらず、イスラエルはその攻撃が他国に起因するとは主張していないと判示した[18]。むしろ、イスラエルがパレスチナ領域を占領して支配しており、壁建設の正当化理由となる脅威はその支配領域から生じているがゆえに、9.11同時多発テロ直後の安保理決議1368や決議1373が前提とした他国領域からのテロリストによる攻撃という状況とは異なっているとした。

このような、「武力攻撃」の行使主体を国家に限定した多数意見に対しては、ICJ の他の裁判官から批判的な個別意見が付された。例えば、Kooijmans 裁判官は、自衛権が国家による他国への武力攻撃の場合の権

---

18) *Legal Consequences of the Construction of a Wall in the Occupied Territory, Advisory Opinion*,〔以下、*Palestinian Wall* Case〕, *I.C.J. Reports 2004*, p. 194. para. 139.

利であることが「一点の疑いもなく正しい」と評価しながらも、国家による武力攻撃に言及することなく安保理決議1368と決議1373が自衛権を承認するという「新たな要素」は51条の文言によって排除されず、自衛概念の新たなアプローチを示していると述べた[19]。Higgins 裁判官は、「51条の文言は、その文言のゆえに、武力攻撃が国家によってなされるときにのみ自衛権を行使しうるということを明記していない」と批判した[20]。

　さらに、ウガンダがコンゴに対する軍事的・準軍事的活動に関与し、コンゴ領域を占領し、そこで行動していた不正規軍に対して軍事的かつ後方的支援を行ったことの違法性が問われた2005年のコンゴ・ウガンダ軍事活動事件においては、ウガンダによる行為を安保理に報告していない点や、ウガンダがコンゴ軍による武力攻撃の被害国であるという主張をせず、むしろ民主同盟軍（ADF）という不正規兵によってなされた武力攻撃であると主張していた点、そして、コンゴ軍がその攻撃に関与したという証拠が存在しない点から、ウガンダがコンゴに対して自衛権を行使する法的かつ事実的な状況が存在しないと結論づけられた[21]。それゆえ、ICJ は、国際法が不正規兵による大規模な攻撃に対する自衛権を規定しているかどうか、また、どのような要件のもとで規定しているかについて答える必要はないと判示した[22]。

　このような非国家主体による大規模攻撃に対する自衛権の存否に関する判断回避は、Simma 裁判官により批判された。すなわち、コンゴ領域に所在する ADF の行為がコンゴに帰属しない場合でも、その不正規兵の攻撃が国連憲章51条の「武力攻撃」の敷居を満たすに十分な規模であることを条件として、ウガンダは、必要であればコンゴ領域において

19) Separate Opinion of Judge Kooijmans, *Palestinian Wall* Case, pp. 229-230, paras. 35-36.
20) Separate Opinion of Judge Higgins, *Palestinian Wall* Case, p. 215, para. 33.
21) *Armed Activities on the Territory of the Congo (Democratic Republic of the Congo v. Uganda)*, [以下、*Congo Uganda Armed Activities* Case], *Judgement, I.C.J. Reports 2005*, pp. 222-223, paras. 146-147.
22) *Ibid.*, p. 223, para. 147.

も不正規兵の活動を撃退することができたであろうと述べた[23]。とくに、パレスチナ分離壁建設についての勧告的意見で示された、「一国による武力攻撃」という51条の制限的解釈は、9.11同時多発テロを契機として、国家実行だけではなく、それに伴う法的確信の観点からも緊急に再検討されなければならず、テロリストのような非国家主体への防衛措置が51条によって許容されるとの見解を示した[24]。

[2] 自衛権行使に依拠する学説

前述のようなICJの裁判官による個別意見と同様に、非国家主体への自衛権行使を許容する見解は、学説においても見られる。テロリストの行為の規模が国家による軍事行動の規模に類似しているがゆえに、国連憲章51条の「武力攻撃」に該当するという立場がその一つである[25]。9.11同時多発テロにより生じた被害を見れば、ニカラグア事件判決において武力攻撃に該当するかどうかの指標とされた「最も重大な形態の武力行使」という規模（scale）の敷居を越えよう[26]。

その一方で、多くの見解は、国連憲章51条にある「固有の権利」という文言に注目する。その際、反徒である私人に対して英国が自衛の下で武力を行使したキャロライン号事件（1837年）を自衛の先例として参照し、国連憲章の採択以前に、すでに私人に対する自衛権行使が慣習国際法として許容されてきており、それは「固有の権利」という文言の中に読み込むことができると主張する。さらに、テロリストに対する自衛権行使に関する多くの現実の国家実行を根拠として、テロリストによる行為の国家への帰属要件を緩和したり、領域国の統治能力が欠如しているなどの例外を設けたりすることで、テロリストへの自衛権行使を許容す

---

23) Separate Opinion of Judge Simma, *Congo Uganda Armed Activities* Case, p. 336, para. 7.

24) *Ibid.*, pp. 336-337, paras. 10-11.

25) Sean D. Murphy, "Terrorism and the Concept of 'Armed Attack' in Article 51 of the U. N. Charter", *Harvard International Law Journal*（Volume 43, Number 1, 2002）, pp. 41-51.

26) *Nicaragua* Case, p. 101, para. 191.

る方向に修正されていると主張するものもある[27]。このように解釈することで、国連憲章51条の「武力攻撃」概念自体の射程を拡大し、テロリストへの自衛権行使が許容されるという結論を導くのである[28]。

[3] 非国家主体への自衛権行使に否定的な学説

　このようなテロリストに対する自衛権行使を許容する見解がある一方で、テロリストへの自衛権行使という国家実行に対して他国によって異議が唱えられないとしても、その黙認が直ちに自衛権行使を認める法的確信として受け入れられるわけではない。そうだとすれば、国連憲章51条が規定する自衛権は、「国家による他国への武力攻撃」が生じたときにのみ認められるという伝統的な解釈が依然として妥当すると理解することもできる[29]。

　それでもなお、多くの学説やICJの裁判官によって、頻発する国際テロリズムに対処する必要性が論じられていることに鑑みれば、自衛権が「国家による武力攻撃」に限定されなければならないという伝統的解釈が依拠する基盤にも注目しておかなければならない。この点については、Corten がテロリストに対する自衛権を国連憲章2条4項の「武力不行使原則」と「国家主権」との関連で論じている。すなわち、第1に、ただテロリストが自国領域内に所在し、そこを拠点として活動しているだけで、その国家は他国により反撃されることになり、本来的に国家主権を保護することを目的とした「武力不行使原則」による保護が剥

---

27) Christian J. Tams, "The Use of Force against Terrorist", *European Journal of International Law* (Vol. 20, No. 2, 2009), pp. 359-397; Randelzhofer and Nolte, *supra* note 4, p. 1418; Christopher Greenwood, "Self-Defence", in Frauke Lachenmann and Rüdiger Wolfrum (Eds.), *The Law of Armed Conflict and the Use of Force: The Max Planck Encyclopedia of Public International Law* (Oxford University Press, 2016), pp. 1129-1139.

28) Christopher Greenwood, "War, Terrorism, and International Law", *Current Legal Problems 2003* (Volume 56, 2004), pp. 505-530.

29) Alexander Orakhelashvili, "Changing Jus Cogens Through State Practice? The Case of the Prohibition of the Use of Force and Its Exceptions", in Marc Weller (Ed.), *The Oxford Handbook of the Use of Force in International Law* (Oxford University Press, 2015), pp. 157-175, 170-173.

奪されるという不合理な結果になるため、テロリストへの自衛権行使は認められないと主張する。第2に、国家主権には、その国家が領域内の個人に対して合法的な実力行使を行う特権が含意されている。それにもかかわらず、他国によるテロリストへの自衛権行使を認めることは、所在国によるその領域内の個人への実力行使を禁ずることになり、結果的にテロリストが「国内法上の犯罪者」から「国際法主体」の地位に格上げされるという帰結を導くこととなるため、やはりテロリストへの自衛権行使は認められないことになると結論づける[30]。

　このように、国連憲章の文言を体系的に解釈するとき、安保理決議1368や1373の前文で言及された自衛権はどのように解されるのだろうか。たしかに、パレスチナ分離壁事件との関連で、イスラエルは、9.11同時多発テロ直後に採択された安保理決議1368や1373において、テロリストによる攻撃に対する自衛権が明らかに承認されたという主張を行った[31]。しかしながら、非国家主体であるテロリストの行為が武力攻撃を構成するかどうかについては決議中に言及がなく、それは「国際の平和および安全に対する脅威を構成する」と明示されたにすぎない[32]。むしろ、それゆえに、当該安保理決議では、「テロリストの攻撃の実行者、組織者、および支援者を法に照らして裁くために（to bring to justice）緊急に共同して取り組むこと」を加盟国に要請し、これらの者を「援助し、支持しまたは匿う者はその責任が問われる」ことが強調された。安保理は、このように、自衛権に基づく個別国家による武力行使ではなく、刑事司法的手段によってテロリズムに対処することを明らかにしたと主張される[33]。

---

30) Olivier Corten, *The Law Against War: The Prohibition on the Use of Force in Contemporary International Law* (Hart Publishing, 2010), pp. 172-174.

31) U.N. Doc. A/ES-10/PV.21 (20 October 2003), pp. 1-23, 6.

32) Christine Gray, *International Law and the Use of Force*, Fourth Edition (Oxford University Press, 2018), p. 206.

[4]　域外法執行活動と認識する学説

　安保理が、前述の決議1373のように、憲章 7 章下の強制措置として刑事司法的措置を決定したとしても、国連安保理が実効的な措置を講じず、他国領域に所在する容疑者の引渡し請求が拒否される場合や、領域国がその容疑者を捕捉する意思と能力が欠如している場合には、その実現が困難になるのも事実である。このような状況において主張されるのが、他国領域に所在するテロリストの捕捉やテロ行為の阻止を目的とした武力行使を域外法執行活動（extraterritorial law enforcement actions）として正当化する見解である[34]。

　とはいえ、この域外法執行活動に基づく武力行使に関する学説も一枚岩ではなく、自衛権とは区別される警察権に基づく国内法の法執行活動と認識する見解（警察権説）や[35]、「他国領域に所在する武装集団に対する同意のない越境的な武力行使」を「自衛の一形態として」域外法執行活動と位置づける見解（自衛権説）[36]に分類される。

　たしかに、9.11同時多発テロを引き起こしたオサマ・ビン・ラディンなどのアルカイダのテロリストは、1998年のケニアおよびタンザニアの米国大使館の爆破容疑で米国連邦地裁に起訴されるとともに、米国によって引渡し要求がなされていた[37]。この事実を踏まえれば、米国のアフガニスタンへの武力行使は、本章❶で述べたように、実際に、テロリスト個人によって行われる米国国内法違反を前提とした、警察権に基づくアルカイダのテロリストに対する域外法執行活動であると理解することができる。しかし、法執行が本質的に当該国家の領域内に限られるとす

33）U.N. Doc. S/RES/1368（12 September 2001）; Eric P.J. Myjer and Nigel D. White, "The Twin Towers Attack: An Unlimited Right to Self-Defence?", *Journal of Conflict and Security Law*, Vol.7, No. 1 （2002）, pp. 5-17.

34）Yoram Disntein, *War, Aggression and Self-Defence*, Sixth Edition （Cambridge University Press, 2017）, pp. 289-300; 村瀬信也『国際法論集』（信山社、2011年）171-202頁。古谷修一「自衛と域外法執行措置」村瀬・前掲書注15）165-200頁。

35）村瀬・前掲注34）189頁。

36）Dinstein, *supra* note 34, p. 293-294.

37）Indictment, United States v. Usama bin Laden, S（2）98 Cr. 1023 （LBS）, （S.D.N.Y. Nov. 4, 1998）.

れば、域外への法執行に問題がないわけではない[38]。

　次に、自衛権説の立場からは、例えば ICJ の Koojimans 裁判官は、Dinstein の見解を引用しながら「域外法執行活動」に言及して、テロリストによる攻撃が「武力攻撃」を構成することを前提として、「その攻撃が領域国に帰属しえない場合でさえも」武力を行使しうると主張した[39]。この域外法執行活動における自衛権説は、不正規兵やテロリストによる攻撃を「武力攻撃」と位置づけたうえで、その攻撃が領域国へ帰属しえない場合には、自衛権の一形態としての域外法執行活動に当たると説明する。この点は、「武力攻撃」概念を拡張し、テロリストによる攻撃を武力攻撃概念に包含することにより自衛権で正当化する前述の本節 [2] における自衛権に依拠する学説とは異なる点に注意が必要である。

　以上、検討してきたように、自衛権であれ、域外法執行活動であれ、他国領域内に所在するテロリストに対して武力を行使する際に、その所在国の国家主権をいかに尊重し、テロリストに対する武力行使により生じる領域主権の侵害をいかに正当化しうるのかという課題が、これらの学説に共通する問題の核心である。

❹ おわりに

　第二次世界大戦を経験した国際社会は、国連憲章2条4項において、国家による武力を用いた威嚇およびその行使を禁止した。しかしながら、とりわけ世界各地で発生するテロリストによる攻撃が増大するなか、それに対処するための武力行使を伴う数多くの国家実行をみると、この武力不行使「原則」はもはや「幻想」であるかのような状況に直面している。その理由の一つには、9.11同時多発テロ以降、テロリズムの

---

38) Noam Lubell, *Extraterritorial Use of Force Against Non-State Actors*（Oxford University Press, 2010）p. 77.

39) Separate Opinion of Judge Kooijmans, *Congo Uganda Armed Activities* Case, pp. 310-315, paras. 13-31, specially p. 314, para. 30.

脅威とそれに対して武力で対処する必要性が高まると、本章の❶で触れたプーチン大統領の宣言のように、国家は直ちに、かつ当然に自衛のための軍事行動を選択するという傾向を指摘できる。

　本章で見てきた学説の対立は、そのようなテロリストに対する武力行使の国家実行が従来の自衛権に関する法規範からの単なる逸脱なのか、あるいは新たな法を生み出す信念を伴う実行となりうるのかという評価に起因している。ニカラグア事件判決で示されていた、テロリストのような不正規兵と国家との密接な帰属を前提とした制限的「武力攻撃」概念は、9.11同時多発テロ後の国家実行や学説においては、その射程が拡大され、テロリストと領域国の帰属関係も緩和されてきている。

　最後に、さらなるテロリズムに対する武力行使の国家実行の展開として、いわゆる「イスラム国（ISIL）」への武力行使に注目しておきたい。「イスラム国」がシリアやイラク領域の中での支配を拡大すると、米国は、「自国にテロリズムの脅威が存在する領域国が、テロ攻撃のための領域の使用の防止を行う意思と能力が欠如している場合には、国連憲章51条の個別的・集団的自衛の固有の権利に従って国家は自国を防衛しえなければならない」と主張して、2014年9月、シリア領域内に自衛権に基づく必要かつ均衡した武力行使を開始した［下線筆者］[40]。

　本章では、この「領域国の意思能力欠如（unwilling or unable）」要件の法的性質と国際法上の位置づけを検討することを目的としていないが、少なくとも、国家が自衛権に基づいてテロリストに対して武力を行使する際に、領域国の同意の有無にかかわらず、この「領域国の意思能力欠如」要件を重視して、武力を行使する事例もみられる[41]。この「領域国の意思能力欠如」の判断基準が確立していない現状においては、テ

---

40) U. N. Doc. S/2014/695, 23 September 2014,（United States）.
41) U. N. Doc. S/2015/221, 31 March 2015（Canada）; U. N. Doc. S/2015/563, 24 July 2015（Turkey）; U. N. Doc. S/2015/693, 9 September 2015（Australia）. なお、この要件は Chatham House, "Principles of International Law on the Use of Force by States in Self-Defence"（1 October 2005）の Principle 6として提唱されている（at https://www.chathamhouse.org/publications/papers/view/108106）。

ロリストに対する自衛権行使に伴う主観化がいっそう危惧されることになる[42]。この要件が、テロリストに対する自衛権行使の新たな要件として位置づけられるのかどうか。さらには、自衛権とは区別される対テロリズム武力行使という個別の正当化根拠における要件と位置づけられるのか。これらの問題は、今後の国家実行の慎重な評価に委ねられることになる。

　この「領域国の意思能力欠如」要件だけではなく、「武力攻撃」の発生要件の充足もまた、第一次的には個別国家が判断する。そして、国連憲章51条に規定される安保理への報告義務を通じて、最終的には安保理がその問題に取り組むことが予定されている。たしかにそのことは、2001年に開始された有志連合によるアルカイダに対する「不朽の自由作戦」という名の下で行使された自衛権を、国連憲章7章下で設置された「国際治安支援部隊（ISAF）」と協働化することによって追認した事実にも表れている[43]。

　しかしながら、本章のテーマである国際テロリズムに対する既存の国際法と、安保理を中心とした国連の集団安全保障体制の機能の実効性が不十分であるとすれば、国際の平和と安全を確保するための自衛権や警察権という個別国家の行動もまた、様々な問題を抱えながらも、国連安保理を中心とした集団安全保障体制の実効性を補完する機能を有している事実を無視することはできない。その意味において、国際テロリズムを取り巻く集団安全保障の枠組みは、このような複層的な構造によって成り立っているのである。

※本研究は、JSPS 科研費 JP15K16931による助成の研究成果の一部である。

42）標的殺害（target killing）における米国による「領域国の意思能力欠如」要件について、Gray, *supra* note 32, pp. 233-237を参照。

43）U. N. Doc. S/RES/1707, 12 September 2006. なお、この個別国家による自衛権行使と安保理による集団安全保障体制の協働化に関しては、根本和幸「非国家主体に対する武力紛争における *jus ad bellum* の継続適用の意義——アフガニスタンにおける対テロリズム紛争の検討」国際法外交雑誌第114巻第3号（平成27年11月）30-54頁。

第17章
国連安保理による制裁と人権保障

近畿大学准教授

加藤　陽

|||||||||||||||||||||||||||||||||||||||||||||||||||||||||||||||||||||||

❶ はじめに

　国連安全保障理事会（安保理）の集団安全保障は、少なくとも国連創設当初は、基本的には国家間の紛争や武力行使を念頭に置いたものであったが、現在では国家のみならず個人をも対象としたターゲット制裁（targeted sanctions）を実施している。すなわち、安保理の補助機関であり、安保理理事国である15の国から構成される制裁委員会は、加盟国からの情報を受け取り、紛争における重要人物や国際テロなどに関連する個人・団体を掲載した制裁対象リスト（Sanctions List）を作成する。そして安保理決議はこのリストに掲載された対象に対する資産凍結、渡航禁止、武器禁輸などの措置を国連加盟国に義務づけている[1]。このような制裁形態は、ISIL・アルカイダ、コンゴ、北朝鮮、ギニア・ビサウなど様々な事態に関連する個人に対して用いられており、集団安全保障の実行として定着している。

　このような実行は、国際テロリズムなど非国家主体が安全保障上の重大な脅威になりうるという冷戦後の国際安全保障環境の変化や、1990年代のイラクに対する包括制裁の経験をふまえて無辜の市民に対する悪影響を抑制する必要から生まれたものであると指摘されている[2]。

1）制裁委員会の手続や安保理決議を含め、安保理の制裁に関する公式文書は国連安保理のウェブサイト（https://www.un.org/en/sc/）に掲載されている。

2）Thomas J. Biersteker and Sue E. Eckert, *Strengthening Targeted Sanctions Through Fair and Clear Procedures*（Watson Institute, 2006）, p. 5.

しかし、安保理と制裁委員会は国家代表から構成される政治的機関であり、厳密な法的判断に基づき活動しているわけではない。そこで、不当に制裁の対象としてリストに掲載されたと主張する個人が、人権法を根拠に人権関連機関に提訴する例がみられるようになってきた。ここでは、国連の制裁を実施する国家の義務と人権保護の国際規範に基づく国家の義務との抵触が論じられており、両者のいずれを優先的に実施するのか、また両者を調和的に解釈する余地がないのかといった点が争われている。

　換言すれば、安保理が国際社会の変化に応じてその集団安全保障を発展させるに伴い、平和と人権保障といういずれも国際社会にとって根本的な諸価値の対立やそれらを実現する諸規範の対立が生じており、これらをいかに調整し解決するかが重要な問題となっている。

　そこで本章は、国連制裁の実施義務と国際人権規範の抵触が問題となった主な国際判例とそれに対する安保理の対応を検討し、今後の展望を示すことにしたい。

❷ 国連制裁と国連憲章103条の法的効果

　たとえ個人が国連制裁の過酷な影響にさらされても、国際人権法が個人の権利を保障しうるのであればそうした影響も抑制できるかもしれない。しかし、そのような解決策を必ずしも容易にしないのが国連憲章103条であり、同条は次のように規定する。

　　国際連合加盟国のこの憲章に基く義務と他のいずれかの国際協定に基く義務とが抵触するときは、この憲章に基く義務が優先する。

　この規定は国連憲章16章「雑則（miscellaneous provisions）」に位置し、その条文構成は非常に簡素なものであるため、一見すると些末な規定に見えなくもない。しかし、以下の三つの点から、今や国連憲章の条文の中でもっとも注目されるものの一つになっている。

　第1に、同条に基づく国連憲章義務の優先は憲章より前の条約のみな

らず、後の条約にも適用される。この意味で、この条文は条約間の抵触の際に用いられる後法優先の原則の例外であると考えられる[3]。第2に、103条にいう「この憲章に基く義務」には憲章2条4項の武力行使禁止原則などの実体的義務の他に、安保理が制裁発動のために憲章25条に基づき行う決定から生じる義務も含まれる。第3に、103条が規定する優先の対象である「他のいずれかの国際協定に基く義務」には、少なくともこの文言上には例外がないことから、様々な国際条約が包括的に含まれると考えられる[4]。

　以上の内容から、安保理の決定は国連憲章より後の国際人権諸条約をも排除しつつ制裁を実現する強力な効果を有している、と考えることも可能であろう。他方で、国際人権が現在の国際法秩序において有する重要性を考えると、安保理がひとたび平和に対する脅威を認定すれば国際人権諸条約は無視される、と単純に考えることもできない[5]。国連憲章1条は平和維持と共に人権尊重も国連の目的であると規定している。

　もっとも、安保理の制裁手続において個人を救済する十分な手続があれば、人権保護の観点からの懸念も払拭されるかもしれない。このような観点から安保理決議1730（2006年）により設置されたフォーカル・ポイント（focal point）は、リストへ掲載された個人からの削除の要請を受け付けるものである。しかし、この手続は単に要請を受け付けるにすぎず、その要請を独立の立場から審査する権限を有していないため、この手続の創設は「郵便局の設置」にすぎないとすら批判されている[6]。

　そこで以下では、安保理の制裁と人権法の抵触が問題となった代表的

3）後法優位の原則を定めた条約法条約30条1項は、「国際連合憲章第103条の規定が適用されることを条件として」2項から5項までの規定が適用されることを明記している。

4）近時の動向を考慮しつつ国連憲章第103条の解釈論上の論点を扱ったものとして、加藤陽「国連憲章第103条の法構造（1）（2・完）」国際公共政策研究16号2巻（2012年）121-134頁、17巻1号（2012年）87-100頁。

5）参照、Erika de Wet, "(Implicit) Judicial Favoring of Human Rights over United Nations Security Council Sanctions: a Manifestation of International Community?," in Federico Fabbrini and Vicki C. Jackson (eds.), *Constitutionalism across Borders in the Struggle Against Terrorism* (Edward Elgar, 2016), pp. 35-51.

な三つの国際判例を検討し、この問題がこれまでどのように処理されてきたのかを検討しよう。なお、以下では見解および判決の参照部分のパラグラフは本文内の括弧の中で示す。

❸ 国際判例における判断内容

[1] サヤディ事件

　ベルギー国籍を有するサヤディおよびヴィンクは安保理のアルカイダ制裁決議1267（1999年）、1333（2000年）、1390（2002年）などに基づき2003年１月に制裁対象リストに掲載され、ベルギーの国内実施措置の対象となった。これにより資産凍結がなされ、渡航を制約されたために職を得る機会を失うなどの問題が生じたため、両者は自由権規約の違反を主張し自由権規約委員会へ通報を行った[7]。これに対しベルギーは、国連憲章103条に基づき憲章上の義務が他の義務に優先するから、憲章義務を実施する国連加盟国は責任を負わないと主張した（8.1）。

　2008年の自由権規約委員会見解は以下のように示した。自由権規約12条に定められた移動の自由についての権利に対する制限は、同条３項が規定する通り、国の安全や公の秩序の保護のために必要な場合には認められており、安保理決議を遵守する義務は同項にいう制限に該当しうる。しかし、制裁委員会への名前の通知は通報者への聴聞がなされないまま行われており、ベルギーはリストへの掲載と渡航禁止について責任を負う。通報者に対するベルギーの刑事捜査は打ち切られ、さらに、ベルギー自身も制裁委員会に対し、通報者の名前をリストから削除するよう要請していることから、通報者へ課された制限は国の安全などに必要であったとはいえず、12条の違反が存在する（10.5-10.8）。

　さらに、国連の制裁対象リストはインターネットで公にされており、

---

6 ）Dire Tladi and Gillian Taylor, "On the Al Qaida/Taliban Sanctions Regime: Due Process and Sunsetting," *Chinese Journal of International Law*, Vol.10（2011）, para. 21.

7 ）Nabil Sayadi and Patricia Vinck v. Belgium（Communication No. 1472/2006）, Views of the Human Rights Committee, 22 October 2008, UN Doc. CCPR/C/94/D/1472/2006, paras. 10.1-13.

最初に通報者の情報を制裁委員会に通知したのもベルギーであった。ま
た、ベルギーは通報者の名前を同委員会に通知する義務があると主張す
るが、それはベルギー当局による刑事捜査の結果を待たずに行われ
た[8]。以上から、委員会は、通報者の名誉と信用に対する不法な攻撃が
存在し、17条の違反があると認定する（10.12-10.13）。

　以上のように自由権規約委員会は規約違反を認定したが、重要な争点
であったはずの国連憲章103条の法的効果は委員会見解においては明示
的に検討されていない。自由権規約46条は、規約のいかなる規定も国連
憲章の「規定の適用を妨げるものと解してはならない」と定めている
が、委員会は、本件が安保理決議を実施する締約国の国内措置と規約の
両立性に関するものであるから、46条は本件において関連性がないとし
ている（10.3）。また、12条の違反を検討する文脈で、委員会は安保理決
議を実施する国内措置と「規約の両立性を検討する権限を有する」とも
述べている（10.6）。しかし、これらが103条に基づくベルギーの主張に
対する十分な回答であるとみなすことは到底できない。

[2] カディ事件

　決議1267など一連のアルカイダ制裁決議とそれを実施するために採択
されたEU規則により、2001年、カディは国連とEUの資産凍結措置の
対象リストに掲載された。そこで同人はEU基本権の侵害を受けたとし
てEUの裁判所に訴えた[9]。2005年のEUの第一審裁判所判決はカディ
の主張を退けた。裁判所が安保理決議を実施するEU規則を審査すれ
ば、それは安保理決議の間接審査を意味するが、国連憲章25条や103条
などからそのような審査は認められないとした（209-225）[10]。つまり、第一

8）この見解がテロ規制の必要性をふまえていないとする批判として、水島朋則「対テロ安保理決議の実
　施における自由権規約違反の可能性──サヤディ他対ベルギー事件」国際人権20号（2009年）115-116頁。

9）Yassin Abdullah Kadi v. Council of the European Union and Commission of the European
　Communities, Case T-315/01, Judgment of the Court of First Instance (Second Chamber), 21
　September 2005, Paras. 209-225.

審裁判所は103条を重視し、国連憲章を尊重する立場を示したといえる。

　しかし、2008年の欧州司法裁判所判決は全く異なる判断を示した[11]。欧州司法裁判所によれば、共同体条約は完結した法的救済システムを有し、共同体諸制度の合法性を裁判所が審査するための手続を設置している。さらに、国際協定は共同体条約が規定する権限配分と共同体法システムの自律性（autonomy）に影響を与えることはできない（281-282）。EU基本権は法の一般原則の不可分の一体であり、人権尊重は共同体行為の合法性の条件である。国際協定によって課される義務は共同体の憲法的諸原則を害する効果を持ちえず、当該規則がたとえ安保理決議を実施するものであっても、共同体司法部による合法性審査は行われる（283-286）。共同体の司法部は、すべての共同体の行為の合法性に対する「基本権に照らした原則として完全な審査（in principle the full review）」を確保しなければならず、このことは当該行為が安保理決議を実施する場合も同様である（326）。

　このように欧州司法裁判所は規則の審査を正当化した。その上で、当該規則のリストへ掲載する証拠を個人へ通知する手続や聴聞手続の不在から聴聞を受ける権利が尊重されておらず、また、上訴人は共同体司法部において満足な条件で自らの権利を主張することもできなかったため効果的な司法的救済を受ける権利も侵害されたとして、当該規則の無効を判示した（345-353）。

　欧州司法裁判所は第一審裁判所のように国連憲章103条を重視する立場ではなく、EU法の「自律性」という考え方からむしろ国連憲章と距離を置く戦略を選択した。つまり、国連憲章103条の法的効果はともかくとして、EUは自身のシステムにしたがってEU基本権に基づき司法審査を行う、という判断である。

10）他方で、強行規範に基づく安保理決議の審査は認められるが、そのような権利侵害もないとされた（266-292）。

11）Yassin Abdullah Kadi and Al Barakaat International Foundation v. Council of the European Union and Commission of the European Communities, Joint Cases C-402/05 P and C-415/05 P, Judgment of the Court of Justice (Grand Chamber), 3 September 2008.

[3] アル・デュリミ事件

　1990年の湾岸戦争に際して採択された安保理決議を受けて、本件申立人であるアル・デュリミおよびその関連会社 Montana Management のスイスにおける資産が凍結された。その後、2003年のイラク戦争後に採択された決議1483（2003年）の本文23項において、国連加盟国は前イラク政権（フセイン政権）とその関係者・関係団体の資産を凍結し、この凍結資産をイラク開発基金（Development Fund for Iraq）へ移管することが決定された。これに伴い、スイス当局は申立人資産の没収を決定した。申立人はスイス連邦裁判所にも提訴していたが、同裁判所の2008年判決は国連憲章25条と103条を重視し、申立人のリストへの掲載が人権条約に基づく手続的保障に従ったものであるかどうかは審査できないとしていた。そこで、申立人は、欧州人権条約6条（公正な裁判を受ける権利）に従った手続が存在しない中で資産没収の決定がなされたとして欧州人権裁判所に申立を行った[12]。

　欧州人権裁判所はまず一般的に国際法と欧州人権条約の関係について以下のように述べている[13]。欧州人権条約を他の国際法規範から隔絶した状態で解釈、適用することはできない。欧州人権条約は国際公法の諸規範に従って解釈、適用される国際条約であり、特にこの関連で、条約解釈において「当事国の間の関係において適用される国際法の関連規則」を考慮すると定めた条約法条約31条3項(c)と国連憲章103条に言及する（134-135）。二つの異なる義務は、それらが現行法と十分に合致する効果を生みだすよう、可能な限り調和されなければならない（138）[14]。

　このような前提の上で、欧州人権裁判所は決議1483の文言を次のよう

---

12)　Al-Dulimi and Montana Management Inc. v. Switzerland（Application no. 5809/08）, Judgment of the European Court of Human Rights（Grand Chamber）, 21 June 2016.

13)　国連安保理の措置と欧州人権条約の関係を扱ったこれまでの判決においても両者の調和的解釈が重視されている。2011年のアル・ジェッダ事件判決、2012年のナダ事件判決について、加藤陽「国連憲章第103条と国際人権法——欧州人権裁判所における近時の動向」国際公共政策研究18巻1号（2013年）163-179頁。

に解釈する。用語の通常の意味に従って理解すると、決議1483の規定は同決議の国内実施措置に対する人権保護のためのスイス裁判所の審査を妨げるものではなく（143）、同決議はその実施措置に対する司法的監視を排除する明瞭かつ明示的な文言を含んでいない。このような決議は、その実施における恣意性を避けるために、スイス裁判所に十分な審査をすることを認めるものと解釈される（146）。また、国連憲章1条3項が規定する通り人権の尊重も国連の目的の一つであり、安保理は人権の基本的諸原則を違反する義務を課さないという推定が存在する。以上から、本件において103条の適用要件である義務と義務の抵触は存在しない（148-149）。

欧州人権裁判所によれば、申立人はスイス裁判所において実体的事項について審理を受けるための機会を与えられるべきであったがそうではなかったため、裁判所へアクセスする権利の本質が侵害された。また国連においてもこのような問題を埋め合わせる救済手続は存在しない。したがって、6条1項の違反が存在すると判示された（151-155）。

④ 諸判例の分析

[1] 諸判例における議論構成の違い

以上のように各機関は国連制裁の実施義務と国際人権規範との抵触に直面したが、それぞれの機関が用いた議論構成はかなり異なっている。それらを順番に分析し検討してみよう。

第1に、サヤディ事件自由権規約委員会見解は国連憲章103条の問題をそもそも回避するという手法を選択した。同事件では当事者の一方であるベルギーは、103条に明示的に言及し、安保理決議の実施の優先を主張したにもかかわらず、委員会の判断を示した箇所において同条の効

---

14) 裁判所は、ここで国際法のフラグメンテーションに関する国連国際法委員会の作業部会報告書を参照している。Fragmentation of International Law: Difficulties Arising from the Diversification and Expansion of International Law（Report of the Study Group of the International Law Commission), UN Doc. A/CN.4/L.682, 13 April 2006, paras. 37-43.

果は明示的に扱われていない。委員会がどのように同条の効果を理解したのか、さしあたり二つの可能性が考えられる。一つ目は、国連憲章上の義務がどうあれ自由権規約上の義務は尊重されなければならないという人権中心的立場であり[15]、二つ目は、自由権規約委員会としては自由権規約に基づき事例を判断したにとどまり、安保理決議との関係での抵触の問題は扱わない、というものである[16]。

　いずれにしても、このような委員会の処理の方法は望ましいものであるとは思われない。ベルギーの主張を見るまでもなく、本件では自由権規約に対する国連憲章103条の法的効果が重要な論点の一つとなることは明らかであって、これに何らかの形で答えないということでは、委員会見解へ不信感が生まれかねない[17]。

　第2に、カディ事件欧州司法裁判所判決は、安保理の制裁と対立する当該法秩序の「自律性」に依拠し、国連憲章103条の効果を遮断する立場を示した。たしかに、103条の規定がいかに広範に国連憲章上の義務の優勢を認めていようとも、EU 法を国際法から切り離してしまえば、EU 基本権は同条の影響を少なくとも直接には受けないことになる。この議論においては、サヤディ事件見解のように103条の問題はごまかされておらず、同条を適用しないことの理由ははっきり示されている。また、後で解説する欧州人権裁判所の論法のような形で関連安保理決議の無理な解釈論に大きく依拠する必要もなくなる。

　他方で、EU も条約によって創設された制度であるにもかかわらず、EU 法にこのような自律性を認め、EU 法を国際法から切り離そうとすることには国際法学から強い異議もある。たとえば、EU 基本権に依拠

---

15) Schearer 委員意見によれば、委員会見解は自由権規約と国連憲章を同等（on a par）とみなしたという。Individual Opinion of Committee Member Mr. Ivan Shearer（dissenting）.

16) Individual Opinion of Committee Member Sir Nigel Rodley（concurring）.

17) このような観点からの批判として、Marko Milanović, "The Human Rights Commitees's Views in *Sayadi v. Belgium*: A Missed Opportunity," *Goettingen Journal of International law*（2009）, Vol. 1, pp. 519-538.

する欧州司法裁判所の議論は「21世紀版の『人権モンロー主義』とでも
いうべき主張であり、EU域外に対しては説得力を持つ論理であるとは
思われない」とすら批判される[18]。

　第3の方法は、アル・デュリミ事件欧州人権裁判所判決が採用した調
和的解釈である。すなわち、一見すると対立する法規範間の関係を調和
的に解釈することにより両者の抵触の認定を回避すれば、義務同士の抵
触をその発動要件とする国連憲章103条に基づく国連憲章義務の優先を
封じることができる。その際に参照された重要な規定が、条約法条約第
31条3項(c)である[19]。

　この論法に依拠すれば、103条による優先を認めない理由をはっきり
示せる上に、カディ事件判決のように、国際法に対する欧州人権条約の
自律性を主張する必要もない。国連憲章と欧州人権条約の連続性を前提
にしながらも、安保理決議の解釈を操作して103条の発動自体を封じて
いると考えられる。

　この議論構成は魅力的なものにも思えるが、しかし重大な問題もあ
る。判決に付されたNussberger裁判官意見は、決議1483が措置を「即
時に」「遅滞なく」実施することを求めており、この文言は決議実施の
ための解釈の選択の余地を認めていないから、判決のような解釈は「フ
ェイク調和的解釈（fake harmonious interpretation)」であると述べてい
る[20]。すなわち、調和しがたい法規範の関係を無理に調和的に解釈しよ
うとすると、そこで展開される解釈論は無理のあるものとなり、やはり
判決の権威は大きく損なわれることになろう。

　サヤディ事件見解のような議論構成を今後はとるべきではないと思わ
れるが、他方で後二者の議論構成も問題を孕んでいる。

---

18) 植木俊哉「国連憲章とEU法の関係」『国連研究（多国間主義の展開)』18号（2017年）47頁。
19) 本規定について、松井芳郎「条約解釈における統合の原理——条約法条約31条3項(c)を中心に」
　　坂元茂樹編『国際立法の最前線（藤田久一先生古稀記念)』（有信堂、2009年）101-135頁。
20) Dissenting Opinion of Judge Nussberger.

［2］諸判例の実践的影響

　以上のように、それぞれの事例においては各機関が示した議論構成は相当に異なっている。他方で、いずれの判例においても、人権法に対する国連憲章103条に基づく制裁義務の優先は認められず、制裁を実施する各措置が違法であると認定された。つまり、安保理の制裁よりも人権保護を優先する判断を示したと考えらえる。これらの人権関連機関による判断は、安保理決議そのものの合法性や有効性を審査したわけではないから、それらの形式的効果は安保理決議との関係では間接的なものにとどまっている。しかし、これらの判例は事実上、安保理決議の正当性を損なうため、諸国家は安保理決議の実施に消極的になり、安保理としてはこれらの判例に対して何らかの対応を迫られることになる。換言すれば、これらの諸判例は制裁手続の改善を促すための安保理への事実上の圧力としての意味を持つ[21]。

　こうした国際判例の動向を国連安保理も静観していたわけではなく、制裁手続の改善には一定の前進も見られる。特にカディ事件欧州司法裁判所判決を受けて採択された安保理決議1904（2009年）は、リストへ掲載された個人からの要請を直接受け付けるオンブズパーソン（Ombudsperson）を設置した。このオンブズパーソンは、リストからの削除の要請を受領した後、その要請の可否を独立の立場から判断し、制裁委員会へ包括報告書を提出する。

　その後採択された決議1989（2011年）はリバース・コンセンサスによる制裁委員会の意思決定を導入した。すなわち、それまでは制裁対象リストからの削除は制裁委員会のコンセンサスが必要であったが、決議1989においては、オンブズパーソンがリストからの削除を勧告した場合には、制裁委員会が掲載の維持をコンセンサスで決定しない限り制裁措置は終了するとされた[22]。この手続の下で、これまでにオンブズパーソ

---

21) Milanović, *supra* note 17, p. 537.

ンの勧告が制裁委員会によって覆された事例は存在しない。また、2018年2月時点で52の個人と28の団体が制裁対象リストから削除されており、前述のカディもこの手続によってリストから削除されている[23]。こうしたことから、オンブズパーソンは「実効的な救済（effective remedy）」を提供しているとすら指摘されている[24]。

　しかし、この手続の構築後も人権の側からの異議は続いている。2008年のカディ事件判決後、再びEU規則の制裁対象リストに掲載されたカディはEUの裁判所に提訴したが、2013年の第2カディ事件欧州司法裁判所判決は、2008年判決の議論を基本的には踏襲し、当該規則採択の根拠が不十分であるとして再びその無効を認めた[25]。さらに、オンブズパーソンの手続もISIL・アルカイダ制裁に適用されるだけで、その他の制裁には以前のフォーカル・ポイントが引続き適用されるから、オンブズパーソンの意義は集団安全保障全体の視点から見ると限定的であるといえる。アル・デュリミ事件に関連するイラク制裁のリストには2008年6月時点のデータで86の個人、168の団体が掲載されているが[26]、これらもオンブズパーソンの手続を利用することはできない。

❺ おわりに——今後の展望

　本章で検討したように、国連の集団安全保障と人権保障の対立についてはこれまでにかなりの議論と実行が蓄積しているが、両者の一進一退

22）オンブズパーソンの手続の詳細については、加藤陽「国連法とEU法の相克——ラディカル多元主義の理論構造とその実践的意義」国際法外交雑誌116巻4号（2018年）32-39頁。

23）Letter dated 8 February 2018 from the Legal Officer supporting the Office of the Ombudsperson addressed to the Chair of the Security Council Committee, UN Doc. S/2018/120, 14 February 2018, para. 8.

24）Lisa Ginsborg, "The United Nations Security Council's Counter-Terrorism Al-Qaida Sanctions Regime: Resolution 1267 and the 1267 Committee," in Ben Saul (ed.), *Research Handbook on International Law and Terrorism* (Edward Elgar, 2014), p. 618.

25）European Commission and Others v. Yassin Abdullah Kadi, Joined cases C-584/10 P, C-593/10 P and C-595/10 P, Judgement of the Court of Justice (Grand Chamber), 18 July 2013, para. 60-165.

26）前掲注1）の安保理のウェブサイトの情報による。

の攻防は依然として収束する気配を見せていない。人権保障を重視する
国際判例は国連憲章103条をそのまま受け入れることはせず、それぞれ
の機関の位置づけや事案の内容を勘案しながら異なる議論構成を示しつ
つも、安保理に対する抵抗と批判を行っているが、各判例には異論や批
判もある。本章で検討した判例により安保理の手続に変化は生じたもの
の、人権の側からは依然として批判がある。

　今後は特に以下の二つの点をふまえつつ議論を進めていくことが期待
されよう。第1に、人権保護と平和の要請を調和させるための制裁手続
の改革のより一層の進展である。まだ不十分なものにとどまるとはい
え、安保理はこれまでに一定の手続改革を行っている。ただ、テロ規制
などの安全保障上の情報は、その機密性からリストに掲載された個人に
も容易に公開されない。これは改革を阻む要因の一つとなっている[27]。
国内的制度であってもこの種の情報の管理は容易ではないが、国際的文
脈であるとこれはより一層難しい問題になろう。いずれにしても、制裁
義務と人権義務を調和的に解釈する説得的な手法は今のところ存在しな
いとすれば、両者の齟齬は立法的に解決されるしかないと考えられる。

　第2に、グローバル規模の法秩序全体に関する理論の発展である。平
和と人権という国際社会の根本的価値同士が対立する現状は、単に安保
理の恣意的な制裁の運用のみに帰するものではなく、現代グローバル社
会の多元性ないし多様性を如実に示しているものと考えられる。このよ
うな状況においては、様々な局面で生じる問題に対し場当たり的な対応
に終始しないためにも、本書の第1章でも検討される立憲主義など、秩
序全体の在り方を論じ、実務的対応に一定の方向性を与える理論の構築
が不可避的に求められよう。

---

27) 加藤・前掲注22) 44-45頁。

執筆者一覧 (論考掲載順)

森 肇志	(もり・ただし)	東京大学教授
伊藤一頼	(いとう・かずより)	北海道大学教授
黒﨑将広	(くろさき・まさひろ)	防衛大学校准教授
江藤淳一	(えとう・じゅんいち)	上智大学教授
岩月直樹	(いわつき・なおき)	立教大学教授
水島朋則	(みずしま・とものり)	名古屋大学教授
佐俣紀仁	(さまた・のりひと)	東北医科薬科大学教養教育センター講師
深町朋子	(ふかまち・ともこ)	福岡女子大学准教授
西村 弓	(にしむら・ゆみ)	東京大学教授
青木節子	(あおき・せつこ)	慶應義塾大学教授
稲角光恵	(いなずみ・みつえ)	金沢大学教授
申 惠丰	(しん・へぼん)	青山学院大学教授
堀口健夫	(ほりぐち・たけお)	上智大学教授
福永有夏	(ふくなが・ゆか)	早稲田大学教授
李 禎之	(り・よしゆき)	岡山大学教授
根本和幸	(ねもと・かずゆき)	東京女子大学准教授
加藤 陽	(かとう・あきら)	近畿大学准教授

※以下の章については、法学セミナー765号（2018年10月号）特集「国際法の最新論点」が初出。
第1章：伊藤一頼「国際法と立憲主義——グローバルな憲法秩序を語ることは可能か」
第7章：岩月直樹「第三国による対抗措置」
第8章：深町朋子「領域に関する原始権原——領域権原論は何をどこまで扱うのか」
第9章：西村 弓「公海漁業規制」
第16章：根本和幸「国際テロリズムに対する武力行使」
第15章：李 禎之「国際裁判の機能——国際社会における『客観的』判断の役割」
第17章：加藤 陽「国連安保理による制裁と人権保障」

森　肇志（もり・ただし）　東京大学教授

1992年　東京大学法学部卒業
2008年　首都大学東京大学院社会科学研究科教授
2010年　東京大学大学院法学政治学研究科准教授
2011年　東京大学大学院法学政治学研究科教授
主要著作
『自衛権の基層』（東京大学出版会、2009年）
『国際法で世界がわかる——ニュースを読み解く32講』（岩波書店、2016年）
（共編著）
Origins of the Right of Self-Defence in International Law（Brill Nijhoff, 2018）

岩月直樹（いわつき・なおき）　立教大学教授

1996年　早稲田大学法学部卒業
2002年　東京大学社会科学研究所助手
2003年　立教大学法学部専任講師
2005年　立教大学法学部法学科助教授
2012年　立教大学法学部法学科教授
主要著作
「南シナ海仲裁裁判と国際紛争の平和的解決」法学教室第435号（2016年）
『国際法で世界がわかる——ニュースを読み解く32講』（岩波書店、2016年）
（共編著）
「国際法委員会による国際立法と法政策——国家責任条文による対抗措置に
対する法的規制の試みを例に」法律時報第89巻10号（2017年）

サブテクスト国際法——教科書の一歩先へ

2020年3月20日　第1版第1刷発行

編　者——森　肇志　岩月直樹
発行所——株式会社　日本評論社
　　　　　〒170-8474　東京都豊島区南大塚3-12-4
　　　　　電話03-3987-8621（販売）——8592（編集）　振替　00100-3-16
　　　　　https://www.nippyo.co.jp/
印刷所——精文堂印刷
製本所——難波製本

装丁／有田睦美
検印省略　©2020 T.MORI, N.IWATSUKI
ISBN 978-4-535-52472-9　　　　　　　　　　　　　　　Printed in Japan